Defesas que fiz no Júri

Pintura da capa de autoria de Aleixa de Oliveira, retratando Dante Delmanto aos 46 anos de idade, já então no auge profissional.

Dante Delmanto

Defesas que fiz no Júri

8ª edição
revista e atualizada
por Roberto Delmanto
2024

Uma editora do GEN | Grupo Editorial Nacional

Travessa do Ouvidor, 11 – Térreo e 6º andar
Rio de Janeiro – RJ – 20040-040

Atendimento ao cliente:
https://www.editoradodireito.com.br/contato

Diretoria editorial	Ana Paula Santos Matos
Gerência de produção e projetos	Fernando Penteado
Gerência de conteúdo e aquisições	Thais Cassoli Reato Cézar
Gerência editorial	Livia Céspedes
Novos projetos	Aline Darcy Flôr de Souza
Edição	Daniel Pavani Naveira
	Ana Carolina de Souza Gomes
Design e produção	Jeferson Costa da Silva (coord.)
	Verônica Pivisan
	Alanne Maria
	Lais Soriano
	Rosana Peroni Fazolari
	Tiago Dela Rosa
Diagramação	Rafael Cancio Padovan
Revisão	Ariene Nascimento
Capa	Lais Soriano
Pintura da capa	Aleixa de Oliveira

DADOS INTERNACIONAIS DE CATALOGAÇÃO NA PUBLICAÇÃO (CIP)
VAGNER RODOLFO DA SILVA - CRB-8/9410

D359d   Delmanto, Dante
         Defesas que fiz no Júri / Dante Delmanto. - 8. ed. - São Paulo: Saraiva Jur, 2024.
         272 p.
         ISBN: 978-65-5362-874-8 (impresso)
         1. Direito. 2. Direito Penal. 3. Direito processual penal. 4. Tribunal do Júri. I. Gouvêa, José Roberto F. II. Bondioli, Luis Guilherme A. III. Fonseca, João Francisco N. da. IV. Título.

2024-1157
CDD 345
CDU 343

Índices para catálogo sistemático:

1. Direito Penal   345
2. Direito Penal   343

Data de fechamento da edição: 11-6-2024

Nenhuma parte desta publicação poderá ser reproduzida por qualquer meio ou forma sem a prévia autorização da Saraiva Educação. A violação dos direitos autorais é crime estabelecido na Lei n. 9.610/98 e punido pelo art. 184 do Código Penal.

À minha esposa Cecília
Aos meus filhos Celso,
Roberto e Maria Cecília

PRÓLOGO DA 8ª EDIÇÃO

O júri está presente na maioria dos países civilizados, sendo a mais democrática das instituições judiciárias, em que a própria sociedade julga seus membros.

No Brasil, apesar das críticas de seus opositores, ele tem resistido, inclusive a duas ditaduras: a getulista, do chamado Estado Novo (1937-1945), e a militar (1964-1985). A soberania de seus veredictos está prevista na Constituição Federal.

Nos seus primórdios julgava praticamente todos os delitos, inclusive os de imprensa. Atualmente, julga apenas os crimes dolosos contra a vida: homicídio, induzimento ao suicídio, infanticídio e aborto.

Não obstante a importância do júri, que entre nós, em 2022, completou 200 anos, poucos são os livros que narram sua história.

Daí por que, após sete edições esgotadas, decidi publicar uma nova edição.

O livro, ressalvada minha admiração filial, é simplesmente precioso.

Inicia-se narrando a dirimente existente no art. 27, § 4º, da antiga Consolidação das Leis Penais, que permitia a absolvição de criminosos passionais por terem agido "em estado de completa perturbação dos sentidos e da inteligência".

Depois, registra a não permanência dessa dirimente no atual Código Penal que, em seu art. 121, § 3º, admite apenas o chamado homicídio privilegiado, quando o agente age sob o domínio de violenta emoção, logo em seguida a injusta provocação da vítima, podendo a pena ser reduzida de um sexto a um terço.

Ao lado dessa evolução histórica, causada pela compreensão de que a honra é um bem personalíssimo, não podendo ser confundida com o comportamento eventualmente desonroso de terceiros, mesmo que cônjuge ou companheiro, o livro mostra a atuação do notável criminalista.

Total dedicação à causa que lhe foi confiada, inteligência, perspicácia, talento, buscando na prova dos autos, na doutrina, na jurisprudência, em pareceres técnicos e médico-legais, a melhor defesa, e logrando a absolvição de seus clientes em causas aparentemente perdidas.

VIII   PRÓLOGO DA 8ª EDIÇÃO

A obra narra desde casos famosos até outros pouco conhecidos, muitos do início da carreira do autor, mas que permaneceram em sua memória pelo aspecto inusitado e, principalmente, pelo seu conteúdo humano. O livro termina por narrar seis outras causas que não são da competência do júri, porém interessantíssimas. Entre elas, o primeiro processo por poluição de um rio no Estado de São Paulo, em que defendeu com sucesso usineiros da região de Piracicaba, e o primeiro assalto a um banco na Capital paulista, no qual atuou como Assistente do Ministério Público.

Estamos convictos de que, ao preencher a lacuna existente sobre a história do júri, esta edição permitirá às novas gerações de advogados criminais e aos estudantes de direito conhecer melhor essa grande e democrática instituição, e a vida de um dos maiores criminalistas brasileiros de todos os tempos, que dedicou sua existência à defesa da liberdade individual e que, por sua elegância e fidalguia, recebeu de seus colegas o título de "Príncipe dos Advogados Criminais".

Roberto Delmanto

APRESENTAÇÃO

Defesas que fiz no Júri, em 8ª edição, não precisa de prefácio. Dante Delmanto, um dos maiores advogados criminais brasileiros, tem no próprio nome o convite à leitura atenta. Além disso, várias edições esgotadas transformaram o livro em fonte obrigatória de consulta.

Meio século no plenário do Júri é privilégio reservado a poucos. Método, energia, obstinação, cultura, paciência, qualidades raramente concentradas num só advogado, entrelaçam a personalidade do admirável tribuno, modelo de elegância e de inimitável síntese.

Dante Delmanto sempre se manteve em absoluta discrição. Humildade na grandeza, reservado, infenso a honrarias, permitiu-se só uma vez, há alguns anos, usar as vestes talares fora do recinto do Tribunal do Júri. A Ordem dos Advogados do Brasil lhe outorgara um diploma, coroando-lhe a dedicação à advocacia criminal. Delmanto recebeu o laurel no salão nobre da Faculdade de Direito da Universidade de São Paulo. A seu lado, envergando também as becas, uns poucos irmãos partilhavam o privilégio. O auditório estava repleto. Os colegas, especialistas ou não, quiseram testemunhar-lhe respeito e afeto.

Aquela homenagem foi extremamente significativa. Concretizada em pleno apogeu de um regime político felizmente ultrapassado, demonstrava o profundo amor dos criminalistas pelo Tribunal do Povo, cem vezes ameaçado de extinção a cada golpe do poder contra as liberdades públicas.

O Júri resistiu. Atravessou intacto outro período sombrio da história do Brasil. Os criminalistas, cada um a seu modo, contribuíram valentemente para a intocabilidade da instituição. Dentro e fora do plenário fez-se ouvir sempre, sem peias, fosse qual fosse o regime político, a voz do defensor.

O ilustre colega aguardava solitário prefácio. Amigos seus, todos companheiros fiéis na difícil atividade, decidiram unir-se na apresentação. Fazem-no com entusiasmo e devotamento pelo companheiro que soube como poucos sustentar o sagrado direito ao contraditório, engrandecendo a advocacia criminal e legando aos jovens, com sua conduta, o certo exemplo a seguir.

A. Evaristo de Moraes Filho
Ariosvaldo de Campos Pires
Carlos Araújo Lima
Evandro Lins e Silva
George Tavares
José Aranha
Otto Cyrillo Lehmann
Paulo Sérgio Leite Fernandes
Raimundo Pascoal Barbosa
René Ariel Dotti
Waldir Trancoso Peres

CARTA DO ADVOGADO CRIMINALISTA
WALDIR TRANCOSO PERES

São Paulo 20 de julho de 1978

Prezado Dr. Dante Delmanto

Quero dizer-lhe que a sua presença no casamento da minha filha deixou-me profundamente comovido.

Devemos-lhe, os advogados criminalistas e eu principalmente, muito de estímulo, de fé e de esperança.

Acredito, inclusive, que alguns não tenham consciência disto, embora sejam penetrados pela sua influência.

Mas o seu exemplo, dominando a nossa área profissional nestas últimas quatro décadas, glorificou a profissão e foi um impulso para todos.

Sua figura lendária, o maior advogado criminal do Brasil, pelo talento, criatividade, dedicação, cultura, vigor, idealismo, agilidade, caráter, em síntese, pela conjugação de predicados inexcedíveis, está carinhosamente implantada nos nossos corações.

Receba os agradecimentos da minha família que também deseja à sua muitas felicidades.

Waldir Troncoso Peres

A TRIBUNA VAGA

Meu pai, Dante, atuou no Tribunal do Júri de São Paulo como advogado criminalista durante cinco décadas. Em geral, na defesa, pela qual tinha indisfarçável preferência; outras vezes, na acusação, como assistente do Ministério Público.

Na defesa, seus limites éticos para aceitar uma causa eram a própria consciência e jamais prejudicar terceiros inocentes. Já na acusação era mais rigoroso, necessitando sempre ter certeza da culpa do acusado.

Em ambas, portava-se com singular elegância no trato com juízes, promotores, advogados, serventuários, réus, vítimas e suas respectivas famílias. Achava que tanto os familiares do ofendido como os do acusado sofriam muito, os primeiros apenas mais do que os últimos. Daí por que procurava sempre respeitá-los em sua dignidade humana.

Certa vez, na defesa de um passional que assassinara a filha de um político, vieram lhe trazer documentos que colocavam em dúvida a honestidade deste como ex-prefeito, visando desmoralizá-lo na comarca em que o júri ocorreria. Meu genitor recusou prontamente essa estratégia, argumentando não ter cabimento impor mais sofrimento a quem perdera um ente tão querido. Desclassificada a acusação de homicídio qualificado, o acusado acabou condenado por homicídio simples, vindo a suicidar-se alguns anos depois de libertado. Mas o ex-prefeito, sabedor da conduta de meu pai, tornou-se seu amigo.

Tal postura ética fez com que fosse chamado de "o príncipe dos advogados criminais".

Na defesa, ou na acusação, preparava-se exaustivamente para a sessão do júri: estudava em profundidade a prova dos autos, complementando-a, quando necessário, com pareceres médico-legais, perícias técnicas e documentos; pesquisava a fundo a doutrina e a jurisprudência que embasavam a tese que iria sustentar; orientava com cuidado e antecedência, quando na defesa, o cliente para o interrogatório a que seria submetido em plenário; acabava conhecendo o processo "como a palma da mão", não concebendo que um advogado pudesse, por desconhecimento da causa, ser surpreendido nos debates pela parte contrária.

Durante estes, sabia como ninguém aliar o seu enorme poder de comunicação, à sua simpatia contagiante e à sua argumentação praticamente imbatível, a necessária emoção, contida, mas sincera.

Ao término do júri do passional acima relatado, o juiz Syllos Cintra, posteriormente presidente do Tribunal de Justiça de São Paulo, disse-lhe: "O senhor não me convenceu, mas me comoveu. Houve momentos em que o senhor se transfigurou".

Em geral saía vencedor nos julgamentos populares, algumas vezes perdia. Mas quando, na acusação ou na defesa, o resultado lhe era adverso, não retornava à tribuna para ouvir a leitura da sentença. Ela não era abandonada, mesmo porque sua atuação já se encerrara, mas permanecia vaga, em um protesto simbólico e silencioso contra uma decisão dos jurados que considerava injusta...

Roberto Delmanto
Advogado em São Paulo
(publicado na *Tribuna do Direito*,
novembro de 2002)

NOTA DO AUTOR

Em Botucatu, onde nascemos, presenciamos, na mocidade, um importante julgamento perante o Tribunal do Júri, de que participaram dois consagrados tribunos de São Paulo, os Drs. Antônio Augusto Covelo e Alfredo Pujol. Ele nos impressionou, profundamente, e despertou em nós grande interesse pela advocacia criminal.

Na velha Faculdade do Largo de São Francisco, dedicamo-nos muito ao estudo do Direito Penal. Em virtude de nossa atividade política, dentro e fora da Academia, viemos a conhecer o Dr. José Adriano Marrey Júnior e, durante alguns anos, com ele trabalhamos. Foi o maior advogado criminal que, em toda a vida, conhecemos: um grande mestre, um grande exemplo e um grande amigo. Muito a ele devemos de nossa formação profissional.

Instalamos, depois, escritório próprio e defendemos centenas de processos no Júri de São Paulo e de cidades do interior do Estado. Em muitos deles surgiram interessantes questões de medicina legal, cirurgia, psiquiatria, obstetrícia, toxicologia, anatomia patológica, bacteriologia, balística etc. Para esclarecê-las, obtivemos valiosos pareceres dos eminentes mestres Profs. Flamínio Fávero, Hilário Veiga de Carvalho e Almeida Júnior; Benedito Montenegro, Alípio Corrêa Neto e Edmundo de Vasconcelos; Fernando de Oliveira Bastos; José Medina; Carlos da Silva Lacaz e Augusto Leopoldo de Ayrosa Galvão. Em outros foram enfocados estudos de doutrina e jurisprudência, além de laudos do Instituto de Criminalística sobre diversos problemas.

Decidimos, agora, expor neste livro os processos que julgamos mais interessantes. E o dedicamos aos estudantes de Direito e aos jovens colegas que sentirem pela advocacia criminal a mesma atração e entusiasmo que, ainda hoje, sentimos – na convicção de que esses pareceres e estudos lhes poderão ser úteis.

Dante Delmanto

ÍNDICE GERAL

Prólogo da 8ª edição	VII
Apresentação	IX
Carta do advogado criminalista Waldir Trancoso Peres	XI
A tribuna vaga	XIII
Nota do autor	XV

JULGAMENTOS PELO JÚRI

O passional russo	3
Uma passional brasileira	13
A violência do passional	19
A esterilização da mulher	23
Um caso de infanticídio	29
Homicídio privilegiado	35
Legítima defesa da honra	45
Matou o marido em legítima defesa	51
Em legítima defesa contra irmão	59
Ferimento no coração	63
Uma luta terrível entre duas mulheres	67
A paixão política	71
Um caso de legítima defesa putativa	79
Medo de morrer	85
Legítima defesa da propriedade	91
A carta manchada de sangue	97
Um tiro de espingarda	105
Paixão anômala	109
O irmão de Maria Bonita	117
Confessou crime que não praticara	123
A confissão na Polícia	125
Um caso curioso de envenenamento	131
Um interessante processo de aborto	137

Uma doença provocada pelo amor	149
A embriaguez fortuita	155
O crime da Via Dutra	159
A trajetória de um projétil	167
Outro tiroteio entre políticos	175
Tiros dentro do automóvel	179
Uma perícia incompleta	183
A prova indiciária	191
O dolo no homicídio	195

EM VARAS CRIMINAIS COMUNS

Assalto à perua das indústrias Matarazzo	201
Assalto à perua do banco Moreira Salles	205
Assalto frustrado ao carro pagador da Volkswagen	215
A poluição das águas do rio Piracicaba	221
Deformidade no rosto, que desaparece	231
Acidente cirúrgico	235

Índice dos pareceres citados	243
Bibliografia	245
Nomes referidos no texto	247
Índice alfabético	249
Dados biográficos de Dante Delmanto	251

JULGAMENTOS PELO JÚRI

O PASSIONAL RUSSO

No início de nossa vida profissional, ainda na vigência da Consolidação das Leis Penais*, os processos mais interessantes que defendemos perante o Tribunal do Júri de São Paulo – e que serão a seguir expostos – foram referentes a crimes passionais.

Existia em São Paulo, à rua Aurora, no prédio que tinha o n. 99, uma sociedade constituída pelos russos brancos, que nela se reuniam com assiduidade. Durante dois sábados em cada mês, a associação promovia bailes, que se prolongavam até às 5:00h da madrugada. Quando se efetuavam as reuniões dançantes, *T.M.*, que era motorista, tomava conta do guarda-roupa, instalado no porão. Ele tinha 42 anos, era russo, de Rostow. Tendo enviuvado no seu país, casara-se em nossa Capital com uma sua patrícia, de nome Tâmara, de 18 anos apenas e da mais rara beleza. Tinham um filho chamado Yurik. Guardamos jornais que deram notícias de julgamentos perante o Júri de que participamos. Alguns publicaram fotografias dessa moça, que confirmam as referências à sua beleza, feitas no processo.

Quando *T.M.* ia trabalhar no clube, permitia que a esposa o acompanhasse. Tâmara era muito alegre, gostava de dançar e os jovens a cortejavam. Comentava-se na sociedade ser ela muito leviana. Um garçom, em declarações que depois prestou, disse que a surpreendera no colo de um dos sócios, em um quarto da sede. Durante as danças, viram-na, mais de uma vez, ser beijada pelos seus pares.

Nesse clube, gozava de muito prestígio um alto oficial do Exército do Czar, *N.K.*, que fora comandante na Grande Guerra e na luta contra os bolchevistas, com o posto de coronel. Era por todos tido como herói da velha Rússia que desaparecera. Com 52 anos de idade, cabelos brancos, a sua figura era imponente e ele mantinha o garbo da oficialidade aristocrática de sua terra.

Apaixonou-se logo por Tâmara e ela sentiu-se muito lisonjeada com a sua corte. Passaram a agir nas reuniões sem qualquer cautela. Os associados comentavam a intimidade que existia entre eles. Um empregado encontrou-a, certa noite, no balcão da sacada do clube, beijando o

---

* O atual Código de Processo Penal é de 1941.

oficial. O encarregado do bar contou, por sua vez, no seu depoimento, que, em determinada ocasião, servira vinho ao coronel e à Tâmara, em um dos gabinetes. Tempos depois, vendo as luzes apagadas, foi retirar a garrafa e os copos. Ao acendê-las, viu-os no escuro. Tâmara, que estava sentada nos joelhos de *N.K.*, se pôs logo em pé e gritou que não devia ter entrado sem bater. Ele se retirou e nada contou a *T.M.*, temendo provocar uma tragédia. Seu filho, que era guarda-civil e o ajudava nas reuniões, confirmou o episódio e esclareceu que, sendo o guarda-roupa no porão, *T.M.* de lá não podia sair e nada via, pois o salão de baile era no pavimento superior.

Todas as pessoas da sociedade, quando prestaram depoimentos na Polícia e em Juízo, afirmaram que *T.M.* era homem bom, sem vícios, muito religioso e trabalhador.

Certo dia, os jornais deram notícia de que *T.M.*, em um cômodo do prédio em que residia, em Santana, matara a tiros de revólver a esposa e o coronel. Este ocupava um quarto na casa que a mãe de Tâmara havia alugado nesse bairro. Ao chegar para o almoço, *T.M.* deparou com a mulher e o coronel abraçados e se beijando nos aposentos dele. Ele estava sem paletó, junto à cama. Ela trazia sobre o corpo apenas o roupão. Desfechou um tiro contra o oficial, atingindo-o no peito. Ela, horrorizada, tentou fugir. *T.M.* agarrou-a, fazendo um disparo contra a esposa, à queima-roupa. Tâmara caiu ao chão, tentou levantar-se e recebeu novo tiro.

Depois *T.M.* saiu à rua e sentou-se à porta da casa, sendo preso por um sargento reformado da Força Pública, que residia nas vizinhanças e fora chamado por populares. Declarou, então, que tentara suicidar-se, mas não o conseguira por não ter a arma mais balas. O militar o deteve e o conduziu a Central de Polícia, onde foi contra ele lavrado "auto de prisão em flagrante". O sargento contou em suas declarações que, ao chegar ao local, o encontrou "bastante desfigurado e cambaleante". Nesse auto, *T.M.* esclareceu que desconfiava há algum tempo da fidelidade de Tâmara e de que fosse amante de *N.K.* Elucidou que os encontrara se beijando e usara a arma pertencente ao oficial, a qual se achava sobre uma mala, no quarto deste.

As testemunhas que acorreram ao local e entraram no cômodo onde estavam os cadáveres confirmaram que ela vestia apenas roupão. Os vizinhos, ouvidos no inquérito e em Juízo, informaram que já tinham notado intimidade suspeita entre as vítimas. À mulher de um deles, Tâmara havia dito que seu marido podia ir embora, pois já não mais o amava. Afirmaram que *T.M.* era bom, afetuoso e nunca a maltratara.

O PASSIONAL RUSSO

A sogra de nosso constituinte vivia nesse prédio, amasiada com outro russo, cujas iniciais também eram *N.K.* Seu marido e filho estavam trabalhando em Mato Grosso e ela, após o delito, revelou receio de que o esposo voltasse e novo crime viesse a ocorrer. Contou que *T.M.* era muito ciumento e que a filha sempre gostara de se divertir, ir a cinemas e bailes. Ela exibiu em Juízo o "diário", escrito pelo genro e referiu que seu amigo e *N.M.G.* conheciam os antecedentes do réu na Rússia, que o desabonariam muito. Acerca de *T.M.*, ainda informou que ele era muito religioso e ia ao templo russo aos sábados e domingos.

N.K. referido pela mãe de Tâmara, declarou que a vítima fora seu comandante na Grande Guerra e na Guerra Civil que depois se desencadeou na Rússia. Disse que nesta Capital ele era o encarregado dos escritórios de uma fábrica. *N.M.G.*, também indicado pela sogra de *T.M.*, fez acusações sérias ao réu. Informou tê-lo conhecido na Rússia, na cidade de Gorsuf, e que ele, o médico-chefe de um hospital militar, e o encarregado de seu escritório haviam sido processados por terem falsificado documentos e recebido salários de oficiais do Exército que se achavam doentes. Um tribunal militar condenara – segundo soube – a quinze anos de prisão o nosso constituinte, a vinte o médico e à pena de morte o encarregado do escritório. Essa testemunha acabou confessando que "só tivera ciência desses fatos por ouvir de outras pessoas". Disse mais, que o réu pertencera ao Exército Branco, fora solto durante a Revolução e seguira com parte das tropas para Constantinopla. *T.M.*, com veemência, contestou o depoimento, afirmando ser falso.

O ilustre Juiz que presidia a instrução criminal mandou traduzir o "diário" do réu, que sua sogra exibira, pois era escrito em russo. Ele tinha o título: "Pequena história de minha vida". "Deus abençõe. O que eu quero expor aqui é somente a verdade". Relata que, quando se casou, trabalhava na residência de um professor da Faculdade de Medicina, a quem serviu durante dois anos e quatro meses, só saindo do emprego porque ele necessitava de motorista que dormisse em sua casa, a fim de poder atender chamados à noite.

Conta o que sofreu quando Tâmara esteve na maternidade, para dar à luz o filho Yurik, e escreve: *Eu amava-a, adorava-a, como ainda agora a amo mais que a própria vida*. Seu sogro e um cunhado estavam então trabalhando em Casa Grande, nas obras de condução de água para São Paulo. Ofereceram-lhe um lugar e ele foi para lá. Logo percebeu que o filho do administrador cortejava sua mulher e que sua sogra permitia os encontros na própria casa. Então comenta: "Ele era mais jovem e interessante do que eu". Começaram a improvisar bailes, a que Tâmara sempre comparecia. A empresa precisou, entretanto, despedir empregados e o rapaz foi dispensado, tendo abandonado o serviço. *T.M.* escreve, a seguir, em seu "diário": "Talvez fosse um simples passatempo de minha mulher e de fato não era outra coisa".

Depois se mudaram para Mogi das Cruzes, surgiu um tumor no seio esquerdo de Tâmara e ele narra que "*a carregava nos braços, chorava com ela, enxugando-lhe as lágrimas com beijos*". Foi operada e nenhuma complicação sobreveio. Para ganhar mais, passou a trabalhar com caminhões, no transporte de mercadorias pela estrada São Paulo-Rio. Mudaram-se, de novo, para São Paulo, alugando casa na avenida Celso Garcia. Aí, na gaveta da máquina de costura da sogra, ao procurar um carretel de linha, *encontrou a fotografia de sua mulher com dedicatória para aquele rapaz de Casa Grande*. Mostrou-a à esposa, que disse ter sido uma brincadeira.

Terminado o serviço que tinha nesta cidade, voltou para Mogi, a fim de trabalhar com outros russos, na conservação da estrada São Paulo-Rio. Aí começou a estranhar certa intimidade entre Tâmara e um tal *M.* Acrescenta: "aqui descreverei a segunda traição de minha mulher". Nesse ponto interrompe o "diário" e conta: "Não, não posso continuar hoje, sinto-me abatido e as lágrimas me impedem. Continuarei amanhã". No outro dia, assim recomeça:

"*Noite de delírio, mas ela passou*". Soube depois que Tâmara havia ido ao cinema com *M.* várias vezes. Ele se fazia passar por herdeiro de uma grande propriedade na Polônia, de uma tia que falecera. A riqueza sempre a fascinara muito. Ela depois ficou grávida e *T.M.* teve dúvidas de que o autor da gravidez fosse *M.*, pois sempre usava medidas de precaução. Foi preciso provocar um aborto.

Pensou então em matar *M.* E confessar no "*diário*": "Aí amadureceu o plano de matá-lo, mas, depois, pensei: para quê? *A todos os homens é impossível matar. Se ela é tal, matando um, ela achará outro.* Então resolvi esmagá-la como a um réptil que só causa mal. Não refletindo, comuniquei tudo a ela. Ou vive comigo, tem que abandonar tudo, esquecemos o passado ou tem que morrer. Nenhuma resposta". Escreve mais adiante: "As relações com minha mulher pareciam melhorar, isto é, começamos a conversar e estudar a nossa situação. *Quanto a vivermos como marido e mulher, nem se podia tocar no assunto*".

Mudaram-se de novo para São Paulo. Então, chegou o Coro dos Cossacos Platoff. Recebeu uma entrada do regente da igreja para a festa beneficente promovida pela Cruz Vermelha e a deu à mulher. Ela agradeceu, *"beijando-me até"*. *"Eu a beijava somente quando adormecida, depois que as nossas relações se tornaram assim"*. Tâmara devia voltar com amigos. Chegou às 5:30h da manhã, com um sobretudo de homem, e contou-lhe que fazia muito frio e como estava com um vestido apenas, aceitara a oferta de um dos cossacos do coro. Este tornou a procurá-la, convidando-os para reuniões sociais. Em uma delas, ele o viu beijá-la no pescoço e ela sorrir.

Comenta depois: "à chegada dos cossacos todas as nossas damas russas perderam a cabeça": "eles provocaram uma tempestade na colônia". "Quanto não me esforçava eu em lhe mostrar que qualquer homem que faça corte a uma mulher casada pretende, antes de mais nada, possuí-la e não mais pretende, e as mulheres pensam que eles as amam e que estão dispostos ao sacrifício".

No Clube da Inteligência Russa ela vem, mais tarde, a conhecer um dos sócios e depois confessou que se beijaram. Em outra ocasião, deixando por momentos o guarda-roupa da sociedade, *T.M.* viu um moço também a beijar. Interpelou-a depois e ela alegou que ele se aproveitara do fato de haver bebido.

Refere-se, finalmente, ao coronel e declara: "descreverei agora o último acontecimento e seu desfecho. Depois que Deus me julgue; aquele Deus em que eu creio". Relata como veio a desconfiar da intimidade que havia entre eles, até surpreendê-los beijando-se no quarto do oficial. E termina o "diário" com esta amarga observação: *"Haverá algum homem que perdoe tantas vezes? Ou, mais certo, algum trapo como eu?* Penso que não. E tudo isso fiz para que ela voltasse a si e se arrependesse. Mas, nada disso".

Em face da prova colhida no processo, *T.M.* foi pronunciado como autor de duplo homicídio, com as agravantes da premeditação, surpresa e de ser uma das vítimas sua esposa.

Perante o Tribunal do Júri, o Promotor sustentou tratar-se de delito praticado em condições de particular gravidade. Lendo trechos do "diário" do réu, argumentou que ele agira com premeditação rigorosamente calculada. Meses antes de cometer delito, já fixava, por escrito, a sua intenção de eliminar a esposa. Afirmou que *T.M.* consentira em todos os desregramentos dela e fora cúmplice passivo de cinco adultérios da mulher, *"de cuja doentia prevaricação é ele romanesco historiador no 'diário' que consta do processo"*. Quando a esposa lhe propõe a separação do casal, ele furta a pistola automática do último dos seus amantes e, figurando um flagrante de adultério, assassina-os com incrível ferocidade.

Comentou ainda o representante do M. Público terem sido encontrados no chão, no interior da casa, dois projéteis de arma de fogo. Ambos intatos. Isso demonstraria, a seu ver, o sangue-frio do réu: chegara a despojar o revólver de algumas balas, "a fim de fantasiar a impossibilidade de tentar contra a própria existência".

Demonstramos na defesa não constar do "diário", em momento algum, ter *T.M.* obtido prova do adultério de Tâmara. Atormentado, obcecado pelo ciúme, buscava a certeza que nunca logrou obter. Em face das declarações da esposa, acabava acreditando ter ela apenas agido com leviandade, por ser muito moça, e a perdoava. Só quando a encontrou no quarto com o oficial, sendo por este beijada, é que ficou alucinado e matou-os.

O réu pensara efetivamente em suicidar-se. A pistola por ele usada, quando foi apreendida pela autoridade policial, não tinha um só cartucho íntegro. A sua sogra – cuja suspeição era evidente – é que, depois, os apresentou, um à Polícia e outro em Juízo, alegando que os teria encontrado no interior da casa.

O delito ocorrera nos últimos anos de vigência da Consolidação das Leis Penais, que, em seu art. 27, § 4º, estabelecia a dirimente de ter sido o crime cometido "em estado de completa perturbação dos sentidos e da inteligência". O dispositivo atendia às condições patológicas que tornavam um doente irresponsável e às situações puramente psicológicas que no homem normal não lhe permitem, transitoriamente, conservar a capacidade de discernir a natureza de certos atos e de inibir-lhe a execução.

Mostramos ao Júri que o ciúme, o amor e a paixão podem ofuscar, momentaneamente, a razão. Invocamos a opinião do notável psiquiatra FABRET, a quem se deve a crítica da velha doutrina das monomanias, que escreveu em *Des maladies mentales*: "O último termo de uma paixão e o primeiro termo de uma monomania *não se diferenciam facilmente*".

De outro seu eminente colega, CHARLES FÉRE, que sustenta na *Pathologie des émotions*: "A imunidade já conquistada para os crimes mórbidos *necessariamente deveria ser declarada para os crimes passionais*; e não se pode, em nome da fisiologia, opor embaraços a esta extensão, porque até a presente data *não se conhece diferença fundamental, sob o ponto de vista das condições físicas, entre as emoções normais e patológicas*".

E de MAURICE DE FLEURY, que, mais recentemente, em *L'âme du criminel*, ensina: "A personalidade humana, não só nos enfermos, como nos sadios, está sujeita às deformações e às transformações mais tremendas, *seja por estreitamento da consciência (mecanismos da ideia fixa), seja por esgotamento ou excitação* (mecanismo das emoções)".

Salientamos que, entre nós, AUSTREGÉSILO vê no ciúme uma quase "neurose individual" e entende que os ciumentos sofrem de obsessão. Explica, a seguir: "A ideia nasce vaga, aumenta, cristaliza-se, empolga a alma, *domina o eu, fixa-se, conduz o indivíduo ao automatismo, não raro ao cometimento de sevícias, violências, crimes*". Nesse e em outros julgamentos, estudamos a emoção e a paixão também em face de trabalhos de Freud, Maurice Boiger e outros. No campo jurídico, esclarecemos que o próprio Direito Canônico, de sentido subjetivista, já reconhecia a existência do defeituoso uso da razão nos estados afetivos ou passionais. O estudo das emoções e das paixões sempre preocupou os juristas, desde *Carrara*, que as dividia em paixões cegas e raciocinantes, a *Lombroso* – que exaltava o passional, e a *Ferri*, que ganhou prestígio mundial com os seus trabalhos sobre os emotivos e os apaixonados. *Alimena, Gardeil, Laveille, Manci* e outros juristas, igualmente, analisaram com profundidade o passional. *Asúa*, o grande criminalista, tão contrário ao passionalismo, pleiteia-lhe um tratamento benigno e até perdão judicial. Todos salientam que as leis não conseguem dominar os fenômenos da vida.

Na literatura de todos os povos se exalta o amor e a tragédia antiga está repleta de criminosos passionais. *Shakespeare* e *Dostoiévski*, pelos seus estudos sobre a alma humana, são considerados verdadeiros precursores da psicologia criminal.

Tolstói comenta, em uma de suas magistrais obras: "no coração cada paixão é, a princípio, um mendigo, em seguida um hóspede e a final o dono da casa". E chama o ciúme de "fonte inesgotável de feridas". *Anatole France* e *Voltaire* descrevem tipos inconfundíveis de ciumentos. *Bourget*, em sua *Fisiologia do amor moderno*, mostra a que extremos o ciúme conduz.

Anatole France, em *Le lys rouge*, põe em relevo que: "Uma mulher não pode ser ciumenta da mesma maneira que um homem, nem sentir o que mais nos faz sofrer. Por quê? Porque não há no sangue, nem na carne da mulher, esse furor absurdo e generoso da posse, esse antigo instinto de que o homem fez um direito. O homem é o Deus que quer ser a sua criatura inteira".

D'Anunzio, Maupassant, Daudet e outros criaram obras magníficas em que o ciúme e a paixão aparecem provocando atos mais violentos. E os amores reais e morbidíssimos, vividos por *D'Anunzio, Musset, George Sand, Byron* e outros?

Vincenzo Melussi, na obra *Dall'amore al delitto*, adverte: "Nos indivíduos sãos, o amor constitui um estado que não ultrapassa os limites fisiológicos e que pertence, portanto, à psicologia normal. A experiência de todos os dias demonstra, entretanto, que, quando o amor, por intensidade ou predomínio de um de seus elementos, *toma a forma de paixão, pode ser acompanhado de diversas perturbações psíquicas ou somáticas e ofuscar transitoriamente a razão*".

Ferri dizia ser o amor "a mais humana das paixões, mas a mais terrível". Para ele, entre os jovens é "o amor-sentimento", entre os adultos pode tomar-se "o amor sensual ou o amor-razão". Ainda afirmava que "o amor e o ciúme nasceram juntos, inseparáveis como o corpo da sombra". Para *Renan*, é "o fato mais extraordinário e sugestivo do Universo". *Spencer* o considera "a síntese de todas as energias espirituais do homem e da mulher".

A respeito desta, *Ferri*, em uma de suas magistrais defesas, observava: "Há mulheres, como a '*Vênus Afrodite*', a Vênus que surge, segundo o mito grego, da espuma do mar, nua e pura, e cujo amor é todo afeto e sentimento. Outras, que são '*Vênus Lascívia*', nas quais o amor é apenas sensual e que sonham com uma longa fila de amantes com cio, como a dos ceifeiros que D'Annunzio tão bem descreve em a 'Filha de Jório'. E, finalmente, as que são verdadeiras '*Vênus Pandêmia*', facilmente acessíveis a todos, que só querem dinheiro e das quais se poderia dizer, como o poeta, que 'toda a multidão da estrada passou sobre o seu corpo'".

Apresentamos muitas vezes aos jurados, como das mais lindas páginas sobre o amor, a que foi escrita por um brilhante advogado criminal do Rio de Janeiro, BULHÕES PEDREIRA, que afirmou: "Ninguém nega a existência do crime passional. Negá-lo, seria negar a paixão, que é a mais vibrante das realidades humanas. Ninguém nega a lágrima, a súplica, a angústia, o desespero, a exaltação, o delírio. E o amor, às vezes, é tudo isso: a tempestade desencadeada dentro de uma alma. Nessa convulsão da personalidade, opera-se a emancipação das funções psíquicas inferiores, dá-se o imperativo das tendências instintivas subjacentes e ninguém negará que o predomínio do instinto possa conduzir à destruição e à morte. Dir-se-ia da vida o supremo paradoxo. Pelo amor, o homem exalta-se ao idealismo mais puro e avilta-se na degradação mais baixa. Pelo amor, redime-se da culpa e, pelo amor, a honestidade transmuda-se, de improviso, no crime. Sublimação do instinto, irresistível atração dos sexos, afinidade indecifrável que os une, sagrada centelha que os perpetua, o amor participa das energias misteriosas da natureza, integrado no conceito universal, qual se fora a dinâmicas dos mundos".

O Conselho de Jurados, por quatro votos contra três, reconheceu a dirimente por nós invocada e absolveu *T.M.* com relação aos dois homicídios. Como a Constituição Federal, em vigor na época, consagrava a soberania do Júri Popular, o Promotor não podia apelar no tocante ao mérito. Recorreu alegando terem ocorrido nulidades no julgamento. O Tribunal de Justiça, porém, não acolheu a apelação, confirmou o veredicto do Júri e mandou pôr em liberdade o tão sofrido passional russo.

(4ª Vara Criminal – Processo n. 486)*

---

* Atualmente, embora a CF/88 preveja a soberania dos veredictos populares (art. 5º, XXX-VIII, *c*), se a decisão absolutória ou condenatória for "manifestamente contrária" à prova dos autos, caberá apelação para sujeitar o acusado a novo julgamento (CPP, art. 593, III, *d*), não cabendo, porém, uma segunda apelação pelo mesmo motivo.

UMA PASSIONAL BRASILEIRA

S.A., de 18 anos de idade, morava no bairro do Ipiranga, com a mãe, que era viúva, e uma irmã mais moça. Era alta, morena e muito bonita. Tornou-se namorada de um rapaz, G.R., com 20 anos, comerciário. Ele frequentou sua casa durante algum tempo e tornaram-se noivos, tendo sido até marcada a data do casamento. De repente, G.R. não mais a procurou e a genitora de S.A. observou que a filha, que era alegre, mostrava-se muito deprimida, quase não se alimentava e tinha seguidas crises de choro. Interrogou-a repetidas vezes e conseguiu a confissão de que o noivo a tinha seduzido e, apesar de suas súplicas, não desejava mais se casar. Essa senhora procurou G.R. em várias oportunidades, mas igualmente nada obteve. Apresentou, então, queixa na 6ª Delegacia de Polícia, a cuja circunscrição pertencia o bairro.

No relatório referente ao inquérito instaurado sobre esse fato – de que foi juntada cópia no processo, mais tarde, movido contra a menor – a autoridade esclarece que G.R. negara tê-la desvirginado, alegando que apenas havia praticado atos de libidinagem. O Delegado salientou que como a queixa fora dada pouco tempo depois, o exame médico a que S.A. havia sido submetida comprovara o seu defloramento recente. Informou, ainda, que todas as testemunhas inquiridas foram unânimes em reconhecer o bom comportamento da menor e concluiu, sem qualquer dúvida, pela responsabilidade de G.R.

Este era moço inteiramente destituído de escrúpulos. Divulgou entre os amigos que havia seduzido a ex-noiva e que com ela não se casaria, mesmo que fosse processado criminalmente. S.A. só saiu de casa, após esse fato, para ir à Polícia. Certa noite, entretanto, cerca das 21:30h, uma vizinha foi mordida por um cão. Pediu à sua mãe para com ela ir até a farmácia próxima, pois desejava se aconselhar sobre as providências que deveria tomar. A genitora de S.A., para não deixar as filhas sozinhas em casa, fez com que também a acompanhassem. Por infelicidade, ao passarem pela frente de uma padaria da rua Silva Bueno, viram G.R. e dois amigos na porta do estabelecimento. S.A. chamou o ex-noivo dizendo que com ele precisava falar. G.R. a atendeu e caminharam até a próxima esquina, onde pararam. A mãe de S.A, a outra filha e a vizinha ficaram a certa distância.

Ninguém ouviu a discussão que surgiu entre os dois. *S.A.* conta que indagou se não mudara de ideia e não se resolvera a casar. Diante de nova resposta negativa, seca e rude, pediu que devolvesse a fotografia que lhe havia dado. Ele declarou que a rasgara e jogara no lixo. Ela, então, o chamou de covarde e estúpido. *G.R.*, sem nada mais dizer, deu-lhe uma bofetada. Incontinente, *S.A.* sacou de um revólver que trazia no bolso do casaco e contra ele desfechou dois tiros, um dos quais o atingiu na altura da articulação esterno-clavicular direita, produzindo sérias lesões pulmonares e grande hemorragia. Mesmo ferido, *G.R.* caminhou cerca de cem metros até uma confeitaria, perdendo no percurso grande quantidade de sangue. Ao entrar naquele estabelecimento, caiu morto, sem ter feito nenhuma declaração.

Os jornais, ao noticiarem o crime, deram destaque a este pormenor curioso: *S.A.* fugira do local e, em certo trecho da rua, saltara um muro e desaparecera. Perseguiram-na um policial e depois dois populares. Estes logo desistiram e o policial não conseguiu pular o muro. Dois dias depois, ela se apresentou espontaneamente à 6ª Delegacia, onde relatou os fatos da forma acima exposta, entregando a arma que havia utilizado. Explicou que a trazia consigo porque, nessa noite, estava disposta a suicidar-se e pretendia fazê-lo em qualquer lugar afastado de sua casa. O revólver por ela exibido tinha quatro cartuchos íntegros e dois deflagrados.

Como *S.A.* declarasse, na ocasião, ter menos de 18 anos, o inquérito foi remetido ao Juizado de Menores, que a entregou à guarda e responsabilidade da genitora. Esta não exibiu certidão de idade da filha, alegando que se havia extraviado, mas declarou que ela nascera em Rocinha, neste Estado. O magistrado mandou oficiar para essa localidade e seu Juiz de Paz informou não constar o registro de nascimento da menor no cartório local. *S.A.* foi a seguir submetida a exame médico para verificação de idade, atestando os peritos que ela era "menor de idade, contando seguramente entre 17 e 19 anos, e, com maior probabilidade, entre 18 e 19 anos". O Juiz de Menores deu-se então por incompetente, devolvendo os autos à Polícia.

Em Juízo, fomos nomeados curador dessa moça. Além da mãe e de sua vizinha, foram inquiridos os dois amigos de *G.R.* que estavam com ele na porta da padaria. Um contou que os viu discutir, escutou os tiros e observou que *G.R.* corria, ferido, para o estabelecimento, onde a testemunha lhe prestou socorro. Soube logo depois que ele a tinha esbofeteado durante a discussão. Era seu amigo íntimo, anda-

UMA PASSIONAL BRASILEIRA   15

vam sempre juntos e dele ouvira que havia desvirginado *S.A.* Aconse-
lhou-o a casar-se, sem ser atendido. Informou que contra *G.R.* havia
sido instaurado um inquérito, pela prática de crime diferente, no Departamento de Investigações, e que ele havia seduzido a outra moça
residente na Bela Vista, cujo irmão já estivera por mais de uma vez no
Ipiranga, à sua procura. Essa testemunha, insuspeita para a acusação,
afirmou, finalmente, que *S.A.* era tida no bairro como moça de ótima
conduta e de bons sentimentos.

O outro companheiro de *G.R.* relatou que viu *S.A.* chamá-lo e com
ele caminhar até à esquina, onde pararam e ficaram conversando. Ouviu a detonação de dois tiros e avistou *G.R.* correndo em direção à padaria, em cujo interior tombou já morto. Sabia que a vítima, depois de
haver seduzido a acusada, ficara noivo de outra jovem, cujo nome declinou, também residente no bairro. As demais testemunhas declararam
ter conhecimento de que *G.R.* havia pedido em casamento *S.A.* e a deflo-
rara. Encerrada a instrução criminal, a menor foi pronunciada e logo se
apresentou à prisão, a fim de ser submetida a julgamento perante o Tribunal do Júri.

Em plenário, fizemos o exame minucioso da prova colhida na Polícia e em Juízo. Demonstramos que a ré era moça inexperiente, reca-
tada e a quem a mãe viúva tolhia qualquer liberdade. Só afrouxou o
zelo e a vigilância quando surgiu *G.R.* manifestando o propósito de se
casar. Este, que já tinha experiência da vida sexual, disso se valeu para
vencer a resistência da noiva. Com carícias, afagos, a excitação dos
beijos e dos contatos, viciou a sua vontade, despertou instintos e in-
duziu-a ao ato sexual. Depois de um namoro assíduo, ao marcar a data
do casamento, fê-la crer que logo repararia o mal. O amor de *S.A.* era
terno e sincero. O dele só sensual. Depois de vários contatos sexuais,
deixou de frequentar a casa da noiva. Procurada por esta e pela mãe,
recusou-se a casar. Nem a instauração do inquérito policial o fez mudar de atitude. E passou a proceder de forma indigna, comentando no
bairro que havia seduzido a ex-noiva.

Sua conduta provocou na acusada um trauma físico e psíquico,
uma angústia profunda, a ponto de ela pensar em suicídio. Nunca
ameaçou ou perseguiu *G.R.* O fato, todavia, tornou-a muito infeliz. Per-
deu as esperanças e ilusões de moça. O lar se tomou triste e apesar do
amparo que a mãe, boa e compreensiva, lhe deu, julgava-se responsável
por um erro que poderia vir até a prejudicar a irmã menor. Passou a viver em estado passional agudo, em consequência da sedução e do aban-

dono. Sustentamos perante os jurados que, de acordo com a lição de psiquiatras, médicos e juristas, tais estados chegam a ofuscar, momentaneamente, a razão em virtude das perturbações psíquicas que provocam. Quando a acusada, sem esperar, encontra o ex-noivo, ele reitera que não se casará, declara que jogara no lixo seu retrato e ainda a esbofeteia, ela, inteiramente descontrolada, desfecha-lhe dois tiros.

Pedimos aos jurados que apreciassem o aspecto moral da causa, porque o que mais interessa ao juiz estudar são os motivos determinantes de cada delito.

A respeito, o insigne NÉLSON HUNGRIA ensina em seus *Comentários ao Código Penal*, v. V, p. 431: "Motivos são os antecedentes psíquicos da ação, a força propulsora da vontade atuante". "Os motivos determinantes (motivos conscientes da ação) representam, no direito penal moderno, a pedra de toque do crime. Não há crime gratuito ou sem motivo, e é no motivo que reside, como diz VERGARA, a significação mesma do crime. O motivo é o adjetivo do elemento moral do crime. É através do 'porque' do crime, principalmente, que se pode rastrear o valor psicológico do criminoso e aferir da sua maior ou menor antissociabilidade".

É a lição de VERGARA, que escreve em sua obra *Dos motivos determinantes no Direito Penal*, p. 591: "Quer nos crimes de ímpeto, quer nos deliberados ou premeditados, *o motivo é sempre encarado e apreciado pelo povo, no seu valor moral*". "É assim que pensa e decide a consciência coletiva: para o homem do povo, para o seu representante – o jurado – e, em certos casos, até para o próprio Juiz singular, a gravidade ou irrelevância dos crimes, *a razão de sua punição ou da sua impunidade, está dependendo da qualidade do motivo, em cada caso*: se o motivo é bom, a pena é diminuída ou suprimida; se o motivo é mau, a pena é aplicada ou agravada".

No tocante ao passional, vale lembrar que BONANO, em *Il delinquente per passione*, judiciosamente observa: "Se o critério da lei punitiva deve ser a justa e reta moderação da liberdade individual e da temibilidade do réu, para o fim primordial da defesa da sociedade, *não há razão alguma para punir homens que sempre foram honestos e bons e que somente foram levados ao delito pela ofensa aos seus afetos mais caros. Que perigo poderiam ainda constituir para a sociedade?*".

Como o crime também ocorrera na vigência da Consolidação das Leis Penais, solicitamos dos jurados que reconhecessem em favor da nossa curatelada a dirimente do seu art. 27, § 4º, isto é, que ela havia cometido o delito em estado de completa perturbação dos sentidos e da inteligência. O Júri atendeu ao pedido por unanimidade de votos. O Ministério Público não apelou da decisão e a ré foi posta em liberdade.

(2º Cartório do Júri – Processo n. 247)

A VIOLÊNCIA DO PASSIONAL

Os jornais de São Paulo deram, na ocasião, grande destaque a um homicídio ocorrido na Vila Guarani, perto do Jabaquara. Um homem negro, brasileiro, E.C., que trabalhava em uma fábrica de vidros, havia assassinado a esposa, de cor parda, norte-americana, com 44 facadas, quase todas na face anterior da região torácica. Apenas três ferimentos foram constatados na nuca e dois na face posterior do tórax. A violência dos golpes provocou a fratura de várias costelas. Uma das facadas transfixou o coração e outras os pulmões, produzindo os ferimentos grande hemorragia interna. A faca era antiga, com lâmina muito afiada.

Depois de praticar o crime, E.C. pediu a vizinhos que chamassem a Polícia e permaneceu no local até a chegada desta. Conduzido ao plantão situado no Pátio do Colégio, o acusado prestou, sem a assistência de advogado, longas declarações. Relatou que eram casados há dezesseis anos e viveram na melhor harmonia até que um seu compadre lhe contou ter ouvido comentários no armazém do bairro de que sua esposa se havia tornado amante de seu amigo A.D., que tomava conta de uma chácara próxima à sua casa e nela residia. Levou a mulher até o estabelecimento mencionado, para ver se as pessoas que lhe haviam sido indicadas confirmavam a acusação. Todas negaram as referências feitas à conduta da companheira.

Embora continuasse a alimentar desconfianças, não deixou que a esposa disso se apercebesse. Ela nunca havia trabalhado fora de casa e dez dias antes do crime lhe declarou que desejava conseguir emprego na residência de qualquer família, pois não tinham filhos e alegava que durante todo o dia ficava sempre só. Obteve colocação no bairro de Higienópolis, ficando acertado que dormiria sempre em casa. Na chácara havia telefone e dois dias depois ela teria pedido a A.D. para avisar o marido que iria pernoitar no apartamento dos patrões.

Na véspera da data em que o delito ocorreu, à noite, A.D. levou novo recado em igual sentido. Depois do crime, ele contou a uma das testemunhas que, quando dera o aviso, já estava em sua casa. Desconfiado, E.C. levantou-se no outro dia bem cedo e foi até o prédio que A.D. ocupava na chácara. Depois de aguardar algum tempo, viu sua mulher sair do dormitório do amigo. Este, ao avistá-lo, fugiu para os fundos da propriedade. E.C. conduziu então a esposa, à força, até a residência do casal. Lembrou-se de que tinha uma faca-punhal na mala de roupa, apanhou-a e precipitou-se sobre a mulher, derrubando-a e – segundo suas declarações – "como que alucinado, ajoelhou-se sobre o seu corpo, vibrando-lhe violentamente repetidos golpes, o que fez demoradamente, parecendo-lhe tê-la golpeado mais de trinta vezes". Ainda exaltado, voltou à chácara, à procura de A.D., não o encontrando, pois este desaparecera. Era sua intenção matá-lo também. A seguir, retornou à sua casa e pediu a vizinhos para chamarem a Polícia. Quando chegou, entregou-se à prisão, exibindo punhal que havia utilizado.

Em Juízo, E.C. apresentou-se sem advogado. Como era pobre, o magistrado que ia presidir a instrução criminal nos nomeou seu defensor dativo. Inquirindo as testemunhas arroladas pela Promotoria Pública, conseguimos obter uma prova favorável ao réu. Relataram essas pessoas que havia grande amizade entre E.C. e A.D., que eram vistos sempre juntos. O último, com frequência, almoçava e jantava em casa do réu. Os vizinhos passaram a observar ultimamente que, quando E.C. ia trabalhar, ela se dirigia à chácara ou A.D. à sua residência, permanecendo horas juntos. No começo, agiam com certa cautela. Depois se tornaram imprudentes. Logo que o réu saía para o trabalho, às 5:30h ou 6:00h, A.D. entrava em sua morada. Em muitas ocasiões, encontrava-se com a vítima e tomavam juntos a direção da cidade. A uma das testemunhas de acusação, ela declarara que "gostava muito de A.D. o qual a ajudava, às vezes, com dinheiro".

Os vizinhos mais próximos, na manhã em que se verificou o delito, acorreram ao local. Um ainda o viu dar punhaladas e agarrou-o por detrás, conseguindo afastá-lo da vítima. Outros o encontraram com o punhal na mão, tendo ele declarado que havia matado a mulher porque ela o traía com o zelador da chácara. Observaram que estava muito nervoso e ouviram que desejava eliminar também A.D., mas não conseguira encontrá-lo. Essas testemunhas tinham ciência de que a vítima mandara o próprio amante lhe dar o recado de que deveria pernoitar no emprego, porque seus patrões haviam recebido visitas. Por mais duas vezes, enviara ao marido avisos idênticos e sempre por intermédio de A.D., que alegava ter ela telefonado para a chácara.

Quanto ao réu, todas as testemunhas o elogiaram muito, informando ser ele estimado no bairro, honesto, trabalhador e de conduta exemplar. Apesar de operário, fora eleito presidente do clube de futebol da Vila Guarani. O industrial para quem trabalhava, prestou declarações no fórum e disse que apesar de haver dispensado muitos elemen-

A VIOLÊNCIA DO PASSIONAL   21

tos, devido à retração dos negócios, estava pronto a readmitir o réu, se este fosse absolvido. Esclareceu, ainda, ser ele um dos melhores empregos que já tivera e que sempre lhe confiava importâncias elevadas para pagamentos dos operários.

Dias após o crime, *A.D.* contou a uma das testemunhas que se sentia culpado pelo que acontecera e que "constantemente tinha a impressão de ver próxima de si a figura da vítima". Na manhã seguinte, apareceu morto em casa, sendo voz geral no bairro que ele teria se suicidado.

O réu foi pronunciado por homicídio qualificado, reconhecendo, porém, o Juiz que ele praticara o crime ao convencer de que a esposa se tornara adúltera. O Promotor, no libelo, articulou contra *E.C.* as agravantes de ter agido por motivo reprovável, com surpresa para a vítima e com superioridade de sexo, força e armas. Atualmente, embora essa superioridade não qualifique o homicídio, aquele praticado contra mulher por razões da condição de sexo feminino (feminicídio) o qualifica (art. 121, § 2º, VI).

O julgamento se realizou ainda na vigência da Consolidação das Leis Penais. Como havíamos feito na defesa de outros criminosos passionais, invocamos em favor de *E.C.* dirimente da completa perturbação dos sentidos e da inteligência.

Sustentamos perante o Júri que o réu, desconfiado da esposa, vivia em estado emocional profundo, provocado por uma forte dor moral. Quando ele surpreendeu a mulher saindo do dormitório do amante, essa emoção destruiu os últimos restos de reflexão.

Em casos dessa natureza, apresentamos aos jurados a opinião de vários autores, como OTTOLENGHI, que em seu tratado de Psicopatologia Forense afirma: "a emoção é um estado agudo de excitação psíquica". E de NÉLSON HUNGRIA que, em seus *Comentários ao Código Penal*, escreve: "Entendemos que a emoção, quando atinge o seu auge, reduz quase totalmente a *vis electiva* em face dos motivos e a possibilidade do *self-control*. Já alguém comparou o homem sob o influxo da emoção violenta a um carro tirado por bons cavalos, mas tendo à boleia um cocheiro bêbado. Na crise aguda da emoção, os motivos inibitórios tornam-se inócuos freios sem rédea, e são deixados a si mesmos os centros motores de pura execução. Dá-se a desintegração da personalidade psíquica. Dissocia-se o jogo das funções cerebrais" (v. V, p. 123).

Além de citarmos outros juristas, apoiamo-nos em decisões de juízes de alto saber jurídico. Entre eles, EDGARD COSTA que, em acórdão proferido no Tribunal de Justiça do ex-Distrito Federal, proclamou: "Há insultos capazes de causar a alucinação a qualquer pessoa medianamente briosa". E VICENTE PIRAGIBE, também membro dessa alta Corte, que declarou: "Certas ofensas, convulsionando profundamente o sistema nervoso, podem originar um ato impulsivo sem possível entendimento e sem cálculo sobre a extensão dos seus efeitos" (v. *Criminosos passionais e criminosos emocionais*, de Jorge Severino Ribeiro, p. 123 e 164).

Impressionou muito aos jurados um acórdão do Tribunal de Justiça de São Paulo, proferido na Apelação Criminal n. 28.091, da Capital e por nós lido em plenário, que reconhecia "mesmo a isenção da pena se as circunstâncias levarem a admitir-se que agiu impulsionado por uma loucura momentânea. Tal o caso do indivíduo dotado de grande sensibilidade, brioso, chefe exemplar de família e que, inesperadamente, depara com o fato praticado no seu próprio lar, quando até então supunha ser-lhe fiel a esposa e resguardado o bom nome da família. O choque sofrido, assim de súbito, pode levar a uma alienação momentânea, capaz de elidir a responsabilidade". Ponderamos aos jurados, que a mesma perturbação psíquica sofrera o réu, ao ver, nas primeiras horas da manhã, sua esposa sair do dormitório do amante.

Com relação ao elevado número de golpes dados, lembramos, sempre, a lição de JORGE SEVERIANO RIBEIRO que, em sua obra já citada, *Criminosos passionais e criminosos emocionais*, escreve: "No decorrer da tempestade psíquica, para usarmos da expressão de FERRI, no calor do choque, da luta quando 'um acidente insignificante, uma coisa puramente acidental, destrói os últimos restos da reflexão e dá-se a explosão passional ou emocional' (Kraft-Ebing), o desgoverno do agente é inevitável. Às vezes, sucede, ensina-nos a observação de todos os dias, uma espécie de automatismo no uso da arma empregada. E tiros, e punhaladas, são desfechados às cegas, às tontas, a esmo, inúteis e desnecessários, sem se aperceber o agressor que o agredido está de costas, já em fuga, caído ao solo e talvez já morto" (p. 302).

Cita ainda o ilustre autor a opinião de HEITOR CARRILHO, diretor do Manicômio Judiciário do Rio, que explica: "A violência invulgar de que se revistiu o ato delituoso é reveladora da exaltação emocional em que devia se encontrar o acusado" (p. 300).

O conselho de Jurados, por cinco votos contra dois, absolveu o réu pelo reconhecimento dirimente por nós invocada. Não tendo havido apelação do Ministério Público, foi ele posto em liberdade.

(1º Ofício do Júri – Processo n. 1.751)

A ESTERILIZAÇÃO DA MULHER

Pela manhã, cerca das 9:00h, as pessoas que passavam por uma movimentada rua do bairro de Pinheiros viram uma mulher ferida e ensanguentada, que gritava por socorro.

Foi chamada uma viatura policial, cujos componentes, ao comparecerem ao local, souberam que fora agredida por uma senhora residente em prédio próximo. Nele entraram e a detiveram na sala de visitas, apreendendo a arma por ela utilizada, que estava em cima da mesa. Examinaram-na e verificaram que continha seis cápsulas deflagradas.

A autora dos disparos, M.C., foi presa em flagrante e a vítima veio logo a falecer, constatando os médicos-legistas que procederam à autópsia ter sido atingida por dois tiros, ambos pelas costas: um na região lombar esquerda, penetrante da cavidade abdominal e outro na face posterior da coxa esquerda. De acordo com o laudo, a agressora estaria atrás e à esquerda da ofendida.

Apurou-se, no inquérito e em Juízo, o seguinte: M.C. era casada com um comerciante muito estimado no bairro e tinha uma filha, moça, estudante universitária. A vítima, de cor parda e forte, cujas iniciais também eram M.C., vivia em companhia de um motorista e lavava roupa para famílias da vizinhança. Devido ao seu temperamento, teve atritos com vários fregueses que chegaram a apresentar contra ela queixas na Polícia. Exibimos a respeito certidão fornecida pela Delegacia da 4ª Circunscrição, a que pertencia o bairro.

Era frequente a lavadeira ir à casa de M.C. e pedir para usar seu telefone. Essa senhora, dado o número de vezes em que ela a procurou, nas últimas lhe disse estar o aparelho com defeito ou que aguardava uma ligação interurbana. Isso irritou a vítima que com M.C. teve uma altercação, não indo mais à sua casa. Em represália, todavia, quando encontrava a filha na rua a provocava.

No dia do crime, essa moça voltava da faculdade e foi insultada pela lavadeira. Como repelisse as ofensas, ela agrediu-a, rasgando-lhe as vestes. Duas pessoas que se achavam perto presenciaram o fato e o relataram dessa forma. Outra, entretanto, ao depor no fórum, apresentou versão diferente: a estudante é que teria dado origem ao incidente, provocando a vítima. Conseguimos, porém, provar que esse cidadão era casado com uma afilhada do amásio da lavadeira e após o delito fora residir na casa dele, sem nada pagar! Ele fora arrolado pela Promotoria em Juízo, por indicação do motorista já referido.

A estudante, ao chegar à casa, contou à mãe o que ocorrera. M.C., que vestia um penhoar, colocou o revólver em um dos bolsos e ficou na porta de sua residência, aguardando a passagem da desafeta. Esta, que havia ido levar roupa a uma casa próxima, ao voltar, foi interpelada pela ré. Segundo relatam testemunhas que presenciaram a cena, houve luta corporal entre elas. Durante a briga M.C. sacou da arma. A lavadeira, ao ver o gesto, virou-se para fugir, mas a outra descarregou o revólver, atingindo-a nas costas com dois tiros. A ré, depois disso, entrou em casa, vestiu-se e aguardou a chegada da Polícia, que a deteve.

Havíamo-nos formado, há pouco tempo, quando fomos procurados pelo marido de M.C. para defendê-la. Colhendo informações suas, soubemos que ela era excelente esposa e mãe, pessoa muito religiosa, prestando serviços ao Santuário do Calvário, a mais importante igreja do bairro, dos Padres Passionistas, que nos forneceram um documento, atestando o fato e sua conduta. Não tinha, entretanto, boa saúde, sendo muito nervosa. Em virtude de intervenção cirúrgica sofrida, quatorze anos antes, no serviço do ilustre Prof. Nicolau de Moraes Barros, na Clínica Ginecológica da Santa Casa de Misericórdia, não tivera mais menstruação a partir dessa data.

Procuramos averiguar, na Santa Casa, a natureza da intervenção a que a ré fora submetida. Foi fácil, pois era perfeita a organização dos arquivos. Obtivemos, em seguida, um atestado do Prof. Nicolau de Moraes Barros, elucidando que M.C. fora internada em seu serviço de ginecologia com "anexite bilateral", tendo sido praticada em laparotomia, com extirpação de dois tumores anexiais.

Tendo ido vê-la após a prisão, encontramos essa senhora em estado de profunda depressão e soubemos que havia tido crises de nervos. Já havíamos lido alguma coisa a respeito das perturbações psíquicas que podem resultar da esterilização em uma mulher. Estudamos, então, o assunto em livros especializados, formando a convicção de que este fato tivera decisiva influência na prática do crime.

Impetramos, a seguir, em favor, uma ordem de *habeas corpus*, alegando nulidades na lavratura do auto de prisão em flagrante. Ela foi posta em liberdade seis dias depois. O Juiz que concedeu a ordem teve, entretanto, de recorrer *ex officio*, de acordo com exigência da lei, para o

A ESTERILIZAÇÃO DA MULHER 25

Tribunal de Apelação (antiga denominação do Tribunal de Justiça) e este reformou a sentença. Atualmente, não há mais recurso de ofício contra a concessão de *habeas corpus* em Primeira Instância.

Quando *M.C.* foi recolhida de novo à Casa de Detenção, solicitamos que fosse submetida a exame de sanidade física e pleiteamos a sua internação em hospital a fim de receber o tratamento de que necessitava. Foram nomeados peritos os eminentes Profs. FLAMÍNIO FÁVERO e HILÁRIO VEIGA DE CARVALHO. Respondendo aos nossos quesitos, esses consagrados mestres de Medicina Legal esclareceram que a paciente apresentava uma cicatriz do umbigo à sínfise pubiana, o que indicava uma intervenção no baixo ventre, a qual, no sexo feminino, incide com grande frequência sobre os órgãos genitais internos. O fato confirmava a informação dada aos peritos de que ela teria sofrido uma anexectomia bilateral, uma esterilização. Referiram, ainda, que *M.C.* apresentava tendência acentuada à obesidade, amenorreia, depósito de gordura nas pernas, engrossamento do corpo e um estado de nervosismo próprio e consequente à esterilização da adulta. O pulmão e o respiro estavam acelerados, apresentando a paciente um estado de angústia e opressão. Além disso, os traços fisionômicos estavam rígidos e masculinizados, não se observando aumento da pilosidade, que é geralmente tardia. Explicaram que uma esterilização se transforma em moléstia pelas perturbações funcionais e anatômicas que condiciona. É o fim de uma função relevante, talvez a de maior importância para a mulher, servida que é por todo o organismo. Esse termo, que é apressado ou antecipado pela esterilização, principalmente em idades como a da ré, que só tinha 26 anos quando foi operada, traz distúrbios diversos, reproduzindo aqueles do climatério, do fim normal, fisiológico, da função sexual, porém, mais acentuados, mais evidentes. Daí ser moléstia o conjunto de tais distúrbios que afetam a saúde física e repercutem sobre a saúde psíquica.

Acharam os doutos peritos necessária a internação de nossa constituinte em estabelecimento hospitalar e, com a concordância do próprio Ministério Público, foi ela encaminhada ao "Instituto Paulista", onde permaneceu por quatro meses.

Baseado no atestado do Prof. Moraes Barros, solicitamos, depois, o parecer do Prof. Flamínio Fávero – a cuja sabedoria e experiência sempre recorremos –, indagando: "As perturbações somatopsíquicas sofridas por dª *M.C.*, em consequência da intervenção cirúrgica a que se submeteu, poderiam ter concorrido para a prática do delito de que é acusada?". No brilhante parecer que escreveu, referiu-se o Prof. Flamínio à sintomatologia somatopsíquica observada no exame feito anteriormente na paciente e que podia estar ligada à esterilização bilateral sofrida. Explicou que as perturbações verificadas eram mais fortes do que aquelas que o climatério produz e, ainda que fossem de ordem natural, já seriam, só por si, idôneas para diminuir o poder frenador que todo o indivíduo, mentalmente são e mentalmente desenvolvido, tem na vida social, diante das solicitações do meio. Disse serem de sobejo conhecidas as alterações de ordem psíquica que, nessa idade chamada crítica, apresentam as mulheres.

Citou HENRY CLAUDE, que em sua *Psychiatrie Médico-Lègale* escreve: "O período menopáusico, da mesma forma que o período de evolução puberal, é uma condição particular de exaltação das taras constitucionais. Aqui existe um verdadeiro *substractum* biológico que explica bem as desordens psiconeuropáticas. Os transtornos da saúde, mais ou menos acentuados conforme as pessoas, conduzem a perturbações mentais mais ou menos graves em certas mulheres: desordens na conduta, modificações mais ou menos profundas do caráter e ainda certas psicoses bem caracterizadas, tais como a melancolia chamada de involução, certos delírios de caráter erótico ou místico, estados de agitação dependentes de perturbações endócrinas. Em todos estes estados, como já o temos dito, convirá ter em conta o terreno constitucional, as manifestações anteriores, tradutoras do desequilíbrio psíquico e o elemento ocasional representado pela supressão da função endócrina".

Salientou o douto Prof. Flamínio Fávero que as perturbações sofridas por M.C. foram mais fortes, pela subitaneidade com que se apresentaram e pela idade bastante jovem em que surgiram, tendendo a crescer. O sistema endócrino-umoral todo se ressente da carência de uma função que se extinguiu e, pois, o organismo todo. No caso da ré, o estado crítico irrompeu precoce, provocando perturbações de monta em importante função. Na menopausa, os fenômenos naturalmente tendem a estabilizar-se, adaptando-se o organismo à condição fisiológica, máxime estando presentes os ovários que têm ainda múltiplas funções a desempenhar. Na esterilização cirúrgica, com a retirada dos anexos de ambos os lados, a fenomenologia, sem o tratamento, pode agravar-se. Em M.C. era evidente a repercussão morfológica da mutilação sofrida. Respondendo à nossa pergunta, finalmente, declarou o mestre: "Disso tudo que aí fica, não é demais concluir que o estado particular da referida senhora pode ter influído na prática do crime. Difícil é concluir o contrário. Impossível, talvez".

A ESTERILIZAÇÃO DA MULHER

Para esclarecer bem o comportamento de *M.C.*, inquirimos em Juízo vizinhos e amigos do casal que informaram apresentar ela com frequência períodos de angústia, de melancolia – que é um estado mórbido de tristeza e depressão, e crises de nervos.

Não podíamos invocar em favor dessa senhora, perante o Tribunal do Júri, com probabilidade de êxito, a justificativa da legítima defesa. Ela aguardara, na porta de sua residência, a passagem da vítima. Discutiram e se atracaram. O uso do revólver nesse momento já representava um excesso. E tendo dado início aos disparos, deveria suspendê-los ao ver que a vítima lhe voltava as costas e fugia. As suas condições psíquicas, entretanto, explicavam a conduta e os excessos. O crime por ela praticado ocorrera na vigência da Consolidação das Leis Penais, anterior ao atual Código Penal, que admitia a dirimente da "completa perturbação dos sentidos e da inteligência, no ato de cometer o crime".

Nós a invocamos com apoio no parecer do Prof. Flamínio Fávero e em obras de cientistas brasileiros e estrangeiros que haviam estudado os efeitos da esterilização da mulher, sendo que, à época, não havia a reposição hormonal de hoje. Para a decisão dos jurados foi decisiva, sem dúvida, a opinião do professor paulista. O Conselho de Sentença, por cinco votos contra dois, acolheu a nossa defesa, reconhecendo a dirimente. Não tendo apelado o Promotor Público que funcionou no julgamento, foi a ré posta em liberdade.

(1º Ofício do Júri – Processo n. 5.384)

UM CASO DE INFANTICÍDIO

Logo no início de nossa vida profissional, um Juiz nos indagou se aceitaríamos ser curador de uma menor pobre, com 18 anos de idade, que havia sido pronunciada por infanticídio. Ela tinha ocasionado, com asfixia por estrangulamento, a morte do filho recém-nascido e colocado o corpo, envolto em panos velhos, na lata de lixo da casa em que residia com a família. Informou-nos o magistrado, que alguns nossos colegas haviam recusado a nomeação.

A descrição do fato causava, à primeira vista, impressão muito má. A denúncia se limitava a narrá-lo. A autoridade policial, entretanto, referia-se em seu relatório "à confissão completa e revoltante da indiciada, que claramente expôs toda a monstruosidade de seu crime hediondo".

A nós, desde logo, não pareceu normal o procedimento de quem mata um recém-nascido e põe o corpo na lata de lixo que pertencia à sua própria casa e era todos os dias colocada na porta da rua.

Obtivemos um prazo para estudo do processo. Dele constava a certidão de idade da menor, que tinha na ocasião do fato 18 anos e seis meses de idade. Aos 16, fora desvirginada por um moço que morava na pensão que os pais dela mantinham. Ficara grávida e o namorado, ao saber do fato, fugira para lugar ignorado. Seu genitor apresentou queixa à polícia, que instaurou inquérito a respeito. Só então soube que o jovem era casado e separado da mulher. Teve uma filha, que sua família resolveu criar. Seus pais a compreenderam e perdoaram. Um seu irmão, já maior, ficou, porém, revoltado e declarava sempre que a mataria se incorresse em novo erro. Esse fato é relatado no processo por sua mãe e por outros pensionistas. Estes informaram ainda que o seu procedimento era bom e a tinham como moça honesta.

Um deles, embora soubesse o que ocorrera, começou a namorá-la com aprovação dos seus pais, declarando estar disposto a se casar. Na verdade, também se aproveitou da situação, mantendo por algum tempo relações sexuais com a moça. E, como o anterior, ao saber que ela de novo engravidara, desapareceu. A jovem ficou desesperada, sem saber o que faria quando a criança nascesse. Sempre escondera essa gravidez de sua família.

Antes do parto, adoeceu com febre alta e esteve acamada. Deu à luz, sozinha, de madrugada e asfixiou a criança com um pé de meia, enrolando-a, a seguir, em panos usados e velhos. Depois, saiu à rua e colocou-a na lata de lixo de sua casa.

O empregado da limpeza pública – que depôs na polícia e no fórum – ao jogar o conteúdo no carro de lixo, viu o corpo. Chamou um vizinho e um cidadão que passava pelo local, e o mostrou a essas testemunhas, dizendo: "isto não se põe no lixo".

A autópsia revelou que se tratava de criança do sexo masculino, com todas as características de ter nascido a termo; com peso aproximado de quatro quilos e que o cordão umbilical não estava seccionado, encontrando-se ainda ligado a placenta. Em torno do pescoço se achava fortemente apertado, com três nós, um pé de meia de algodão branco, que foi retirado e entregue à autoridade. Os médicos-legistas concluíram que o recém-nascido examinado falecera em consequência de asfixia produzida por estrangulamento, devendo ter respirado por alguns minutos.

Por estar menos adoentada e morar precisamente na casa a que pertencia a lata de lixo, o delegado foi à sua residência com um investigador e encontrou, escondidos sobre o guarda-roupa, um pé de meia de algodão, manchado de sangue, e uma calça de mulher, branca, de algodão, empapada de sangue coagulado. A mãe da menor reconheceu pertencerem as peças à sua filha. A autoridade, confrontando a meia com o pé que estava amarrado no pescoço do recém-nascido, achou-a idêntica. Os genitores da moça afirmaram em declarações não ter conhecimento dessa segunda gravidez.

O Delegado mandou remover a menor para a Santa Casa local e submetê-la a exame de *parto suposto*. Os peritos do Serviço Médico-Legal do Estado, em seu lado, declararam ser ela de constituição franzina e estar muito anêmica; certos órgãos genitais se apresentavam edemaciados, sendo que o canal vulvo-vaginal se escoava abundante de corrimento loquial ainda sanguinolento. O corpo uterino se achava hipertrofiado. Concluíram que esteve grávida e apresentava sinais de ter dado à luz recentemente.

À vista dessa prova, foi a menor pronunciada como autora de infanticídio e contra ela expedido mandado de prisão.

Até então não se cogitara de saber das condições de saúde dessa moça quando fora internada no Hospital da Santa Casa de Misericórdia de São Bernardo do Campo. Procuramos sua direção e o médico que dela tratara, especialista de prestígio na cidade. Ele nos forneceu o seguinte atestado:

"A pedido de pessoa interessada e por ser expressão fiel da verdade, declaro que examinei, no Hospital da Santa Casa de S. Bernardo, a menor *O.S.*, de 18 anos de idade, solteira, brasileira, de profissão doméstica. A examinanda apresentava então, como indica a sua papeleta que revi no arquivo no dito hospital: 38 graus centígrados e 120 pulsações por minuto, na manhã, e 39 graus e 130 pulsações na tarde desse dia; no dia seguinte, 38,1 e 120 de manhã e 39,6 e 132 na tarde; nos dias subsequentes a sua temperatura e pulsação mantiveram-se pouco mais ou menos nestas cifras, tendo principado a baixar paulatinamente do dia 23 em diante. Agitavam então a doente, frequentes calafrios e o seu hipogástrico (baixo ventre) mostrava um empastamento doloroso à pressão digital.

A análise da urina, retirada com as precauções assépticas comuns, revelava a grande quantidade de albumina, cilindros e pus. Nos membros inferiores, constatava-se a existência de acentuados edemas. *Tão intensa toxinfecção* que, há pelo menos oito dias, vinha comprometendo o seu organismo, *não poupara também, como era de se esperar, o seu estado mental que se mostrava confuso.*

Notava-se torpor, associação de ideias tarda e difícil, atenção dispersa, e um delírio tranquilo, intermitente, acompanhado de algumas ilusões e alucinações da vista e do ouvido. A orientação no tempo e no espaço, se bem que a paciente não a houvesse completamente perdido, *achava-se perturbada.* Depois de uma permanência de 24 dias no hospital, sob rigoroso tratamento, a doente obteve alta, completamente curada.

O diagnóstico do caso foi: *Toxinfecção gravídica ante e post-partum, com repercussão na esfera mental, onde determinou uma psicose tóxica (de forma depressiva).* Tal moléstia é frequente nas maternidades; a sua causa principal é a falta de regime dietético durante os últimos meses da gestação".

Requeremos a juntada desse atestado ao processo e apresentamos nossa curatelada a julgamento perante o Tribunal do Júri.

Na defesa, citamos a opinião de cientistas patrícios e estrangeiros que estudam essa forma de psicose em casos de gravidez.

HENRIQUE ROXO, professor catedrático de Clínica Psiquiátrica da Faculdade de Medicina do Rio, em seu *Manual de Psiquiatria*, dedica um capítulo ao estudo da confusão mental e das psicoses infecciosas e autotóxicas. Cita CHASLIN que define a primeira como "afecção, geralmente aguda, consecutiva a uma causa apreciável, comumente uma infecção, que se caracteriza por fenômenos somáticos de *desnutrição e fenômenos mentais;* o fundo essencial destes, resultado primário do estado somático, é constituído por *uma forma de enfraquecimento e de dissociação intelectual, confusão intelectual, confusão mental,* que pode ser ou não, acompanhada de delírio, alucinações, agitação, ou, pelo contrário, de inércia motora, com ou sem variações acentuadas do estado emotivo" (ed. Francisco Alves, p. 240).

O mestre afirma, por sua vez, que "a confusão mental é uma psicose que se constitui em consequência de uma infecção. Esta é a sua causa fundamental e os distúrbios somáticos, em que sempre existe a *dificuldade de nutrição,* caminham concomitantemente com a dificuldade de perceber tudo quanto ocorre no mundo exterior, pois o doente vive constantemente como se estivesse sonhando acordado ou como se, mergulhado num sono profundo, não lograsse perceber que lhe ia em torno" (p. 242).

Ainda esclarece: " A confusão mental é uma doença dependente de um *processo toxinfeccioso,* em que há incoordenação de ideias, desorientação no tempo e espaço e delírio onírico" (p. 253).

Estudamos, nesse caso, as chamadas "psicoses de geração" que surgem durante o parto ou no puerpério.

PACHECO E SILVA, em sua *Psiquiatria Clínica e Forense,* examina as "psicoses puerperais" (ed. Nacional, p. 175) e as "psicoses gravídicas" (p. 183). Refere-se aos casos de distúrbios mentais devidos à infecção puerperal e aos de "autointoxicação gravídica independentes de qualquer infecção". Ensina que "o quadro psíquico então observado é muito semelhante ao que se nos depara nas demais formas de confusão mental" e que as "psicoses puerperais tóxicas são devidas a distúrbios dos centros de regulação metabólica do mesencéfalo, na opinião da maioria dos autores" (p. 183).

O psiquiatra JOSÉ ALVES GARCIA, em sua *Psicopatologia Forense,* explica: "Nas psicoses de geração é que se fazem frequentes as infrações criminais". "O infanticídio pela própria mãe é o termo de uma cadeia causal, fisiopsíquica e social. De um lado, o desvio instintivo gerado pelo estado metabólico, o tóxico da puerperalidade, que, do ponto de vista etiológico, enquadraremos nos atos de impulsividade, ora cega, ora obsessiva, conforme o estado da consciência e da inibição". "Há mulheres que, apesar de aparente equilíbrio psíquico até o momento do parto, são então presas de súbitas perturbações da consciência e capazes de gerar atos de desatino e de imprudência" (p. 379).

Menciona PELEGRINI, que se refere a fatos concretos que demonstra que durante o sobreparto ou puerpério há um período de excitação e de delírio durante o qual podem ser cometidos infanticídios. E CAMPOLINI, que observa: "Durante o parto podem ocorrer delírios transitórios, que atingem *verdadeiramente formas de loucura* com perturbações notáveis da consciência, ou de impulsos irrefreáveis e de estados obsessivos" (p. 379).

Entre os nossos juristas, NÉLSON HUNGRIA comenta: "Além dos estados psicóticos que podem aflorar durante o parto, há as psicoses que costumam sobrevir após o parto, chamadas *puerperais*. Trata-se, geralmente, de confusões alucinatórias agudas, de ofuscamentos da consciência, manias transitórias, amências, delírios" (*Comentários ao Código Penal*, v. 5, p. 219).

Como ainda estava em vigor a Consolidação das Leis Penais, obtivemos a absolvição da menor, por quatro votos contra três, pelo reconhecimento da dirimente da completa perturbação dos sentidos e da inteligência. Da decisão não apelou o Ministério Público e a jovem voltou à liberdade.

(1º Ofício do Júri – Processo n. 465)

HOMICÍDIO PRIVILEGIADO

Muitos dos nossos juristas e intelectuais, na vigência da Consolidação das Leis Penais, combatiam o passionalismo e, principalmente, a dirimente da completa perturbação dos sentidos e da inteligência.

Esta foi suprimida no Código Penal atualmente em vigor (Decreto-Lei n. 2.848, de 7-12-1940). A respeito, escreve NÉLSON HUNGRIA: "Foi, dessarte, cancelado texto elástico do famigerado § 4º do art. 27 do Código de 90, *essa chave falsa com quem se abria, sistematicamente, a porta da prisão dos réus dos mais estúpidos crimes de sangue*. Ninguém ignora que a fórmula da dirimente reconhecida nesse parágrafo, tanto mais infeliz quanto mutilara o modelo bávaro, com a exclusão da cláusula que subordinava dirimente da perturbação dos sentidos ou da inteligência à condição de não ser esta imputável ao agente, foi uma das prévias garantias de impunidade aos mais brutos e feros matadores" (*Coms. Cód. Penal*, v. V, p. 126).

O mestre não aceitava, de forma alguma, o homicídio passional. E comentava: "Comumente, quando se fala em homicídio passional, entende-se significar o *homicídio por amor*. Mas, será que o amor, esse nobre sentimento humano, que se entretece de fantasia e sonho, de ternura e êxtase, de suaves emoções e íntimos enlevos e que nos purifica do nosso próprio egoísmo e maldade, para incutir-nos o espírito da renúncia e do perdão, será, então, que o amor possa deturpar-se num assomo de cólera vingadora e tomar de empréstimo o punhal do assassino? Não. O verdadeiro amor é timidez e mansuetude, é resignação, é conformidade com o insucesso, é santidade, é autossacrifício; não se alia jamais ao crime. O amor que mata, o amor-Nêmesis, o amor-açougueiro é uma contrafação monstruosa do amor: é o animalesco egoísmo da posse carnal, é o despeito do macho preterido, é a vaidade malferida da fêmea abandonada. É o furor do instinto sexual da Besta. O passionalismo que vai até o assassínio muito pouco tem a ver com o amor" (p. 129).

Aludindo à emoção, afirma HUNGRIA que ela é "estado de ânimo ou de consciência caracterizado por uma viva excitação do sentimento. É uma forte e transitória perturbação da afetividade, a que estão ligadas certas variações somáticas ou modificações particulares das funções da vida orgânica". "A emoção tem, assim, a sua fonte na atividade orgânica, em uma série de movimentos e detenções de movimentos que provocam certos fenômenos circulatórios e ressoam até o cérebro, graças ao sistema nervoso da vida vegetativa". Para o grande jurista, "*a emoção é uma descarga nervosa subitânea*" e "*a paixão é a emoção em estado crônico*" (p. 121 e 122).

Referindo-se, depois, ao atual Código Penal, explica: "O homicídio emocional, perfilado no § 1º do art. 121 (o chamado homicídio privilegiado, em que o agente comete o crime sob o domínio de violenta emoção, logo em seguida a injusta provocação da vítima, podendo o juiz reduzir a pena de um sexto a um terço), *é o determinado pelo impetus,* pelo *impulso psicofísico – reativo que surge no auge da emoção.* E não é apenas a emoção em si que faz merecer o *privilegium,* mas a emoção derivada de injusta provocação da vítima" (p. 127).

ROBERTO LYRA é outro grande adversário do homicídio passional. Em seu *Direito Penal,* observa: "Para mim, o amor jamais desceu ao banco dos réus. Quando, em nome dele, alguém se desmanda até o crime, o amor foi preterido pelo ódio. A responsabilidade penal decorre do estado do agente no momento do crime. Ao crispar a mão para o ímpeto do arremesso ou o sucesso da pontaria, impele-o, não o amor, mas o ódio, e a esse nunca se deu guarida nos mais complacentes dos tribunais. Em caso algum, responsabilizo o amor pelos chamados crimes passionais. Em respeito aos românticos, não posso confundir, com as setas de Cupido, a faca, o punhal, o revólver, a navalha. A rigor, crime de amor seria a compressão de um abraço, a violência de um beijo que esgotasse os pulmões. O amor é, por natureza, fecundo e criador. Não figura nas cifras da mortalidade, mas nas da natalidade: não tira, mas põe gente no mundo. As hemorragias que o identificam são as da vida e não as da morte" (p. 584).

E acrescenta: "Não se nega a existência da paixão, a sua influência, a sua capacidade para desequilibrar, para desesperar, para alucinar, para despersonalizar, para automatizar" (p. 543). "O desgraçado, a quem uma moléstia aniquilou a inteligência, obedece como uma máquina à uma força motriz de que de que ele não pode combater a potência. O homem que age sob o império de uma paixão começou por deixar corromper a sua vontade e foi a sua vontade que, empolgada pela paixão, se precipitou no crime. O primeiro sofreu a ação de uma força irresistível. O segundo podia resistir a essa força e só não resistiu porque não quis. No paroxismo da paixão, mesmo o mais delirante, o homem não cessa de ter a percepção do bem e do mal, de conhecer a natureza dos atos a que ele se entrega. O amor, o ciúme, a vingança podem subjugá-lo.

Ele cede ao transporte, ao arrebatamento dos seus desejos. Mas ele encontrará em si mesmo a força necessária para combatê-los. As paixões violentas embrutecem o juízo, mas não o destroem. Elas levam o espírito a resoluções extremas, mas não o enganam, nem por alucinações, nem por quimeras. Elas excitam momentaneamente os sentidos de crueldade, mas não produzem esta perversão moral que leva o alienado a imolar sem motivos o ente que lhe é mais caro. Numa palavra, não há suspensão temporária das faculdades da inteligência. O homem agiu sob império de um sentimento forte que o dominou, que o subjugou. Mas ele quis, ele aceitou esse domínio. Logo, ele agiu voluntariamente e deve responder pelos seus atos" (p. 547). E conclui: "O amor merece apoteose quando opera a criação da vida, a conservação da espécie, e não quando, transformado-se em ódio e vingança, elimina, destrói, fere, mata" (p. 535).

Tais ideias ROBERTO LYRA também sustentou em conhecida conferência que fez, sob o título "O amor no banco dos réus", na Sociedade Brasileira de Criminologia. No Conselho Penitenciário do antigo Distrito Federal, de que era membro, proferiu brilhante voto em pedido de indulto feito por um homicida passional e que foi publicado sob a denominação: "O suicídio frustro e a responsabilidade dos criminosos passionais". Ele então declarou: "Não há dúvida de que suicídio é um ato antissocial, em si mesmo e, sobretudo, por seu poder contagiante, considerando e demonstrado de excepcional temibilidade pelos autores, inclusive os mais modernos (Durkheim, Halbwacs, Achille-Dèlmas). Não se pode, por isso, legitimá-lo, sugeri-lo e convertê-lo em razão de impunidade" (p. 18). "Ninguém contesta que a tentativa séria de suicídio envolve sempre uma exaltação emotiva, que influi sobre as faculdades volitivas e intelectuais. Mas, a medida e o grau dessa influência interessam, decisivamente, para a apuração da responsabilidade penal" (p. 35).

Nesse parecer, ele "considera o Dr. Heitor Carrilho o nosso mestre de psiquiatria forense" (fls. 17). E refere casos de passionais que tentaram o suicídio e que este considerou estarem "presos de grande exaltação emotiva e consequente perturbação profunda dos sentidos" (fls. 10).

IVAIR NOGUEIRA ITAGIBA, em seu livro Do homicídio, por sua vez, assevera: "À paixão, a menos de ser o agente alienado ou portador de grave deficiência mental, não se deve dar o efeito de excluir a responsabilidade. Não há por que afastá-la do ângulo da psicologia normal, embora, à vista da relevância dos motivos morais e sociais, seja possível a redução da pena" (p. 196).

"Não se explica que alguém possa confundir paixão com estado mórbido da mente. A paixão nasce, viva, intensa, e conduz ao delito. Na sua violência embrutece o juízo; submerge o indivíduo às formas baixas do psiquismo; impele o espírito a guiar-se pelos instintos adormecidos nos refolhos da alma; açula a selvageria primitiva que o ser humano conserva no porão escuro da inconsciência. Não quer isso dizer que a paixão destrua de todo o juízo, e elimine completamente os sentimentos, a ponto de tornar o agente um títere semelhante ao louco, cujas faculdades psíquicas são substituídas pelas mais extravagantes perversões morais. A paixão exaltada, que atingiu a virulência e o paroxismo, não representa força que iniba integralmente a compreensão do bem e do mal. Basta dizer que o homem atua arrastado por um sentimento cujo domínio ele voluntariamente aceitou. Mas não se lhe deve recusar, verificada a intensidade da paixão ou emoção instantânea ou retardada e a moralidade da causa que a tenha gerado, a atenuação da pena" (p. 197).

Ao ser elaborado o atual Código Penal, no Primeiro Projeto da Parte Geral da Subcomissão, a pena de prisão imposta no mínimo ao criminoso primário, por delito cometido contra a vida ou integridade corpórea, "sob o domínio de violenta emoção que as circunstâncias tornem escusável", poderia ser suspensa. Concedia-se assim, *sursis* aos chamados passionais autênticos.

O nosso Código, entretanto, inspirou-se no art. 90 do Código Penal fascista e declara em seu art. 24, inciso I, que "*não isenta de pena a emoção ou a paixão*". Na "Exposição de Motivos", o eminente Ministro FRANCISCO CAMPOS consigna a respeito: "A Comissão Revisora, porém, não deixou de transigir, até certo ponto, cautelosamente, com o passionalismo: não o colocou fora da psicologia normal, isto é, não lhe atribuiu o efeito de exclusão da responsabilidade, só reconhecível no caso de autêntica alienação ou grave deficiência mental, mas *reconheceu-lhe, sob determinadas condições, uma influência minorativa da pena.* Em consonância com o projeto Alcântara, não só incluiu entre as circunstâncias atenuantes explícitas a de ter o agente cometido o crime sob a influência de "violenta emoção, provocada por ato injusto de outrem", como fez do homicídio passional, dadas certas circunstâncias, uma espécie de *delictum exceptum*, para o efeito de facultativa redução da pena (art. 121, § 1º): "Se o agente comete o crime sob o domínio de emoção violenta, logo em seguida a injusta provocação da vítima... o juiz pode reduzir a pena de um sexto a um terço". E o mesmo critério foi adotado no tocante ao crime de lesões corporais.

O criminoso passional, a partir de então, podia obter a redução da pena estabelecida para o homicídio privilegiado ou invocar em seu favor a justificativa da legítima defesa da honra, quando, por exemplo, o marido surpreendesse a esposa em circunstâncias reveladoras de adultério, o que hoje não mais se aceita*.

Entre os processos por nós defendidos perante o Tribunal do Júri desta Capital e em que sustentamos trata-se de homicídio privilegiado, merece ser exposto neste livro o que foi movido ao bancário *A.A.*, que matou a esposa *R.P.*

Logo após o casamento, essa moça engravidou. Antes de dar à luz, preferiu ir para a casa dos pais, porque lá teria a assistência da mãe e de irmãs. Quando o filho nasceu, não voltou mais ao lar, alegando incompatibilidades de gênios. *A.A* atribuía a atitude da mulher à intervenção dos pais e de outros parentes. Ficaram separados seis anos, durante os quais ele morou com um irmão. Ela requereu e obteve o desquite. Na sentença proferida na ação respectiva, o Juiz reconheceu que ele "tentou reconciliar-se com a esposa e cuidou de trazê-la de novo ao lar conjugal". E acrescentou: "Este fato, que ficou provado, pode ser e de fato é abonador dos sentimentos do réu".

A família da vítima contratou dois ilustres advogados para funcionarem como assistentes da acusação no processo-crime. Estes promoveram a juntada de depoimentos na ação de desquite – em que não funcionamos – por testemunhas arroladas pela família de *R.P.* e que afirmavam ter *A.A.* injuriado e maltratado a esposa. O desquite, que foi litigioso, acabou sendo concedido. Ele, apesar disso, a procurava sempre. Durante os dois últimos anos se encontravam, mas *A.A.* ainda assim não conseguiu que *R.P.* voltasse para a sua companhia. Declarou em Juízo, ao ser interrogado, que foi um novo "namoro" e que apenas conversava com ela e o filho.

Finalmente se reconciliaram, tendo o réu montado outra vez, com todo o conforto, a casa em que foram morar. O sogro, prestando declarações em Juízo, informou que a filha nunca mais se queixara do marido e que ele se alegrava em "vê-los felizes". Colegas do banco, depondo no processo, contaram que, depois da reconciliação, *A.A.* passara a trabalhar com mais afinco, fazendo extraordinários para poder atender às despesas com a família.

---

* O Pleno do STF, no julgamento da ADPF 779, ocorrido em 1º-8-2023, considerou inconstitucional a tese da legítima defesa da honra.

Tudo indicava, porém, que a esposa não o amava. Só assim se compreende que precisasse de novo "namorá-la" por dois anos, platonicamente, para obter a sua volta ao lar. Passando a viver juntos, logo depois ele notou que R.P. o tratava de maneira áspera, com indiferença, e começou a desconfiar que ela gostava do cunhado, moço e rico, a quem dispensava muita atenção e fazia frequentes elogios. Tendo conhecimento de que esse parente, em sua ausência, ia sempre à sua casa, a pretexto de presentear e ver seu filho, chegou a proibir as visitas e notou que isso contrariou muito sua mulher.

Na véspera do dia em que o delito ocorreu, à noite, soube que o cunhado continuava a ir à sua residência. O casal discutiu até altas horas da madrugada, de forma acalorada e em vozes tão altas que os vizinhos ouviram. Pela manhã, a discussão continuou. Estavam a sós. Nem o filho viu o que então ocorreu. A.A. contou que ela, em determinado momento, se exaltara e confessara que gostava do cunhado. Então ele apanhou o revólver que tinha em seu quarto de dormir e fez vários disparos que a atingiram nas regiões supraescapular direita e esquerda; outro, um dedo abaixo do rebordo costal direito, penetrante da cavidade abdominal e um último, na face posterior do antebraço direito, com saída na face anterior. Ela foi operada no Hospital das Clínicas, mas veio a falecer porque o ferimento que penetrara na cavidade abdominal transfixara o estômago e determinara várias perfurações intestinais.

Depois de ter atirado, o réu se evadiu. Vizinhos, principalmente mulheres, atraídos pelos estampidos, entraram na casa e a encontraram caída ao solo, na cozinha, toda ensanguentada. Como existisse uma igreja bem perto, R.P. pediu que chamassem o padre. Esse logo chegou. As senhoras que lá estavam queriam retirar-se, mas ela lhes disse que podiam ficar, pois nada havia feito. Tendo o sacerdote consentido, permaneceram, ouvindo a confissão e a vítima declarar: "*Padre, fui atirada pelas costas por ciúmes, mas morro inocente*".

O Promotor denunciou A.A. por homicídio qualificado, com as agravantes, de motivo fútil e da traição. O Juiz da Vara Auxiliar do Júri reconheceu que o motivo do crime foi o ciúme e que a própria vítima, quando socorrida, admitiu esse fato. Com apoio em decisão do Colendo Tribunal de Justiça, que afirma: "O ciúme, quer o justificado, quer o patológico, não pode ser considerado motivo fútil" (*Rev. Tribunais*, v. 152, p. 504), o magistrado repeliu a agravante.

Nós obtivemos, durante a instrução, provas muito interessantes acerca dos antecedentes do réu. Para demonstrar que as testemunhas apresentadas na ação de desquite pela vítima e seus familiares mentiram, inquirimos em Juízo vários vizinhos do casal no período em que residira, após o casamento, em uma rua do Brás. Todos afirmaram que, até a separação, nunca tiveram conhecimento de qualquer discussão ou briga entre os cônjuges. Provamos ainda que as pessoas arroladas no desquite moravam em outras ruas, afastadas, e pouco poderiam informar. Os vizinhos da casa em que o delito ocorreu depuseram também no sentido de que eles viviam bem. Colegas do réu no banco em que trabalhava atestaram ser ele funcionário eficiente, muito dedicado ao serviço e estimado por todos.

Apresentamos, ainda, declarações assinadas pelo Pároco-decano da Igreja São João Batista, que o havia batizado e celebrara seu casamento; pelo vigário de Santo Amaro, ex-coadjutor daquela Igreja; pelas professoras do Grupo Escolar do Brás e pelo diretor do Ginásio Independência, em que estudara, afirmando ser o réu moço religioso e de ótimos sentimentos morais.

Em plenário, sustentamos ter ele agido em estado de violenta emoção, de profundo trauma psíquico, ao ouvir de sua esposa que não mais o amava e que gostava do cunhado. Nenhuma testemunha presenciou a discussão que houve, nessa manhã ou na noite anterior, entre eles. Mostramos aos jurados que a versão de *A.A.* devia ser aceita em face de seus bons antecedentes e que no sistema de provas do nosso processo penal, a palavra do réu é elemento precioso para a formação do livre convencimento do julgador. O homicídio por ele cometido deveria ser considerado privilegiado, por ter agido sob o domínio de violenta emoção, logo em seguida a injusta provocação da vítima.

Como também fizemos em inúmeros outros julgamentos, expusemos ao Júri os efeitos da emoção. Citamos uma grande autoridade em moléstias nervosas, MAURICE DE FLEURY, que na consagrada obra *L'Âme du Criminel*, escreve que "a personalidade humana, não só nos enfermos, como nos sadios, está sujeita às deformações e às transformações mais tremendas, seja por estreitamento da consciência (mecanismo da ideia fixa), seja por esgotamento ou excitação (mecanismo das emoções)".

Esclarecemos que LEGRAIN, ensinando na Faculdade de Direito de Paris, afirmou que "do fisiológico para o patológico não dista mais de um passo". E apontava logo os emotivos, a quem a natureza arrasta mais facilmente a dar esse passo. E que o grande psicólogo alemão FLESSINGER sustenta no livro *Maladies des Caractères* que "as imagens emotivas, fornecidas pelas vibrações do simpático, governam os pensamentos e os atos, contra os quais se insurge em vão a inteligência e a vontade". Aparece, em tais casos, o eterno problema do embate da consciência com as células nervosas.

Entre nós, acrescentamos um dos mais eminentes psiquiatras brasileiros, PACHECO E SILVA, que, em sua *Psiquiatria Clínica e Forense* estuda as relações da emoção com os centros nervosos, com o sistema simpático e com as glândulas endócrinas. Refere-se a Canon, aos trabalhos por ele realizados e à sua conclusão de que na *emoção pura*, no medo, no terror, na dor, verificar-se-ia uma superatividade secretória das cápsulas suprarrenais. O traço característico de todas essas reações orgânicas, seria – segundo Canon – "o fato delas se processarem de modo reflexo, escapando inteiramente à ação da vontade". Por esses estudos, a emoção deixou de ser considerada sob o aspecto da psicologia pura, para se incorporar à fisiologia, passando, assim, para os domínios dos fenômenos biológicos (p. 72).

Outro psiquiatra de alto valor, JOSÉ ALVES GARCIA, em sua *Psicopatologia Forense*, explica: "Também a psicologia experimental está agora em condições de demonstrar o que os filósofos antigos apenas suspeitavam; é que a emoção libera no organismo descargas hormonais e metabólicas e influxos nervosos que *podem subverter, parcial ou totalmente, a consciência e a autodeterminação.* Tornaram-se clássicas as investigações de CANON sobre a hiperadrenalinemia e hiperglicemia, com glicosúria, dos paroxismos emotivos e dos períodos estáticos da paixão. Do papel da tireoide, di-lo a ocorrência do *basedowismo* nos grandes e intensos estados passionais e inversamente a influência do mal de BASEDOW sobre a afetividade e o comportamento. Um endocrinologista famoso denominou por isso a tireoide a glândula da emotividade" (p. 92).

Os ciúmes do réu tornaram mais violenta a sua emoção. As paixões e as emoções, as reações motoras, sensoriais, vasomotoras, sensitivas etc., variam, aliás, de indivíduo para indivíduo, sendo impossível esquematizar psicologicamente as pessoas. A reflexão, conforme o caráter e o temperamento de cada um, pode, às vezes, controlar a emoção. Com acerto observa IVAIR NOGUEIRA ITAGIBA: "Incorreria em crime de leso-bom-senso quem pretendesse esquematizar psicologicamente os homens" (obra citada, p. 176). "Assim como na medicina não há doenças, mas doentes, e na criminologia não há crimes, mas criminosos, em psicologia não há amor, porém amantes" (p. 198).

O prof. OTTORINO VANNINI, em estudo publicado na *Revista do Direito Penal Italiano*, escreve que sempre procurou conhecer certos fenômenos de sua própria consciência; estudar atitudes de seu pensamento e analisar os próprios sentimentos – procurando, assim, conhecer a sua própria psicologia.

Verificou ser difícil compreender a dos outros e convenceu-se de que é impossível penetrar no mecanismo psíquico dos indivíduos e que são absurdas certas teorias científicas destinadas a perscrutar, catalogar e avaliar as paixões e as emoções de um homem, com a mesma facilidade com que um clínico faz o diagnóstico de moléstias comuns.

Quanto aos disparos, demonstramos que um deles atingiu a vítima pela frente e ninguém contestaria que possa ter sido o primeiro. Invocamos, então, JORGE SEVERIANO RIBEIRO, que em seu livro *Criminosos passionais e criminosos emocionais* elucida: "O exato é que o ferimento de penetração pelas costas tem significação muito relativa e nenhuma quando conjugado a ferimento já feito pela frente, nos crimes dito emocionais e passionais". E, em outro trecho, por nós já citado, esclarece: "No decorrer da tempestade psíquica, para usarmos da expressão de FERRI, no calor do choque, da luta, quando 'um acidente insignificante, uma coisa puramente acidental, destrói os últimos restos de reflexão e dá-se a explosão passional ou emocional' (Kraft-Ebing), o desgoverno do agente é inevitável. Às vezes, sucede, ensina-nos a observação de todos os dias, uma espécie de automatismo no uso da arma empregada" (p. 312).

O Júri, por quatro votos contra três, atendeu ao pedido da defesa e desclassificou o delito de homicídio qualificado para privilegiado, reconhecendo ter o réu agido em estado de violenta emoção, logo em seguida a injusta provocação da vítima. O Juiz Presidente, embora o Código lhe permitisse a redução da pena de um terço a um sexto, só concedeu esta última, condenando A.A. a cinco anos de reclusão.

Obtivemos do Presidente da República a comutação dessa pena para quatro anos, e, quando o réu cumpriu dois, conseguiu seu livramento condicional, de acordo com o art. 60, item I, do Código Penal, sendo posto em liberdade.

(1º Ofício do Júri – Processo n. 458)

LEGÍTIMA DEFESA DA HONRA*

R.M. nascera em uma cidade do interior de São Paulo e aí se casara. Depois se mudara para o norte do Paraná, adquirindo, junto com irmãos, uma propriedade agrícola. Na localidade em que passou a viver com a família, surgiram, entretanto, comentários sobre possíveis ligações amorosas entre sua esposa M.R. e um moço muito amigo do casal. Desgostoso e para pôr fim à situação transferiu-se para esta Capital. Aqui se instalou, provisoriamente, em casa de um tio. Nessa residência, vivia seu primo D.D., com o qual ele e a mulher passaram a manter amizade, que se tornou íntima. Três meses depois, estando mal-acomodados, adquiriu a prestações um prédio no mesmo bairro e se mudou.

Sua esposa era, porém, mulher leviana e dava muita atenção a D.D. Este era chefe da seção mecânica de uma grande indústria e R.M. passou a trabalhar como funcionário em outra. D.D. era tido como dado a conquistas, já tendo provocado a separação de dois casais. O interesse que demonstrava pela mulher do primo ficou conhecido e passou a ser comentado. Um seu colega preveniu R.M. a respeito. E a notícia de que a esposa deste não procedia bem fez com que outro empregado da mesma indústria também dela procurasse aproximar-se.

Certo dia, R.M. encontrou entre objetos de sua mulher uma importância alta, em dinheiro, que ele não lhe havia dado. Mais tarde, achou uma caixa de bombons. Em outra ocasião, chegando à casa de surpresa, viu que a cama do casal estava desarrumada, com sinais de ter sido usada por duas pessoas. Discutiu, longamente, com M.R. e, na manhã do dia seguinte, que era feriado, procurou D.D. e convidou-o a tomar café em sua casa. Quando ele chegou, provocou uma acareação com a esposa, tendo ambos admitido que eram amantes. Apanhou um revólver e atirou no primo, atingindo-o. Este procurou fugir e um vizinho que acorreu ao local desarmou R.M., o qual, então, apoderou-se de uma faca de cozinha. A sua mulher tentou impedir que saísse e ele agrediu-a, prostrando-a morta. A seguir, correu atrás de D.D. e o feriu com violenta facada no ventre.

---

*   A legítima defesa da honra conjugal ou de companheiro(a) foi declarada inconstitucional pelo STF.

Preso em flagrante, relatou todos esses fatos. De suas declarações constavam, porém, pormenores que o comprometiam: na discussão que tivera com *M.R.*, na véspera do dia em que ocorreu o delito, esta lhe teria confessado que mantivera relações sexuais com *D.D.* no próprio leito conjugal. Apesar disso, deitara-se com a esposa, pensando como poderia vingar-se. E, na manhã seguinte, ao convidar o primo para tomar café em sua casa, lhe pedira emprestado o revólver de que depois se utilizara.

Produzimos no processo provas excelentes acerca da vida pregressa do réu. Da cidade do norte do Paraná em que residira, apresentamos atestados muito elogiosos à sua pessoa, do Prefeito Municipal, de vereadores, médicos, comerciantes etc. Colegas de trabalho, residentes nesta Capital, depuseram no processo, afirmando ser ele pacato, de bons sentimentos, muito afeiçoado à família e estimado por todos. Quanto a *D.D.*, ficou demonstrado ser realmente dado a conquistas e ter provocado a separação de mais de um casal. Certa moça, de nome Geni, ouvida no fórum, contou que seduzida por ele abandonara marido e filhos. Depois *D.D.* a largara. É mencionada nos autos outra, de nome Gracinda, também casada, que ele fez deixar o lar. Até o tio do réu, pai de *D.D.*, confirmou a existência do adultério e uma vizinha declarou em Juízo que a filha de *R.M.*, de 15 anos de idade, chorando nervosa, lhe relatara tempos antes que a mãe, na ausência de seu pai, recebia o amante em casa.

A prova era tão convincente que, ao ser *R.M.* julgado pelo Júri, a Promotoria Pública não negou o adultério, mas, baseando-se nas declarações do réu no "auto de prisão em flagrante", afirmou que ele obtivera a confissão da esposa na véspera e só praticara o crime no dia seguinte. Salientou que, se fosse alegada em favor do réu a legítima defesa da honra, não estaria provado o requisito da "agressão atual" a ela.

Pleiteando em favor do acusado essa justificativa legal – pois à época era admitida a legítima defesa da honra (principalmente a conjugal, tese hoje declarada inconstitucional pelo Supremo) –, lembramos que o antigo art. 21 do Código Penal protegia qualquer direito do cidadão. Invocamos as lições do Colendo Tribunal de Justiça do Estado de São Paulo, o qual ensina: "Instituindo a justificativa da legítima defesa, tolerando o emprego da violência para a proteção de direitos, a lei teve em vista apenas os atributos fundamentais do indivíduo: vida, honra, patrimônio" (*Rev. Trs.*, v. 175, p. 66). "Já não se põe em dúvida que o vocábulo 'direito', empregado no art. 21 do Código Penal, deve ser entendido de maneira a abranger todo o interesse juridicamente tutelado: vida, integridade corporal, honra, pudor, liberdade pessoal e propriedade" (*Rev. Trs.*, v. 166, p. 96). "Admitida, porém, a sua responsabilidade no fato delituoso, é certo que agiu em legítima defesa de sua dignidade e de sua honra" (*Rev. Trs.*, v. 166, p. 96).

Apresentamos aos jurados outra decisão dessa Alta Corte que bem se adaptava ao caso em julgamento e em que ela observava: "*Há de se admitir que tem por si a escusa legal o cidadão que, vendo ferida a sua dignidade, a respeitabilidade do seu lar, delinque levado por sentimentos insopitáveis.* Não há negar que ocorrem hipóteses em que a rigidez do texto legal deve ser abrandada pelo senso da realidade. Seria iníquo exigir-se, como pretende o M. Público, que um *homem do campo, preso ainda àqueles ensinamentos severos que caracterizam as tradições da nossa moral, fosse se comportar, naquela conjuntura, com a frieza e a indiferença própria de outros povos*" (*Rev. Trs.*, v. 159, p. 565).

Nesse e no julgamento de casos idênticos, também citamos brilhante parecer de um dos mais cultos Procuradores da Justiça de nosso Estado, o Dr. ÁLVARO DE TOLEDO BARROS, que, em uma apelação criminal, declarou: "Os jurados, numa afirmação unânime, decidiram pela absolvição, reconhecendo a legítima defesa própria; mas o Promotor Público, pensando de modo diverso, avançou que a legítima defesa não é possível para o caso em debate. Coloco-me, francamente, ao lado da defesa. *Os nossos costumes – que Deus sempre os conserve – e até o espírito do legislador que fixou os termos dessa justificativa permitem o reconhecimento da mesma quando há o adultério.* Julgar de outro modo e sustentar uma condenação, é contrariar a nossa índole e a pureza de nossos costumes. É, também, impossibilitar a defesa do marido que a desgraça deixou em tão dolorosa contingência, e para o qual, afastada esta hipótese, outra não lhe resta para pleitear a sua absolvição" (*Rev. Trs.*, v. 156, p. 506).

O Egrégio Tribunal de Justiça, nesse processo, não deu provimento à apelação do M. Público, afirmando: "Negar, quanto ao mérito, provimento à apelação interposta para confirmar a decisão do Júri, *que bem decidiu, reconhecendo haver o apelado agido em defesa de um direito seu, como mostra o parecer da Procuradoria de Justiça*" (p. 506).

A respeito da legítima defesa da honra, escreve NÉLSON HUNGRIA: "A legítima defesa deve realizar a tutela de um direito. Tal como na fórmula do 'estado de necessidade', o vocábulo 'direito', empregado no art. 21, tem sentido amplo, compreendendo todo e qualquer bem ou interesse juridicamente assegurado, seja, ou não, inerente à pessoa:

vida, integridade corpórea, honra, pudor, liberdade pessoal, tranquilidade domiciliar, patrimônio, segredo epistolar, pátrio poder etc." (*Coms. ao Cód. Penal*, ed. Forense, 1949, v. 1, p. 460).

BENTO DE FARIA, citando Ortolan, Bertauld, Garraud e Manzini, afirma: "O dispositivo considerando a agressão a direito, sem qualquer limitação, essa expressão há de ser entendida em sentido amplo e compreensiva, portanto, da vida, da incolumidade ou da liberdade pessoal, do pudor, da honra, dos direitos patrimoniais etc." (*Cód. Penal Brasileiro*, ed. Jacinto, 1942. v. II, p. 256).

PEDRO VERGARA comenta, por sua vez: "Repete-se, aqui, a mesma discussão que suscita o estado de necessidade. Para alguns criminalistas, a legítima defesa só protege a pessoa – a vida, a integridade corporal, a honra; para outros abrange todos os direitos. É este último ponto de vista que tem prevalecido, de longa data, e que prevalece na atualidade" (*Delito de Homicídio*, ed. Jacinto, 1943, v. I, p. 333).

Ninguém estudou melhor os costumes brasileiros daqueles tempos e o problema do adultério entre nós do que LEMOS BRITO, em sua *Psicologia do Adultério*. Ele escreve: "*A honra doméstica, porém, no sistema da honra individual, ocupa a cúspide, a eminência, o topo*. Facilmente se explica esta ascendência. Quando o homem constrói seu lar, visa uma existência que transcorrerá num ambiente remansado de dedicações e de virtudes. Ele contempla os demais lares íntegros, e reivindica o direito de exigir que o seu não desgarre nem quebre a real ou aparente harmonia geral. Demais, com as exceções das segundas núpcias, milita em favor de seu direito a circunstância de ser, de referência ao corpo e ao coração da esposa, o primeiro ocupante. *A ela liga ele o seu nome, a sua vida, o seu futuro. Do contato de ambos vem a prole. O homem sente-se no dever de resguardar um patrimônio de que participam, além dele, os filhos e a sociedade*" (ed. Jacinto, p. 83).

Acrescenta: "Assim, para o esposo, *a honra doméstica está na pureza de seu lar, e essa pureza quase se resume na mulher*. A sociedade, neste particular, é tão exigente, que não admite seja a esposa suspeitada. Ela tem que ser rigorosa, absolutamente honesta, ou estará perdida. Neste caso, o homem sentir-se-á arrastado em sua queda" (p. 84). "As relações familiares vão minguando". "Em compensação, *os que entregam ao desporto das conquistas amorais, aproximam-se. Esses conquistadores têm o faro da perdição*" (p. 85).

Como ocorre com os processos de legítima defesa da própria pessoa, a justificativa só seria reconhecida, no caso, se os jurados, no julgamento em plenário, respondessem afirmativamente aos seguintes requisitos que a integram: – O réu cometeu o crime em defesa de sua honra? – O réu defendeu a sua honra de uma agressão iminente? – Essa agressão era injusta? – O réu usou, moderadamente, dos meios necessários para repelir a referida agressão? – O réu, entretanto, só excedeu, culposamente, os limites da legítima defesa de sua honra?

O Promotor Público que o acusou no Júri alegou – como já salientamos – que nas declarações que prestara na Polícia, depois de preso em flagrante, o réu afirmara que, já na véspera do dia em que se deu o crime, sua esposa confessara o adultério. E ainda que se pretendesse entender que essa confissão representaria agressão à sua honra de marido, ela teria ocorrido no dia anterior ao do delito. Logo, com relação à data em que este se verificou, não poderia ser considerada nem atual, nem iminente.

Nós negamos valor às declarações atribuídas ao réu no "auto de prisão em flagrante", por não terem sido presididas por delegado de polícia, mas por uma pessoa leiga, um suplente em exercício; porque nelas aparecem frases que não poderiam ter sido proferidas por pessoa simples como o réu e citamos algumas: "o acusado presente ruminava o acontecimento"; "vendo-se amesquinhado, diminuído e envergonhado"; "não foi capaz de resistir ao ímpeto de vingança"; "com o seu espírito conturbado e com a sua desdita a atravessar-lhe o ânimo" etc. Os jurados que ouviram o acusado em plenário, quando interrogado pelo Juiz, verificaram ser homem muito simples, que nunca poderia ter feito tais declarações. E, se havia exagero na redação, como se poderia dar crédito ao seu conteúdo?

Para reforçar a nossa argumentação, mostramos que o próprio suplente que teria presidido o flagrante, em ofício enviado à Polícia Técnica, e cuja cópia estava no processo, requisitando os exames necessários (do local do crime, armas etc.), também apresenta o fato de maneira diversa da constante do flagrante, pois menciona: "Observações: *R.M.*, suspeitando da infidelidade da sua esposa *M.R.*, fez com que esta confessasse, hoje pela manhã" (isto é, na data do delito...)! Para comprovar as declarações de *R.M.* em Juízo, citamos os depoimentos de dois vizinhos e de seu tio que com o réu conversaram logo após sua prisão e dele ouviram que somente tivera certeza do adultério no dia do crime, durante a discussão havida, quando, em um momento de raiva, a esposa tudo confessara. A defesa, em plenário, admitiu que o réu poderia não ter agido com moderação e se excedido devido ao seu estado emocional.

Esse excesso seria apenas culposo e a pena que lhe seria aplicada corresponderia, de acordo com o Código Penal, à do homicídio culposo.

No primeiro julgamento, os jurados, por seis votos contra um, acolheram o nosso pedido e *R.M.* foi condenado, pelos dois homicídios, a um ano e quatro meses de detenção. Houve recurso do M. Público e esse júri foi anulado pelo Tribunal de Justiça. Realizou-se o segundo julgamento. A decisão dos jurados foi então unânime em favor do réu, tendo o Juiz Presidente do Tribunal do Júri lhe imposto a mesma pena, de um ano e quatro meses de detenção, e determinado que fosse posto em liberdade, por já a ter cumprido.

(1º Ofício do Júri – Processo n. 269)

MATOU O MARIDO EM LEGÍTIMA DEFESA

Os que estudam a legítima defesa e a evolução deste instituto explicam que o seu fundamento natural é o instinto de conservação da vida, que é a lei suprema da criação e cedo se manifesta em todas as criaturas. Nos primórdios da vida social, já foram encontrados os primeiros traços fisiológicos e psicológicos da legítima defesa. O homem primitivo não podia ter a ideia desse direito. Em virtude, entretanto, dos instintos de conservação e de reprodução, ele reagia, como irracional, contra tudo o que punha em perigo a sua existência, respondendo às excitações exteriores por atos reflexos automáticos.

O instituto evoluiu através dos séculos e é um produto da civilização. LETOURNEAU, em excelente trabalho, mostra que o direito, de fato puramente biológico, transformou-se em fenômeno sociológico. Ao ser constituída a sociedade jurídica e organizado o poder social, a defesa passou a ser exercida pelo Estado e começaram a ser tomados em consideração os motivos determinantes da ação. A vingança e o delito passaram a ser tidos como fatos antissociais, sujeitos à punição.

GEIB escreveu que a legítima defesa não tem história, pois está na de todos os povos e sempre foi reconhecida em todos os tempos e lugares. Como direito escrito, apareceu pela primeira vez entre os romanos, na Lei das 12 Tábuas. A legislação justiniana inscreveu-a na frente do Primeiro Título do Digesto, como epígrafe de todo o *Corpus Juris*. E CÍCERO já proclamava, na oração *pro Milone*: "A legítima defesa é lei sagrada, nascida com o próprio homem; anterior a legistas, à tradição e a todos os livros; que dispensa estudos porque nós a pressentimos e adivinhamos. É direito natural e inalienável". A própria Igreja Católica, tão contrária à violência, a proclama como um direito.

HEGEL foi o primeiro a dar ao direito natural da legítima defesa o caráter de teoria científica. Surgiram depois, na Itália, os estudos magníficos de Carrara, Fioretti, Ferri, Zerboglio, Nicolini, Carmignani, Florian e Manzini. Na Alemanha, de Pufendorf, Glasser, Levita, Berner etc. Na França, de Garraud, Vidal e Garçon. Entre nós, de Hungria, Vergara, Lemos Sobrinho e outros. GARRAUD afirma que "o indivíduo, quando atacado, tem o direito de repelir a força pela força" e HERING ensina que "resistir à injustiça é um dever do indivíduo para consigo mesmo".

LEMOS SOBRINHO adverte: "a defesa da vida é um dever e um direito, devendo o legislador respeitar esse dever e amparar esse direito. A conservação da vida é a lei suprema da criação animada; instintivamente se manifesta em todas as criaturas" (*Legítima Defesa*, 2ª ed., p. 113). Salienta que o "instinto de conservação, instinto primitivo e básico da existência, é o primeiro a aparecer e o último a abandonar a criatura humana" (p. 111). JOSÉ FREDERICO MARQUES escreve: "o direito de defesa, em sua significação mais ampla, é o direito latente em todos os preceitos emanados do Estado, como *substratum* da ordem legal, porque constitui o fundamento primário e básico da segurança jurídica estabilidade pela vida social organizada" (*Rev. Forense*, fasc. 568, p. 564). E PEDRO VERGARA, citando Geny, proclama: "A lógica abstrata poderá ficar bem com os que não compreendem que a legítima defesa, sendo a lei das leis, está acima da própria lei, porque é a lei da vida" (*Rev. Trs.*, fasc. 486, reedição, p. 61).

ANTÃO DE MORAES, em brilhante oração, declarou: "O jurista moderno não pode mais confirmar-se na doutrina e no comentário. Ao lado desse direito estático ele tem, forçadamente, que estudar o direito em ação, que é a jurisprudência" (*Rev. Trs.*, v. 163, p. 60). Como advogado, sempre assim entendemos. E, em nossos trabalhos, procuramos arrimo nas decisões dos Tribunais. Os jurados, conhecendo a cultura e a experiência de nossos Juízes, dão-lhes alto valor.

Com referência a legítima defesa, exige o Código Penal, para o seu reconhecimento, que vários requisitos intervenham conjuntamente em favor do acusado. Alguns, existentes na legislação anterior, foram abolidos. Em um dos seus julgados, o Egrégio Tribunal de Justiça do Estado destaca esse fato: "É bem verdade que a legítima defesa, em face do novo Código Penal, como bem observou o sr. Ministro da Justiça, em sua 'Exposição de Motivos', apresenta-se sem certos requisitos de que se revestia na legislação anterior. É assim que hoje, na defesa de um direito, injustamente atacado ou ameaçado, além de repulsa imediata, é também dispensada a rigorosa propriedade dos meios empregados ou sua precisa proporcionalidade com a agressão. Uma reação *ex improviso* não permite uma escrupulosa escolha de meios, nem comporta cálculos dosimétricos" (*Rev. Trs.*, fasc. 526, p. 75).

Confirmando brilhante sentença de primeira instância, que declara "ter sido elaborado com esmero e decidido com acerto", reconhece aquela Alta Corte que: "o estado de legítima defesa tem de ser apreciado sob o ponto de vista subjetivo". É citado EVARISTO DE MORAES que, em seus *Problemas de Direito Penal*, tratando do assunto, sustenta: "É preciso baixar à realidade da vida normal, encarar os fatos como eles se dão geralmente, medir os indivíduos pela bitola comum, considerando as circunstâncias essenciais do lugar, do tempo etc." (2ª ed., p. 291). E comenta: "... um indivíduo, em tais condições, fatalmente perde o controle, eis que o sangue e os nervos se agitam, e, assim, defende-se sem qualquer tempo de reflexão". Tanto isso é verdade, que William James escreve: "Os nossos temperamentos e resoluções são determinados mais pelas condições de nossa circulação do que pelo domínio da lógica". E menciona Melo César que professa: "o homem sente, às vezes, até necessidade de agir sem consistência, isto é, de repelir, sem perda de tempo, e o mais rapidamente possível, o perigo que o ameaça" (*Rev. Trs.*, v. 132, p. 68 e 69).

A legítima defesa é um estado objetivo, mas sempre ocorre a perturbação de ânimo, que é um elemento subjetivo. GEORGES VIDAL pondera que a pessoa que se defende de uma agressão à vida experimenta emoções e perturbações incontestáveis, que variam de indivíduo para indivíduo. IVAIR NOGUEIRA ITAGIBA, em julgado de que foi relator no Tribunal de Apelação do Estado do Rio de Janeiro, de que era desembargador, sustenta que "a legítima defesa deve ser encarada pelo seu fundamento psicológico. A imposição dos nervos e as contingências do organismo do homem são elementos que o magistrado deve de pesar. Só pode medir o perigo a pessoa que nele se encontra. A defesa é subjetiva" (*Rev. Trs.*, fasc. 507, p. 738).

O *Excelso Supremo Tribunal Federal*, julgando um desembargador da Bahia, processado pelo homicídio de um advogado, ensina na decisão que proferiu: "No rápido desenrolar dos fatos e *sob o domínio de estado emocional, explicável ante o perigo que se lhe apresentava evidente, justo é admitir que o acusado não tivesse tido a reflexão precisa para medir, com justeza, a extensão a dar à sua repulsa; seria exagero o querer que ele tivesse, nessa conjuntura, raciocínio sereno e claro*" (*Rev. Forense*, fasc. 540, p. 526).

Esses princípios sempre os defendemos nos processos criminais em que alegamos em favor de nossos constituintes a justificativa da legítima defesa. Eles foram em número muito elevado. Mas nenhum nos impressionou tanto, pelo seu aspecto doloroso e humano, como o que a seguir relataremos.

Certa senhora de grandes virtudes, casada há quinze ou dezesseis anos, e que amava muitíssimo o marido – tendo este, homem de gênio muito violento armado de revólver, tentado eliminá-la, consegue arrebatar-lhe a arma e o mata. Ela era funcionária de importante repartição federal em São Paulo. Ele era técnico de valor e trabalhava para o Estado.

Desde o início, o casal não vivia bem. O marido bebia e tinha ligações com outras mulheres. Uma doméstica, que os serviu por muito tempo, depôs no processo e contou que nos primeiros cinco anos moraram com a mãe da acusada, na Praça da República, sem terem nenhuma despesa. Nessa época, entre outros fatos, presenciou uma discussão e viu quando o marido, armado de revólver, prometia matar a esposa. A sogra interveio, dizendo-lhe "para você matar uma, mata duas". Ele bebia e certo dia apareceu, acompanhado de uma mulher, tão alcoolizado, que foi preciso chamar o Pronto-Socorro. Ela disse ser sua companheira de serviço.

Mudaram-se, depois, para uma rua da Vila Pompeia, tendo a sogra mobiliado toda a residência, inclusive com geladeira, televisão, máquina de lavar roupa etc. Pagava, ainda, o aluguel e o ordenado da empregada. Diz esta que aí ele passou a proceder de forma pior, chegava tarde à casa, embriagado e, depois de algum tempo, abandonou a família por quatro meses aproximadamente. Aparecia para trocar a roupa e a testemunha observou, muitas vezes, manchas de batom nas camisas. Em duas ou três oportunidades, agrediu a esposa, que ficava com marcas no pescoço e em outras partes do corpo. Determinada ocasião viu-o, armado de faca, ameaçando matá-la. A doméstica chegou a intervir, quando ele segurava a esposa pelo pescoço. Assevera, finalmente, que a ré sempre se mostrou muito dedicada aos filhos e ao marido.

Foi inquirido em Juízo um irmão da própria vítima, que declarou "ser ela boa mãe e acreditar que tenha sido boa esposa", nada sabendo que a desabonasse. Como se queixasse do procedimento do marido, que bebia e chegava sempre muito tarde, aconselhou-a a se desquitar, tendo-lhe a acusada respondido que "não tinha coragem para fazê-lo, porque gostava do esposo". Disse-lhe mais que este "era genioso e ela chegava a ter medo dele". Um conhecido advogado, que fora padrinho de casamento do casal, inquirido no processo, informou ter ouvido de seu genro que a vítima tinha um apartamento na avenida Ipiranga, onde se encontrava com mulheres.

No dia em que se verificou o crime, uma ilustre médica foi à casa de nossa constituinte para que esta a ajudasse a fazer a declaração de renda. Depoimento na Polícia, às 6:00h da manhã em que o delito ocorreu, contou que a vítima, nessa noite, chegara às 22:00h, frenando violentamente o carro, tendo sua esposa comentado que ele tinha chegado mais cedo. Mesmo antes de entrar, começou a gritar com a mulher, que fora atendê-lo, e como esta comentasse que a testemunha – que ele conhecia – estava em casa, disse para mandá-la embora. Entrou e, sem cumprimentar a médica, foi para o andar superior, por várias vezes reclamando a presença da esposa. A médica notou que esta se encontrava amedrontada; ao mesmo tempo, sentiu constrangida e quis sair, mas ela lhe pediu que não o fizesse. A vítima continuava a chamar a mulher e a médica passou a ouvir ruído de quebra de objetivos, que rolavam pela escada.

Em cima, estava um filho do casal, de 4 anos, e, no andar térreo, uma menina de 2 anos e meio. A visita, a nossa constituinte, a menina e a empregada saíram, então, da casa, permanecendo na passagem reservada ao automóvel. A médica, na ocasião, ouviu a vítima dizer que se sua esposa não entrasse "ele arrasaria com a casa e acabaria com a raça". Conta a testemunha que ficou tão preocupada que deu uma volta no quarteirão à procura de um guarda, mas não o achou. Ao regressar, soube que um dos vizinhos chamara uma viatura policial, que esteve no local e conduziu o casal à Delegacia do bairro. Meia hora depois, a médica voltou e ouviu dela que o marido dissera na Polícia que se havia excedido um pouco no álcool, mas que já se tinha acalmado e tudo estava bem. A testemunha percebeu que sua amiga estava nervosa e queria retê-la em casa. Achou, entretanto, que era uma estranha e deveria retirar-se. Como entendesse que ela não devia ficar só com as crianças, perguntou-lhe, ao se despedir, se não queria que avisasse alguma pessoa da família, para que a socorresse. Recomendou-lhe mais que não trancasse as portas, para numa eventualidade poder pedir socorro. O crime ocorreu às 2:30h da manhã e a médica, intimada, prestou declarações no Plantão Policial da Zona Oeste às 6:00h.

Um vizinho, ciente do que ocorria, esteve em frente da casa da vítima e ouviu esta dizer que se a esposa não entrasse "ele mataria a criança". Tendo físico mais avantajado, ofereceu-se para entrar no prédio e retirar o menino. Outro morador da rua – que também depôs no processo – estava guardando seu automóvel na garagem, quando viu a vítima chegar, frenando com violência o dele. A esposa apareceu e ele tentou esganá-la, agarrando-a pelo pescoço no terraço do prédio e tentando bater sua cabeça na parede. Ouviu, depois, as ameaças pela vítima proferidas dentro de casa.

O encarregado da viatura policial relatou em seu depoimento que encontrou nossa constituinte no portão da casa, com vizinhos. Soube que o marido desejava agredi-la e aos filhos. Conversou com ele e notou que "cheirava bebida". Junto ao *hall* de entrada, viu no chão cacos de vasos e pratos. Embora a acusada lhe pedisse que retirasse a viatura, depois de consultar seus superiores, conduziu o casal ao Plantão da Zona Oeste. Durante o trajeto, ela chorava sempre. Retornou ao seu posto, na rua Ilhéus. Por volta das 3:00h da manhã, o controle o avisou de que ocorrera um homicídio no mesmo endereço em que estivera antes. Devido aos antecedentes do fato, ao chegar ao local, estava convencido de que o homem que detivera havia assassinado a esposa. Por isso, perguntou a um dos vizinhos: "ele matou ela?"

Encontra-se no processo o "boletim de ocorrência" lavrado pelos guardas. Dele consta que a vítima promovera desordens em casa, danificando objetos e utensílios. A sua própria mulher, entretanto, pedira sua soltura. Esta confirma que não fez queixa alguma e solicitou que ele fosse dispensado pelo delegado. Tomaram um táxi para voltar e no trajeto seu esposo agarrou fortemente seu braço e lhe disse: "você vai me pagar bem caro por isso".

De volta à casa, a nossa constituinte ainda encontrou a médica. Esta, ao sair, disse-lhe que ficaria um pouco, no carro, em frente ao prédio, por precaução. Depois de algum tempo, subiu ao seu quarto e encontrou o marido pálido, transtornado, com o revólver no colo. Ele se levantou, empunhando a arma e disse que iria liquidá-la. Apesar de profundamente amedrontada, falou-lhe sobre os filhos. Seu esposo lhe disse que a estes também mataria. Então, entrou em luta com ele, tomando-lhe a arma. Quando depois percebeu que ela lhe seria arrebatada, deu o primeiro disparo. Chegou a perceber que o ferira, pois ele caiu entre o guarda-roupa e a cama, mas era incapaz de esclarecer se dera mais tiros.

O guarda-civil que esteve na casa encontrou o quarto em desordem, com uma mesa de cabeceira tombada. Os peritos da Polícia Técnica acharam na escada fragmentos de louça, areia espalhada, vidros quebrados etc. A Polícia, examinando depois o sangue da vítima, constatou que ela estava "embriagada" quando ocorreram os fatos. A autópsia revelou que apresentava um ferimento localizado no pavilhão esquerdo e outro perto da fúrcula esternal.

Encerrada a instrução criminal, apresentamos razões escritas, em que pedimos absolvição sumária de nossa constituinte, pelo reconheci-

MATOU O MARIDO EM LEGÍTIMA DEFESA

mento da legítima defesa própria. Sustentamos que a acusada, ao entrar em luta com o marido, estava desesperada. Não a preocupava tanto a sua vida, mas a de seus filhos, que ele também ameaçava matar e o faria, nas condições em que se encontrava. O desespero de mãe, a aflição profunda em que se achava, deu-lhe forças para enfrentá-lo e tomar-lhe a arma. O número de disparos tinha explicação no seu estado emocional.

O culto Juiz da Vara Auxiliar do Júri absolveu-a, declarando: "Assim, de todo o conjunto probatório, ressalta, indene de qualquer conturbação, em firme supedâneo, a versão dada pela ré aos fatos denunciados. Ora, se todas as circunstâncias e os antecedentes da cena final, apontados pela ré, *encontram plena ressonância da prova colhida*, a única conclusão, lógica e irretorquível, a que se poderá chegar, é de que a versão que dera do momento culminante da infeliz tragédia conjugal, também deve ser crida como verdadeira, dada a ausência de testemunhas presenciais, a inexistência de prova elisiva e a verificação, pela Polícia Técnica e pelas testemunhas, dos vestígios de luta no quarto do casal".

Houve recurso do M. Público e o Egrégio Tribunal de Justiça entendeu que a prova não era estreme de dúvidas e que a ré devia ser submetida a julgamento perante o Tribunal do Júri. Este a absolveu por unanimidade de votos e com o resultado se conformou a Promotoria Pública, que não apelou. O júri provocou grande interesse entre os colegas da acusada. O salão do Primeiro Tribunal estava inteiramente lotado, predominando o elemento feminino. Fora, centenas de pessoas aguardavam a oportunidade de entrar. Quando o Juiz Presidente anunciou a absolvição da acusada, a assistência, toda de pé, aplaudiu longamente o *veredicto*. Foi uma das maiores manifestações de júbilo já observadas no Júri de S. Paulo.

(1º Ofício do Júri – Processo n. 4.475)

EM LEGÍTIMA DEFESA CONTRA IRMÃO

Um crime, ocorrido em cidade próxima a São Paulo, muito impressionou a sua população. Devido a divergências financeiras, dois irmãos, industriais, discutiram e travaram luta corporal em frente à fábrica de que eram proprietários, vindo um deles a morrer.

A sociedade, de início, era constituída por três irmãos. Ano e pouco depois, um se retirou. Os outros ficaram, respectivamente, com 84% e 16% do capital. O último, a seguir, adoeceu e foi submetido a duas intervenções cirúrgicas, ficando sem trabalhar durante muito tempo. A firma pagou todas as despesas com médicos e hospital, não as debitando em sua conta. Ainda recebeu mensalmente as retiradas estabelecidas no contrato social e a sua participação nos lucros.

Sem ter tido qualquer atrito com o irmão, resolveu afastar-se da indústria. Procurou um advogado e passou a exigir importância exagerada pela sua parte. Procedeu-se a um balanço e o próprio perito que indicara deu à sua cota o valor de trezentos mil cruzeiros, tendo ele pedido setecentos e cinquenta mil, com o que o sócio concordou. Recebeu um cheque de duzentos mil cruzeiros e o restante deveria ser-lhe pago em curto prazo, na data em que assinasse o distrato.

Depois se arrependeu. Foi à fábrica e na presença de um funcionário, na sala em que o irmão trabalhava, jogou o cheque, com a mão esquerda, sobre a maca deste, querendo que devolvesse o recibo que havia assinado. Como lhe informasse que não o tinha em seu poder no momento, ofendeu-o gravemente, conservando sempre a mão direita no bolso da calça. Era violento e ao sair disse que "voltaria ali para ir para a cadeia ou para o cemitério".

Operários, que trabalhavam em sala contígua ao escritório, confirmaram no processo esse fato e esclareceram que o irmão não revidou às ofensas recebidas. Foi solicitar, entretanto, garantias ao Delegado de Polícia da cidade.

Houve um novo acordo, dispondo-se o último a pagar mais duzentos mil cruzeiros, além da quantia antes fixada. Ficou então assentado que ele a receberia na gerência de um banco local e, aí, assinaria o distrato da sociedade.

Mudou porém, novamente de atitude, alegando ter ainda direito à metade do valor de um terreno que a firma vendera tempos antes por importância que entrara em seus cofres e figurava no balanço levantado por ocasião do pedido de dissolução da empresa.

Passou a fazer novas ameaças. Testemunhas inquiridas no processo dele ouviram que o acordo deveria ser feito como desejava e que "não se importava de matar ou morrer". E como o irmão não atendesse à nova exigência, pediu a uma delas que lhe comunicasse que, no dia primeiro do mês que se aproximava, "iria entrar na fábrica de qualquer maneira, ainda que fosse para pô-lo a pescoção para fora".

Certa manhã – dois dias antes daquele em que declarara que voltaria à fábrica – o que ficara com indústria estava na porta do estabelecimento, como era de se hábito, e cumprimentava os operários que entravam. De repente, viu que seu ex-sócio aparecia na calçada oposta e, atravessando a rua, caminhava em sua direção.

Devido às ameaças que recebera, estava armado com uma pistola automática. O irmão, ao subir no passeio da fábrica, chamou-o de "cachorro" e "ladrão". Com o intuito de amedrontá-lo, sacou da arma, apontando-a para o chão. O outro, exasperado, em lugar de intimidar-se, para ele avançou, dando-lhe um soco na testa e procurando tomar-lhe a pistola. Atracaram-se em luta corporal, caindo ao solo. O que estava armado agrediu o outro a coronhadas. Os golpes não fizeram diminuir sequer as forças do irmão, que continuava na disputa pela automática, dizendo "eu te mato". Foram, então, desfechados dois tiros, que o atingiram. O réu, nessa luta, também recebeu oito ferimentos.

Duas testemunhas presenciaram a cena, mas tiveram receio de intervir, porque os contendores lutavam pela posse da pistola, que poderia ser usada a qualquer momento. Relataram os fatos, em seus depoimentos, da forma acima exposta, afirmando que os disparos foram feitos quando os dois irmãos ainda estavam atracados em luta corporal. Percebendo a importância do detalhe, esclarecemos bem, em reperguntas, que a vítima, apesar das coronhadas, não perdera os sentidos, nem as forças, parecendo, até o fim, que levaria vantagem na disputa.

Sustentamos na defesa que o réu não desejava ferir o irmão. Não utilizou a arma quando este para ele investiu. Defendeu-se, dando coronhadas. E só a disparou ao perceber que ela lhe seria arrebatada e usada para matá-lo.

Um dos ferimentos não foi mortal, atingindo o ofendido na região bulcinadora esquerda. O outro projétil penetrou na região occipital esquerda, transfixou o lobo occipital esquerdo do cérebro e dirigindo-se para a frente e para baixo, foi se encravar na pirâmide do osso temporal direito.

A acusação procurou demonstrar que o réu premeditara o delito, trocara na véspera os pneus do seu carro e o deixara perto da fábrica, para poder utilizá-lo na fuga. A prova que produziu, entretanto, não logrou convencer.

Encerrada a instrução, o Promotor da comarca pediu a pronúncia do industrial por homicídio qualificado, entendendo que agira com insídia, usando recurso que teria dificultado a defesa da vítima.

Em razões escritas, pleiteamos que a qualificadora não fosse reconhecida pelo MM. Juiz da comarca. Lembramos que NÉLSON HUNGRIA observa judiciosamente que o homicídio é qualificado "quando haja *insídia*, não já pela natureza do meio empregado, mas no modo da atividade executiva" (*Coms. Cód. Penal*, ed. Forense, v. V, p. 145). PEDRO VERGARA escreve, por sua vez, que a qualificativa só ocorre quando há insídia no modo da atividade executiva, *quando o agente procura deliberadamente esses recursos*, para dificultar ou tornar impossível a defesa da pessoa a quem quer agredir (*Das Circunstâncias Agravantes*, p. 156). ROBERTO LYRA pondera, finalmente: "A expressão recurso bem exprime a *ideia de vantagem* em cuja criação, provocação, preparo ou aproveitamento, *intervém a vontade e a consciência*, com o fim de propiciar a execução" (*Coms. Cód. Penal*, ed. Forense, v. II, p. 152).

O magistrado acolheu a nossa defesa e pronunciou o réu por homicídio simples. Reconheceu que a circunstância qualificadora arguida na denúncia não se caracterizara e que não se valera nosso constituinte, na prática do crime, de recurso insidioso que tivesse dificultado a defesa do irmão.

Recorreu o Ministério Público para o Egrégio Tribunal de Justiça. A Procuradoria-Geral opinou pela confirmação da sentença, escrevendo em seu parecer: "Grave, funda e antiga, a discórdia entre os dois irmãos, por questões de negócios. Encontraram-se no dia do crime e nova discussão surgiu. *Seguiu-se a luta corporal*, finalizada pela mortal agressão a tiros. Nem a *insídia* decorrente da natureza do meio empregado (Código Penal, art. 121, § 2º, inc. III), nem a resultante do modo da ação executiva do crime, ocorreram (inc. IV). Faltou a surpresa, ou aleivosia à boa-fé ou à desprevenção da vítima, essencial a uma e outra qualificativa (Vergara, *Circunstâncias Agravantes*, p. 177 e 156). Não é possível, assim, enquadrar o crime no art. 121, § 2º, IV, desiderato único do recurso do Ministério Público contra a sentença de pronúncia".

O Egrégio Tribunal de Justiça, por votação unânime, negou provimento a esse pedido, consignando o acórdão respectivo: "Nada há nos autos a entremostrar a suposta insídia com que teria agido o denunciado, *máxime em face das ameaças que a vítima lhe vinha dirigindo*. Uma destas ameaças lhe foi transmitida por Waldemar Leandro, consoante este confirmou (fls. 113). O crime foi precedido de séria discussão entre os contendores, *que se atracaram em luta*, no decurso da qual foram vibrados os golpes com a coronha da arma, desfechando-se, em seguida, os tiros. O motivo remoto da briga teria sido as divergências entre os disputantes a respeito do distrato da sociedade comercial que ambos mantinham. Próxima ou longinquamente não se vislumbra também o pretendido motivo torpe".

O promotor pediu, a seguir, que o julgamento do réu fosse desaforado para outra comarca, afirmando haver dúvidas a respeito da imparcialidade do júri. O Colendo Tribunal de Justiça atendeu-o, designando cidade próxima a São Paulo. Nela se realizou o julgamento, sendo o acusado absolvido, por maioridade de votos, pelo reconhecimento da legítima defesa.

A Promotoria Pública, não se conformando com essa decisão, apelou para a Instância Superior. O Tribunal, apreciando o processo, reconheceu mais uma vez: "O conjunto da prova se orienta no sentido de que a vítima pretendia, *mesmo empregando violência*, penetrar na fábrica para retomar suas antigas funções. Assim é que o recorrido tentou impedi-la, advertindo-a algumas vezes de que não se aproximasse, e, como não fosse atendido, *surgiu a luta e ao depois os tiros*". Acrescenta o acórdão: "No sistema dominante no nosso processo penal, cabe ao Júri decidir dos crimes de morte, devendo prevalecer seus veredistos como consequência de sua soberania. Abriu a lei uma brecha com a intenção de evitar as absolvições, infelizmente não raras, verdadeiramente escandalosas ou absurdas: em tais casos se permite a anulação e se determina um novo julgamento, *corrigindo-se assim uma apreciação que tenha ferido manifestamente a verdade contida nos autos*". Nesse processo, confirmou a absolvição do réu, declarando não ser a decisão absolutória anulável nos termos expressos da lei.

(Tribunal de Justiça – Apelação Criminal n. 60.654)

FERIMENTO NO CORAÇÃO

Em certa madrugada, por volta de 1:30h, o comerciante *A.P.* encontrava-se parado, na companhia de uma moça, dentro de seu automóvel, em frente de um prédio, no bairro da Liberdade, onde estava instalada uma pensão familiar. Passou pelo local um carro, cujo condutor os focalizou com o farol manual. Pouco adiante, manobrou o veículo e refez o percurso em marcha vagarosa, com o farol sempre aceso, iluminando-os.

Relatou a moça, ao ser inquirida, posteriormente, na Polícia, que, quando os automóveis emparelharam, *A.P.* fez uma observação ao outro motorista e este desceu do carro, empunhando um revólver. Aproximou-se da porta daquele em que ela estava com *A.P.* e colocou o pé para impedir que o comerciante a abrisse. A seguir, passou a injuriá-lo e o esbofeteou. *A.P.* então verificou tratar-se de *R.G.*, a quem conhecia de vista, há anos.

Dadas as relações existentes entre a moça e *A.P.*, era possível suspeitá-la de parcialidade. Isolado, o seu depoimento seria de valor reduzido. A Polícia ouviu, entretanto, mais três moradores da pensão em que ela residia. Um deles chegava ao local naquela hora. Viu o motorista, movendo o farol, procurar clarear um carro; depois, descer do veículo, já armado de revólver, ofender o condutor do outro e esbofeteá-lo por mais de uma vez. A moça se pôs a gritar, pedindo-lhe que cessasse a agressão.

Os gritos acordaram moradores da pensão, que ainda o viram com a arma na mão, proferindo insultos. Referem-se todos ao estado de exacerbação, à intemperança vocabular e à agressividade de *R.G.* Uma pensionista escutava programa de rádio, quando percebeu o barulho do automóvel que parava em frente ao prédio. Dez minutos mais tarde, ouviu vozes altas de homem e, a seguir, gritos de mulher. Mesmo de pijama, foi ao portão. Viu uma pessoa, armada de revólver, esbofetear a outra que estava dentro do carro. O barulho despertou uma inquilina, que saiu à janela e gritou: "Parem com esses palavrões, porque se continuarem eu chamo uma viatura policial".

Um terceiro pensionista foi acordado pela testemunha anterior, a qual lhe pediu que telefonasse, com urgência, para a Polícia, porque havia uma briga na porta da casa e um homem estava com revólver, querendo matar outro. Levantou-se, foi à rua e ainda viu *R.G.* armado. Juntamente com a moça, os dois homens intervieram, tendo a pessoa que estava com revólver se retirado.

No dia seguinte, sábado, pela manhã, R.G. referiu o fato a amigos, confirmando o incidente. Cerca das 18:00h, os dois homens que nele se envolveram encontraram-se na Praça Clóvis Beviláqua, em frente ao Palácio da Justiça. O comerciante sempre afirmou que, ao avistar R.G., casualmente, nesse local de intenso movimento, com ele procurou conversar sobre a ocorrência da véspera. A acusação particular promoveu a inquirição de testemunhas que declararam se achar A.P. na praça, onde estava estacionado o carro de R.G. desde às 13:00h.

Quando se deu o encontro, este último tinha em sua companhia dois amigos, um rapaz e uma moça. O comerciante estava com um empregado de nome P.C. Houve, então, troca de tiros. As testemunhas que estavam presentes relataram o fato de modo diferente, no inquérito e em juízo.

O guarda-civil, que prendeu o comerciante em flagrante e depois o conduziu à Polícia Central, no Pátio do Colégio, disse ter ouvido um ou dois disparos e, nesse momento, viu A.P. sem arma alguma na mão. Abaixou-se para se proteger e então observou que o comerciante apareceu com um revólver e começou também a atirar. R.G. caiu ao solo e tomou a arma de A.P., entregando-a a outro guarda-civil que se achava na praça. A que estava com a vítima foi apanhada pelo moço que se encontrava em sua companhia.

O segundo guarda-civil declarou ter visto o empregado de A.P. fugir em direção ao Corpo de Bombeiros, enquanto R.G. contra ele disparava um ou dois tiros, os primeiros que foram dados no local. Assistiu quando a vítima, virando-se, começou a atirar contra outra pessoa, que estava sem arma na mão. Esclareceu, a seguir, que, para se proteger, se colocou atrás de um carro, ouvindo, nesse momento, novos disparos, já então feitos com arma diferente e, através do vidro do veículo, pôde ver R.G. cair no meio da rua. O seu colega tomou, a seguir, a arma do comerciante e a da vítima, que se achava com o moço loiro.

O rapaz e a jovem que estavam com R.G. apresentaram outra versão, segundo a qual A.P. é quem dera os primeiros tiros. O moço contou que o comerciante, armado, e o seu empregado invadiram o automóvel de R.G., que já se encontrava sentado junto ao volante. Quando este tentava descer e colocava o pé esquerdo no chão, A.P. contra ele desfechou então um tiro, que atingiu na altura do hemitórax esquerdo. Depois disso, a vítima puxou seu revólver e, saindo do carro, se pôs a dar tiros a esmo, caindo a um metro de distância. Durante a cena, o empregado do comerciante agredira essa testemunha a socos e, depois, segurara R.G. pelo pescoço.

A moça também declarou que A.P. e P.C. entraram no carro de R.G. Este, com as costas, abriu a porta do seu lado e tentava sair, quando foi atirado. Fora de seu veículo, já ferido, com as mãos sobre o peito, fizera disparos "aereamente".

Conduzido o comerciante à Polícia Central, onde contra ele foi lavrado um auto de prisão em flagrante, as armas apreendidas foram exibidas ao delegado de plantão. O revólver pertencente à vítima tinha quatro cápsulas deflagradas e uma intacta, mas picotada, e o do detido três cápsulas detonadas e duas íntegras.

O exame necroscópico revelou, depois, que R.G. recebera um único tiro, mas que atingira o coração, atravessando o ventrículo esquerdo. A.P. não ficou ferido. O autor deste trabalho é o Dr. OSCAR PEDROSO HORTA, um dos mais brilhantes tribunos que o Júri de São Paulo teve, foram incumbidos da defesa de A.P. Desde logo, um fato impressionou: atingindo no músculo cardíaco, podia a vítima, depois, visar o empregado do comerciante e a este, acionando, por quatro vezes, a sua arma?

Se pudesse fazê-lo, a Justiça ficaria confinada à prova testemunhal para averiguar quem dera início aos disparos e, como contrapartida, quem se achava em estado de legítima defesa. As possibilidades de sobrevida consciente, de potência funcional da vítima, após o ferimento recebido, limitaram aos depoimentos das testemunhas a averiguação da verdade no tocante ao incidente da Praça Clóvis Beviláqua. Mas, se gravemente ferida no coração, a sobrevida da vítima fosse pequena e estivesse ela sem a energia necessária para reagir, teria a defesa, além dos depoimentos dos guardas, a prova inconcussa de que R.G. fora o agressor.

A defesa procurou ouvir a opinião de dois cirurgiões eméritos: os profs. ALÍPIO CORRÊA NETO e EDMUNDO DE VASCONCELLOS. Enviou-lhes, exclusivamente, a certidão do exame necroscópico e a cópia de uma fotografia que o acompanha – do coração, atravessado por um estilete que mostra a trajetória da bala – limitando-se a interpelá-los acerca da natureza e das consequências imediatas de ferimento como o ocasionado na pessoa de R.G.

A resposta foi peremptória e decisiva. Afirmaram esses grandes cirurgiões: "Respondendo à consulta que me formulou acerca da natura e as consequências imediatas de ferimento como o ocasionado na pessoa de R.G., na conformidade do exame no mesmo procedido, tudo à luz da fotografia com que ilustrou a consulta, respondemos: A morte repentina por ferimento do coração é consequência de dois fatores: a) a própria lesão interrompe o sistema de condução ou irrigação do músculo cardíaco, provocando a sua parada instantânea e, com ele, a morte fulminante, a morte súbita, imediatamente depois do acidente; b) a lesão produzida pelo agente vulnerante pode ser tão extensa, que a hemorragia cataclísmica consequente traz a morte em poucos instantes. Mesmo que os feridos demorem alguns instantes ou mesmo algum tempo mais a entrarem em coma e morrer, apresentam, desde o início, desde o momento do ferimento, quando este é de longa extensão, *inteira impotência funcional, caindo ao solo como um fardo*. No caso concreto, que me foi dado a considerar, poderemos, baseados apenas no laudo da autópsia, classificá-lo de *hemorragia fulminante*, graças às enormes brechas abertas na parede anterior e na parede posterior do ventrículo esquerdo". A resposta foi redigida por um dos mestres e subscrita também pelo outro.

A acusação, por sua vez, apercebida da importância do detalhe, consultou uma de nossas maiores autoridades em Medicina Legal, o prof. FLAMÍNIO FÁVERO. Enviou-lhe cópias do exame necroscópico e dos depoimentos do rapaz e da moça que estavam com a vítima. A conclusão do eminente professor foi esta: "A hemorragia foi vultosa e foi rápida, porquanto foi atingido o ventrículo esquerdo do coração e em dois pontos (entrada e saída). A fenomenologia ligada à compressão intensa que se fazia e a anemia aguda consequente à hemorragia fulminante em andamento, somaram seus malefícios para permitir a conclusão de que a *sobrevida da vítima foi pequena e, durante esta, não teve a energia física para eficiente reação contra o agressor. Podia, entregando, tê--lo atirado*".

O comerciante foi pronunciado por homicídio qualificado e o empregado como coautor desse crime e por agressão ao rapaz que se encontrava em companhia de *R.G.*

Submetidos a julgamentos perante o Tribunal do Júri de São Paulo por três vezes, foram sempre absolvidos: *A.P.* por ter agido em legítima defesa própria e o empregado por não ter praticado os delitos que lhe eram atribuídos.

(1º Ofício do Júri – Processo n. 124)

UMA LUTA TERRÍVEL
ENTRE DUAS MULHERES

Os jornais deram notícia, com grande destaque, de um crime ocorrido em bairro da periferia da cidade e que impressionou muito seus leitores: duas mulheres – *sogra e nora* – haviam travado luta terrível pela posse de uma faca. Durante a disputa, a primeira das contendoras, que tinha 47 anos de idade, somente sofrera lesões nos dedos e a segunda, moça de 28, recebera *quarenta e dois ferimentos*, que provocaram sua morte imediata.

A sogra, *E.L.*, não fugiu do local, após o delito. Um vizinho chamou a Polícia e, quando esta chegou, ela se encontrava na cozinha, apanhou uma faca-punhal e disse à autoridade: "fui eu quem matou essa mulher; aqui está a faca". No chão, toda ensanguentada, estava a nora *M.L.*

Presa em flagrante e conduzida ao Plantão Policial, narrou que morava em companhia de seu único filho. Este, seis anos antes, conhecera a vítima, que não procedia bem e se tornaram amantes. Depois de algum tempo se casaram. Não tiveram filhos, e viviam em constante desarmonia. A princípio, residiram em Pinheiros, mas depois se mudaram para a sua casa. Passou, então, a ser testemunha, todos os dias, de discussões e brigas entre eles. *M.L.* não era moça educada e usava palavreado de baixo calão. Tinha ciúmes do marido, principalmente com relação a certa moça, que com ele trabalhava nos escritórios de uma grande empresa no centro da cidade e fora sua namorada antes do casamento.

As desavenças eram constantes e inúteis os seus esforços para acalmar a nora. Como desse razão ao filho, que era moço bom e ponderado, *M.L.* passou a tratá-la mal e chegou a dizer que a odiava. Certo dia, quando ela e o filho foram trabalhar, a nora abandonou o lar e foi residir em lugar ignorado. A acusada soube por vizinhas que a moça a difamava e por ela tinha ódio mortal.

Em certa ocasião, depois disso, *M.L.* foi esperar a saída dos funcionários da firma em que o marido trabalhava, armada de barra de ferro e procurou agredir aquela moça que era colega do esposo. Soube, por ocasião desse fato, que a nora dizia que se tornara manicura, mas vestia-se muito bem e tinha procedimento inteiramente livre.

Tempos depois, um soldado da Polícia Militar ou do Exercício fora procurá-la na fábrica e, atendido por seu chefe, deixou recado para a acusada, dizendo que sua nora queria muito lhe falar. Sabendo, então, que residia à Alameda Tietê, foi vê-la. Ela disse que estava informada de que o marido morava com outra mulher em sua casa. Respondeu-lhe que o fato não era verdadeiro, como poderia ir verificar. A nora resolveu acompanhá-la e saíram juntas.

Ela levava a maleta com apetrechos de sua profissão. Verificou que a informação que lhe haviam dado não era verdadeira. Apesar disso, se pôs a discutir com a acusada e, em certo momento, rapidamente tirou da maleta uma faca pequena e avançou, tentando agredi-la. Num gesto rápido, a sogra conseguiu desarmá-la, ferindo-se então nos dedos. A nora procurou retomar a faca e travaram forte luta, que só cessou quando a vítima, ferida e sem forças, caiu ao chão. Chegaram vizinhos, aos quais narrou o ocorrido. Um deles foi ao Posto Policial do bairro, trazendo logo depois a autoridade de serviço. Esclareceu mais que um mês antes, por ter recebido ameaças da nora, apresentara contra esta queixa na Delegacia de Segurança Pessoal.

Nenhuma testemunha presenciou os fatos. Os vizinhos que acorreram ao local observaram estar a acusada com as mãos feridas. Dela ouviram, antes da chegada da Polícia, que a nora tentara agredi-la, mas ela conseguira arrebatar-lhe a faca, e que todos os ferimentos que a vítima apresentava os havia recebido na terrível luta que travaram. Outras testemunhas, ouvidas no inquérito e em Juízo, confirmaram tais fatos. Asseveraram, ainda, tê-la encontrado muito nervosa e chorando.

Provamos que houve tremenda luta corporal entre as duas mulheres. O auto de exibição e apreensão da faca e respectiva bainha, ambas manchadas de sangue, já se referia a essa luta. Os peritos da Polícia Técnica afirmaram no laudo que *"pelo desalinho que apresentavam as vestes da vítima*, é de se supor que tenha havido luta entre ela e a sua agressora".

A moça tudo fez para reaver a faca. Tinha *seis ferimentos na face palmar da mão esquerda e sete na face palmar da mão direita*. Eles evidenciaram como recebidos pela acusada nos dedos – a luta pela posse da arma.

O número de golpes que a ofendida apresentava muito deve ter impressionado quem leu as notícias publicadas pelos jornais, assim como também surpreendeu os jurados que depois julgaram a ré. O exame atento do auto da autópsia revelava, entretanto, que dos *quarenta e dois ferimentos só quatro eram penetrantes*: dois na região supraclavicular esquerda, um na região escapular direita e outro na região deltoide esquerda.

Os demais eram superficiais, como demonstraram as fotografias existentes no processo. A necrópsia constatou dezoito lesões na cabeça, quatro no pescoço, oito no membro superior esquerdo e sete no direito. Todas elas *somente comprometeram o tegumento cutâneo ou apenas atingiram a derme*. Elas não eram penetrantes e foram produzidas durante a luta. A ré desarmara a nora e esta, a seguir, procurara retomar a faca. Enquanto lutavam, nos movimentos que ambas faziam, a arma produziu, de raspão, as lesões. Os ferimentos na cabeça se explicavam porque a ré era mais alta do que a nora. A luta, entretanto, fora intensa por ser esta última de "boa compleição física", como constava do exame necroscópico, além de muito mais moça.

Fotografias existentes no processo evidenciavam bem que os ferimentos na cabeça só atingiram o couro cabeludo. Se *E.L.* houvesse dado golpes para ferir sua antagonista, muitíssimo deles teriam sido penetrantes, pois o exame da faca mostrava que esta era dotada de *lâmina pontiaguda e provida de gume bastante afiado*. A autópsia revelava, ainda, que nenhum órgão da cabeça e do pescoço fora atingido. A faca pertencia à vítima e, como provamos, cabia perfeitamente na maleta de manicura. Essa valise foi apreendida após o delito e continha, entre outras coisas, vidro com éter, lustrador de unhas, frascos de esmalte e acetona, lixas etc.

Uma testemunha do flagrante ouviu da ré, ao chegar à sua casa, que a nora é que trouxera a arma. Mulheres, suas vizinhas, que sempre a visitavam, afirmaram no processo nunca ter visto em sua cozinha ou na residência essa faca.

Muito favoreceu *E.L.*, no julgamento perante o Júri, a prova que fizemos a seu respeito. Juntamos ao processo documentos que esclareciam pertencer a ela à conceituada família do Vale do Paraíba e ter estudado num colégio de religiosas, onde recebera boa educação. Casara-se com pessoa de recursos, que depois esbanjara a herança paterna, e a abandonara com o filho, que estudava no seminário local. Ela então se mudou para a Capital, sujeitando-se a trabalhar como operária em uma fábrica, cuja direção forneceu atestado muito elogioso à sua conduta. Com seu trabalho, acabou de educar o filho, que se tornou funcionário de importante empresa. No subúrbio em que residiu durante anos, os vizinhos, ouvidos no processo, afirmaram ser ela pessoa educada, de bom gênio e estimada por todos.

A respeito do filho, essas testemunhas e figuras de relevo na companhia em que trabalhava informaram ser moço quieto, ponderado e ótimo caráter. Era tido como funcionário exemplar pela dedicação ao serviço, espírito, disciplina e delicadeza no trato.

Ficou provado no processo ter a vítima tentado agredir a ex-namorada de seu marido. Apesar de abandonar a casa da sogra, onde com ele vivia, continuava a ter ciúmes.

O pagador da companhia e o chefe da seção, em que aquela moça e o filho da acusada trabalharam, referiram que a vítima estivera na empresa, em atitude ameaçadora e armada de uma barra de ferro, para agredir a ex-namorada do esposo. Quanto a esta, declararam ser moça retraída, séria, de grande discrição, tanto que lhe eram entregues serviços confidenciais. A agressão só não se deu por ter intervindo o porteiro da firma. A genitora da vítima prestou declarações em Juízo e relatou que sua filha lhe confessara não gostar da sogra, "dizendo mais que um dia iria se vingar".

No Tribunal do Júri, a Promotoria sustentou que a ré interferia, indevidamente, na vida do casal. Julgando infeliz o filho, resolvera eliminar a nora. Quando esta, em virtude do ambiente hostil em que vivia, abandonou a casa, localizou o seu paradeiro, foi procurá-la e a conduziu à sua residência, onde a assassinou, barbaramente, saciando o seu ódio, com excesso no ataque, revelador de ânimo perverso.

Fizemos perante o Conselho de Sentença cuidadoso exame da prova e, com apoio nela, solicitamos a absolvição da ré pelo reconhecimento da justificativa da legítima defesa própria. Esclarecemos que, no caso, o número de golpes não provava excesso ou periculosidade. Ao contrário, estava em proporção com a luta havida. Só depois de ferida como ficou, é que a vítima deixou de oferecer perigo para a acusada e de querer retomar-lhe a faca. A ré lutara da forma que se tornou, no momento, necessária para salvar a própria vida.

Os jurados, por seis votos contra um, reconheceram a defesa por nós invocada, isto é, que ela cometera o crime na repulsa a uma agressão atual e que essa agressão era injusta. Por cinco votos contra dois, ainda afirmaram que a ré usara, moderadamente, dos meios necessários para repeli-la. A moderação não estava relacionada – como havíamos alegado – com o número de ferimentos, mas com as circunstâncias em que o fato ocorreu.

O Ministério Público não concordou com a decisão dos jurados e apelou. O Colendo Tribunal de Justiça, entretanto, entendeu que a justificativa reconhecida em favor da ré encontrava – como exige a lei – algum apoio na prova coligida, não devendo, por isso, ser reformada a sentença absolutória.

(Tribunal de Justiça – Apelação Criminal n. 14.571)

A PAIXÃO POLÍTICA

Em certa cidade da Araraquarense, havia antiga divergência política entre o coletor federal e um engenheiro agrônomo, alto funcionário da Secretaria Estadual de Agricultura.

Este, certa ocasião, andou colhendo assinaturas em um protesto contra o exator, a ser encaminhado a seus superiores e em que lhe eram feitas sérias acusações. Logo depois, houve um atentado a tiros, praticado por desconhecidos, do qual o coletor saiu ileso. O ex-prefeito da cidade, amigo e correligionário do agrônomo, publicou, por sua vez, no jornal local, um artigo em que ataca, violentamente, o agente do fisco federal.

Em resposta à publicação, o coletor, através da rádio local, fez críticas duras ao antigo prefeito e ao engenheiro. Teria dito apenas a verdade, como afirmou um sacerdote de muito prestígio, em carta que lhe escreveu, e declararam numerosas pessoas em documento que lhe enviaram.

O agrônomo tinha temperamento violento e exaltado. Pouco antes se envolvera em uma rixa num clube. Irritou-se com o discurso do exator e passou a procurá-lo para um desforço.

Foi a uma importante cidade vizinha, sede da comarca, e ao motorista que o serviu declarou: "Eu preciso descobrir onde mora a sua noiva. Ele deverá estar em sua residência *e eu vou buscá-lo, nem que seja lá. Hoje ele não me escapa*". Não conseguiu, porém, encontrá-lo.

O coletor teve ciência das ameaças. E ao seu colega dessa localidade, que o interpelou a respeito, disse: "Então você não sabe que eles me prometeram matar? Eu estou pronto para morrer".

Onde residiam, companheiros políticos do engenheiro o instigavam, afirmando "hoje é o dia de linchar".

O agrônomo almoçou em um bar com o gerente de importante banco e como este lhe perguntasse "que tal a palestra?", retrucou *"esse discurso fede a defunto fresco e vai ser hoje mesmo"*.

Foi à casa do exator e pediu à sua empresa: "Diga-lhe que estive aqui *para encher a boca dele de balas,* para não falar mais bobagens pelo rádio". Nessa ocasião, trazia um revólver pequeno no bolso e o exibiu.

A atitude do coletor federal era, ao contrário, de prudência e cuidado. Ao voltar da sede da comarca, desceu do ônibus no ponto final, dirigindo-se logo à coletoria, onde permaneceu até se encerrar o expediente, às 18:00h.

Ao se encaminhar para casa, viu de longe o engenheiro e vários correligionários políticos. A fim de evitá-los, parou para falar com um conhecido e pensou em voltar à repartição.

O agrônomo, entretanto, foi ao seu encontro e o convidou a entrar em um jipe para *"irem até a estrada"*. O coletor lhe perguntou "por que não conversavam ali" e ele insistiu que *"pretendia ir para a estrada"*, dizendo: *"suba no jipe que acertamos contas na estrada"*.

O engenheiro abriu a porta de seu veículo e o exator fechou-a. Ao se aproximar do carro, disse: "Um sim, mas dois é sequestro". Alega que, a seguir, o agrônomo lhe deu um soco e "levou a mão para trás". Então sacou de seu revólver e contra ele desfechou dois tiros que ocasionaram sua morte.

Os depoimentos das testemunhas presenciais eram, porém, divergentes na descrição da cena, existindo duas versões a respeito.

Os companheiros da vítima sustentavam que ele convidara o réu a entrar em seu jipe, mas não o agredira nem fizera gesto de tirar o revólver. Estaria mesmo desarmado na ocasião.

O coletor foi preso em flagrante e ao prestar declarações descreveu os fatos da forma antes exposta. Algumas testemunhas – inclusive duas moças – confirmaram a sua versão.

Submetido a julgamento na comarca a que a cidade pertencia, foi o réu condenado como autor de homicídio qualificado, tendo os jurados, por seis votos contra um, negado excludente da legítima defesa própria, invocada em seu favor.

Os defensores que havia constituído apelaram para o Colendo Tribunal da Justiça e lograram anular o júri. Pediram, depois, que o julgamento fosse desaforado e aquela alta Corte os atendeu, designando outra comarca da região. Quando na Comarca em que ocorreram os fatos há comprovadas manifestações públicas contra o acusado, comprometendo a isenção dos jurados, o júri pode ser *desaforado*, ou seja, enviado para outra comarca.

No segundo júri, de novo o coletor foi condenado, por cinco votos contra dois, por homicídio qualificado. Apelou para Instância Superior, mas esta confirmou o veredicto.

Por intermédio do insigne advogado prof. Noé Azevedo, então impetrou *habeas corpus* perante o Supremo Tribunal Federal, que concedeu a ordem, anulando esse julgamento.

A PAIXÃO POLÍTICA   73

O eminente mestre requereu e obteve, a seguir, uma medida processual-penal pouco conhecida: o *reaforamento* do caso para a comarca primitiva. Cessada a animosidade, o júri pode ser *reaforado*, voltando à comarca original. E sugeriu ao exator que nos procurasse para defendê-lo no *terceiro júri*. Aceitamos e fomos muito felizes, obtendo a sua absolvição por unanimidade de votos.

Os fatos no início expostos estavam provados nos autos do processo instaurado.

Com relação ao crime – repetimos – existiam *duas versões*. Nos dois primeiros julgamentos, foi o exator condenado por terem os jurados acolhido a que lhes fora apresentada pela acusação.

Tendo aceito o patrocínio da sua defesa, depois de estudo cuidadoso do processo, fomos à cidade em que delito ocorreu, para examinar os lugares que nos interessava conhecer. Existiam nos autos fotografias e um croqui que muito nos auxiliaram.

O terceiro júri empolgou a cidade. A acusação esteve a cargo do promotor da comarca e de um advogado criminal de São Paulo, que é tribuno de altos méritos.

Na defesa, fizemos uma crítica, serena mas incisiva, dos depoimentos em que os acusadores se apoiavam.

Desde o início, salientamos um ponto que nos havia impressionado muito. Toda a população sabia que o agrônomo estava à caça do coletor e previa um desfecho violento, em vista do seu estado de exaltação.

Um amigo do engenheiro, à tarde, disse ao seu compadre: "Espera aí, vai ver o pau quebrar". Essa pessoa, impressionada e querendo evitar o cumprimento das ameaças, foi à procura do Delegado, tendo encontrado antes um soldado. Quando manifestava a este a sua apreensão, chegou o exator todo ensanguentado. O militar confirmou no processo o pormenor.

O agrônomo colocara-se perto da Coletoria, onde sabia que o réu estava trabalhando. Vendo-o sair, foi ao seu encontro. Esse fato é reconhecido em parecer da própria Procuradoria-Geral da Justiça, que comenta: "O que é certo é que as testemunhas de vista *são unânimes em afirmar ter partido da vítima a iniciativa de ir ao encontro do acusado*".

No local, em pontos distantes e separados, achavam-se muitos amigos e companheiros políticos do engenheiro. Parecia terem organizado um verdadeiro cerco e estarem-se divertindo com o que ocorria.

Oito deles depuseram no processo como testemunhas presenciais do crime. Salientamos na defesa que nenhum procurou intervir e evitar o atrito entre os dois adversários.

Um confessou, em depoimento, ser desafeto do réu. Outro, seu inimigo político. Um terceiro fora com o agrônomo à sede da comarca, à procura do coletor. O quarto agredira-o depois dos tiros. E um último tentara feri-lo com o machado de um trabalhador que passava pela rua na ocasião.

Fizemos ver aos jurados ser muito estranho que, nesse preciso momento do crime, estivessem todos no local. O fato indicava que já sabiam o que ia acontecer e queriam ver o companheiro de lutas políticas cumprir suas ameaças. Eram suspeitos para depor no processo. Seus depoimentos, além disso, eram falhos.

O engenheiro, quando convidara o exator para ir até a estrada, fora apanhar o jipe e parara perto de seu adversário, querendo forçá-lo a entrar no veículo. A defesa sustentou que como ele se negasse a fazê-lo, o seu desafeto se exaltou, deu-lhe um soco e tentou sacar de uma arma, momento em que o coletor contra ele atirou.

Quando o agrônomo procurou sacar o revólver, estava sentado na direção do veículo. Tendo examinado com atenção o trecho da rua em que a cena delituosa se verificou, foi-nos possível demonstrar aos jurados que essas testemunhas nada podiam ter visto, em virtude da posição em que se encontravam.

Além disso, estando o engenheiro dentro do jipe, era evidente que a capota do veículo impediria a muitos de observar aquele gesto, ainda que desejassem contar a verdade, o que não acontecia com os seus correligionários.

Essas testemunhas foram ouvidas no processo e em plenário, no júri. Uma confessou que se encontrava "a trinta metros de distância". Outra quis fazer crer que, estando atrás do jipe, teria presenciado a ocorrência "pelo celuloide da sua parte traseira". Um seu companheiro ainda exagerou mais: observara todos os movimentos da vítima "pela viseira que está na retaguarda do jipe".

Duas admitiram que o carro os impediu de ver a cena principal, pois se achavam no lado oposto àquele em que estava o exator.

O croqui a que aludimos e as fotografias existentes nos autos, nas quais aparecia o jipe na posição em que o agrônomo o parara, em frente a um determinado estabelecimento comercial, convenceram os jurados

A PAIXÃO POLÍTICA

de que essas testemunhas não estavam em condições de contestar a tese da defesa, que sustentara ter a vítima procurado sacar de uma arma.

Afirmamos que o engenheiro e seus amigos haviam traçado um plano a ser posta em execução na estrada. Ele fracassara ante a recusa do réu em tomar o jipe. Irritada, a vítima tentou fazer ali mesmo o que projetara realizar em um lugar ermo, longe de testemunhas que não fossem de sua confiança. Daí o tentar tirar a arma para alvejá-lo.

Ao interrogar os correligionários do agrônomo, a defesa conseguiu obter elementos que corroboraram a sua versão.

Dois deles contaram que viram o engenheiro, de dentro do carro, estender o braço em direção ao coletor, procurando segurá-lo. O empregado de um posto de gasolina próximo também observou esse gesto.

Outra testemunha declarou ter ouvido o réu dizer na ocasião: "vamos acabar com essa violência; se você quiser, poderá fazer publicação pelos jornais ou fazer outra palestra pelo rádio". Acrescentou que, logo depois, aproximando-se do carro, o exator afirmou: "um sim, mas dois é sequestro". A vítima deu-lhe um soco e, em seguida, "levou a mão para trás".

O acusado, logo após o fato, foi submetido a exame médico e o laudo confirmou ter ele sido atingido por esse murro na região malar.

Todas as testemunhas, sem exceção, de modo unânime, declararam que o fato se dera em frente ao estabelecimento de conceituado comerciante. A filha deste asseverou ter visto o agrônomo parar o jipe e dizer ao réu: " venha aqui, você não disse que era homem?". O coletor respondeu: "calma, calma, o que você tem comigo?". Esclareceu essa moça que a vítima deu um soco no réu e tentou segurá-lo. Ele logrou desvencilhar-se e o engenheiro "levou a mão para trás"; nesse momento o coletor disse: "ah! é assim", desferindo dois tiros contra o agrônomo.

Um irmão dessa testemunha também viu os fatos e confirmou seu depoimento. Elucidou mais que quando a vítima declarou: "você não disse que era homem?", o réu se aproximou do veículo e afirmou: "eu ia com você, mas com dois não". O agrônomo então deu-lhe um murro e quis segurá-lo. Não o conseguindo, *levou a mão até a cinta*. O réu exclamou: "ah! é assim", sacou de seu revólver e deu dois tiros.

Outra moça, que havia feito compras naquela casa comercial, ia saindo e ouviu a troca de frases acima relatada, inclusive o coletor dizer: "com um sim, mas com dois não". Viu o exator receber o soco no rosto e o engenheiro fazer gesto, "colocando sua mão para trás". Ouviu, como as anteriores, o réu declarar: "ah! é assim" e atirar duas vezes.

Essas testemunhas confirmaram a versão que o coletor apresentara no auto de prisão em flagrante. E comprovaram que havia outra pessoa escondida junto ao banco traseiro do jipe.

Após os tiros, um companheiro da vítima retirou o carro do local, aí o recolocando minutos depois. Essa circunstância é mencionada por várias testemunhas, uma das quais relatou ter ouvido de um seu primo, amigo íntimo do engenheiro, que ele havia retirado o revólver do agrônomo do interior do jipe e que se o réu não houvesse atirado contra a vítima, *"esta tê-lo-ia assassinado"*.

O veículo só foi apreendido pela Polícia no dia seguinte, na residência do engenheiro.

Ficou provado no processo ser o coletor um homem culto, educado e bom. A autoridade policial que presidiu o inquérito menciona em seu relatório que ele contava com um largo círculo de amigos na cidade em que exercia suas funções.

Foi juntado aos autos um documento da Delegacia Fiscal do Tesouro Nacional, atestando ser ele funcionário diligente, operoso e dedicado.

No terceiro julgamento, os jurados, por expressiva unanimidade de votos, absolveram-no, reconhecendo em seu favor a justificativa da legítima defesa por nós invocada.

O Ministério Público e seu assistente apelaram, alegando nulidades e pedindo a reforma da decisão do júri também com relação ao mérito, por entenderem que ela contrariava a prova dos autos.

A Procuradoria-Geral da Justiça não reconheceu a existência das nulidades arguidas. Quanto ao mérito, era, porém, favorável ao atendimento do apelo. Admitiu existirem nos autos "duas versões distintas do fato delituoso". No entanto, em sua opinião, só uma, a que fora acolhida nos dois julgamentos anteriores, merecia o apoio dos jurados.

A Egrégia Primeira Câmara Criminal do Tribunal de Justiça confirmou, porém, a absolvição do réu, declarando em seu acórdão: "quanto ao mérito, não se vê possibilidade de ser o julgamento anulado. Consoante dispõe a lei, sob tal fundamento, somente é possível a anulação do julgamento, quando a decisão dos jurados for, manifestamente, contrária à prova dos autos. *Ora, na espécie, não há colisão de tal ordem, entre o* veridictum *absolutório e a prova coligida"*.

Examinando essa prova, o julgado consigna que o coletor, em uma palestra radiofônica, fez críticas à atitude política da vítima, "que resolveu tomar-lhe satisfações, declarando mesmo, no dia do fato, que ele

A PAIXÃO POLÍTICA

não lhe escaparia. E ciente de que, de costume, passava o réu, à tarde, por certo trecho da cidade, aí o esperou". Percebendo isso e já sabedor das intenções do agrônomo, o exator parou em um posto de gasolina. O engenheiro, porém, dele se aproximou, convidando-o para irem até certo trecho da estrada, a fim de conversarem. O réu recusou-se a entrar em seu veículo, surgindo a divergência que deu origem ao delito.

Em face da prova reunida no processo, aquela douta Corte reconheceu quase a decisão do júri dela não se apartava, não autorizando a anulação do julgamento e confirmou a absolvição de nosso constituinte.

(Tribunal de Justiça – Apelação Criminal n. 71.108)

UM CASO DE LEGÍTIMA DEFESA PUTATIVA

M.C. era estabelecido com casa de calçados no bairro da Luz. Morava, com a esposa e um filho de 6 anos, nos fundos do prédio em que estava instalado. Em rua próxima, residiam sua mãe e uma irmã solteira, de 37 anos.

Certa tarde, esta apareceu na loja, para lhe apresentar seu noivo, o engenheiro romeno P.T., que teria pouco mais de 40 anos. Desde então, M.C. passou a manter amizade com ele, que começou a frequentar sua casa, só ou com a noiva. Teve também oportunidade de encontrar o engenheiro, por muitas vezes, na residência de sua genitora.

M.C. soube que P.T. tinha oficina mecânica, à rua Cajuru. As relações entre eles continuaram normalmente, devido ao noivado. Em certa ocasião, o engenheiro lhe pediu aval para dois títulos, no valor de dez mil cruzeiros, que iria descontar. Atendeu-o e eles foram resgatados em seus vencimentos. Logo depois, P.T. lhe contou que precisava de dinheiro para ampliar a oficina, pois isso lhe possibilitaria obter grandes lucros. Apresentou-lhe, então, quatro duplicatas, totalizando trinta mil cruzeiros e lhe pediu que as assinasse. Pensando no futuro da irmã e como ele fora correto na primeira vez, concordou. Antes de elas se vencerem, o engenheiro lhe expôs que, com a apresentação de amigos, obtivera em bancos um empréstimo que lhe permitiria unificar suas dívidas e resgatá-las em parcelas, de acordo com as suas possibilidades. Alegou mais que, como a firma era nova, exigiam o aval de outra. Exibiu-lhe diversos títulos, pedindo que aceitasse dois e endossasse os demais, num total de sessenta mil cruzeiros.

Não era verdade, porém, o que ele dizia. Descontara as duplicatas com agiotas e o representante de um deles procurou M.C. com ameaças, afirmando que fecharia o seu estabelecimento e sequestraria toda a mercadoria. Fez um acerto com este, a juros altos, e foi procurá-lo em seu escritório, onde essa pessoa lhe exibiu um rebenque, que tinha sob o paletó, dizendo que "era com aquilo que costumava liquidar seus negócios". Na tarde desse dia, sua irmã e o P.T. foram a sua loja, alegando este que não resgatara as duplicatas porque o desconto dos títulos nos bancos ainda não fora aprovado. Disse-lhe mais que eles estavam em sua casa e poderia devolvê-los. M.C. resolveu aceitar a proposta e pagar, com recursos seus e de parentes, as duplicatas que haviam sido negociadas.

À noite, *P.T.* o procurou para ir até sua residência e receber os títulos. *M.C.* aceitou, tomaram um ônibus da linha Santo André e desceram no Ipiranga, em ponto afastado, por ele indicado. Depois prosseguiram a pé até sua casa. No caminho, o engenheiro lhe propôs que, valendo-se do seu crédito entre fabricantes de calçados, fizesse compras elevadas, revendendo as mercadorias e pedindo concordata. Com o lucro obtido, iniciaram nova vida comercial. *M.C.* repeliu, zangado, a proposta e começaram a discutir. *P.T.* se tornou insolente e violento, confessando que não iria lhe devolver título algum, pois os descontara. O engenheiro o ofendeu gravemente, inclusive com referências desairosas à honra de sua esposa. Em certo momento, *P.T.* disse um palavrão e colocou a mão no bolso traseiro direito da calça. Convencido de que ele, que estava muito exaltado, ia tirar uma arma, *M.C.* sacou rapidamente da pistola que tinha no bolso, deu um tiro e se pôs a correr, sem saber se o atingira.

Não havia ninguém na rua, deserta e pouco iluminada. Um vizinho, comerciário, ouvindo o tiro, saiu de casa e viu *M.C.* correndo. Perseguiu-o pelas ruas Clemente Pereira e Agostinho Gomes, até a rua Bom Pastor, onde ele desapareceu em um terreno baldio. Regressou então ao local para socorrer a vítima, que vira caída ao solo, e telefonar à Polícia. Outro, cabo da Força Pública, estava em casa de sua mãe, nessa rua, tocando violão, quando ouviu o estampido. Pensou ser uma bomba, mas escutou gritos. Saiu à rua, viu o ofendido caído, cercado por populares. Um vizinho lhe contou que vira o criminoso fugir e o perseguira, sem lograr detê-lo.

A autoridade de plantão na Polícia Central compareceu ao local, dando uma busca na vítima e arrecadando documentos. Nenhuma arma acharam em seu poder. Entretanto, junto ao corpo, no chão, foi encontrado um molho de chaves, que o Delegado apreendeu. Na mesma noite, mandou intimar um empregado da vítima, que reconheceu as chaves como pertencentes ao engenheiro, sendo lavrado no inquérito o "auto de reconhecimento".

Uma senhora estrangeira, residente na mesma rua, encontrou na manhã seguinte, no quintal de sua casa, uma pistola automática, marca "Walther", calibre 6.35, contendo no pente 5 cartuchos íntegros. Os peritos da Polícia Técnica constataram haver sido usada recentemente e que o projétil retirado, na autópsia, do corpo do engenheiro, partira daquela arma.

Sempre entendemos que os Juízes togados e os jurados dão grande valor, nos julgamentos, aos antecedentes do réu e da vítima. Nesse sentido, em todos os processos, procuramos fazer a melhor prova possível. No tocante ao engenheiro romeno, por meio de investigadores particulares, conseguimos demonstrar: que ele viera da Romênia com esposa e filhos e os abandonara em São Paulo, passando sua mulher a viver com outro homem na Parada Petrópolis, nas proximidades de Santo Amaro; viajou depois para o Rio, onde conheceu uma moça, funcionária do Ministério da Guerra, que desencaminhou e com quem passou a viver maritalmente, tendo um filho, que contava com 8 anos de idade na data do crime. Ainda no Rio, travou conhecimento com outra mulher, com quem se consorciou no religioso. Perseguido e ameaçado pela companheira anterior, voltou a viver em São Paulo. Abandonou também a última, que depôs no inquérito. Vindo a conhecer a irmã do réu, não teve dúvida em pedi-la em casamento. Tais fatos foram publicados em longa reportagem pelo *Diário da Noite* e outro jornal, cuja juntada ao processo promovemos, para conhecimento do Júri. O réu nada sabia do passado de *P.T.*, tanto que concordara com o noivado da irmã. Em Juízo, como testemunhas, promovemos a inquirição de dois industriais que encomendaram a construção de máquinas ao engenheiro, pagaram o preço estipulado e nunca as receberam.

Exibimos também cartas de bancos desta Capital, pedindo a *M.C.* o pagamento de títulos que avalizara para a vítima, e jornais, publicando o apontamento, para protesto, de vários outros títulos que endossara para o engenheiro. Apresentamos ainda certidões relativas à falência de *P.T.*, demonstrando que o passivo foi elevado e o produto dos bens da massa arrecadados dera pouco mais de quatro mil cruzeiros!

Com relação ao acusado, provamos que nunca fora envolvido em nenhum processo. Enquanto esteve preso, seu estabelecimento foi dirigido pela mulher e sogro. Pagou todos os credores e demonstramos, com outra certidão oferecida, que nunca foi pedida sua falência. Como testemunhas, depuseram no processo comerciantes seus vizinhos, que atestaram ser ele homem calmo, educado, bom chefe de família, sem vício algum e muito trabalhador. Relataram que o réu lhes comunicara, em certa ocasião, o noivado da irmã com engenheiro estrangeiro e se mostrava muito satisfeito com o fato.

Perante o Júri, invocamos em favor de *M.C.* a legítima defesa putativa, que ocorre quando alguém, erradamente, julga-se em face de uma agressão atual ou iminente e injusta à sua pessoa e, portanto, legalmente autorizado à reação, que empreende. Estabelecia o antigo art. 17 do Código Penal, correspondente ao atual art. 20, § 1º: "É isento de pena quem comete o crime por erro quanto ao fato que o constitui, ou quem por erro plenamente justificado pelas circunstâncias, supõe situação de fato que, se existisse, tornaria a ação legítima".

Alegamos que a discussão entre nosso constituinte e a vítima, em certo momento, junto à casa desta, tornara-se acalorada. O engenheiro se exaltara, ficara colérico, dirigira-lhe um palavrão e levara a mão ao bolso traseiro direito da calça. O réu ficou convencido de que ele iria sacar de uma arma. Rapidamente, tirou a sua, apavorado, deu um tiro e fugiu. Nunca poderia supor que o ofendido estivesse apanhando o molho de chaves para entrar em casa. Nem sabia em que prédio residia. Estava *M.C.* armado, porque o engenheiro morava longe e ele iria retornar só.

Expondo os fundamentos da isenção da pena concedida pelo Código nesses casos, citamos a opinião de NÉLSON HUNGRIA, que sustenta: "O erro de fato tanto pode fazer supor a inexistência de circunstâncias objetivas do crime, quanto a existência de circunstâncias objetivas que tornam excepcionalmente lícito o ato incriminado *in abstrato*. Em qualquer caso, fica excluída a *consciência da injuridicidade*, que é imprescindível elemento do dolo". "Não se pode cogitar de dolo, ou seja, de vontade conscientemente dirigida a um fim antijurídico, quando se verifica que precisamente a persuasão de que estava juridicamente autorizado à ação é que determinou o agente a empreendê-la" (*Coms. Cód. Penal*, ed. Forense, 1949, 1º v., p. 396).

ANÍBAL BRUNO bem define a disposição de nosso Código: "Por erro também se isenta de culpabilidade aquele que mata outrem julgando-se em situação que, se existente, excluiria a antijuridicidade do fato. São as chamadas causas putativas de justificação" (*Direito Penal*, ed. Forense, t. 4º, Parte Especial, I, p. 99).

Ninguém, entre nós, entretanto, estudou melhor essa interessante matéria do que PEDRO VERGARA, que ensina: "O art. 17, última parte (atual art. 20, § 1º), elevando a crença errônea sobre as circunstâncias do fato, à categoria de discriminante, nada mais fez do que racionalizar uma tradição jurídica dos povos civilizados" (*Delito de Homicídio*, ed. Jacinto, 1943, v. I, p. 201). "Não se pode considerar delito um erro de cálculo feito sob um temor capaz de tirar ao agente a calma indispensável para bem avaliar a mesma realidade" (p. 203). Esclarece que deve ser levado em conta "*o estado de perturbação do ânimo e da mente do réu ocasionada pelo temor da violência e do perigo*" (p. 204). Observa mais, com inteira razão: "A nosso ver, e dirimente do erro cabe, mesmo no caso de dúvida – mas por outro fundamento –, pela impossibilidade material em que se viu o agente de verificar se estava diante de uma agressão real ou diante de uma agressão suposta. Colocado nessa alternativa – tendo motivos para pensar que estava na iminência de ser agredido – tendo, igualmente, motivos para supor o contrário – e não podendo, no momento, investigar sobre a procedência de uma ou de outra dessas eventualidades –, *inclinou-se para aquele a que condizia com a própria sobrevivência, que era aceita pelo seu instinto de conservação,* que obviava e afastava o irremediável de uma atitude protelatória ou contemporizadora" (p. 210).

IVAIR NOGUEIRA ITAGIBA cita as opiniões valiosas de ilustres juristas estrangeiros, como *Angione, Paoli, De Marsico, Binding e Garraud,* todas em idêntico sentido. Paoli, por exemplo, elucida que a necessidade de defesa, em qualquer hipótese, pode ser meramente opinativa. "Se o agente, de boa-fé e sem culpa, achar que se encontra em legítima defesa, apesar dessa situação não subsistir objetivamente, inexiste a criminalidade do ato, por lhe faltar o elemento subjetivo" (*Do Homicídio,* ed. Forense, 1945, p. 248 e 249).

O fato de a vítima estar desarmada, carecia na hipótese, de importância. A respeito, citamos para os jurados o seguinte acórdão, do Colendo Tribunal de Justiça: "A alegação de não se poder considerar o gesto da vítima como de agressão, ao levar a mão à cinta, fazendo menção de sacar uma arma, *de vez que se apurou não estar a mesma armada, no momento em que foi ferida pelo réu, não tem procedência alguma.* Provado que a vítima, de fato fez esse gesto de ameaça, ainda que o réu o interpretasse erroneamente no momento, é certo, entretanto, que esse erro está plenamente justificado pelas circunstâncias, *de vez que supôs situação de fato que, se existisse, tornaria legítima a sua ação"* (*Rev. Trc.,* v. 151, p. 48 e 49). E outro, que tanto se aplica à legítima defesa real como à putativa, em que ensina que *"muitas vezes a melhor defesa está em antecipar-se à agressão"* (*Rev. Trs.,* v. 133, p. 91).

O Júri, por unanimidade de votos, acolheu a tese por nós apresentada, absolvendo o réu, que foi posto imediatamente em liberdade, não havendo recurso do Ministério Público.

(1º Ofício do Júri – Processo n. 60)

MEDO DE MORRER

Sempre sustentamos que todo o cidadão que sentir a sua vida em perigo tem o direito de se defender. Não é obrigado, nem deve esperar que o adversário saque primeiro de sua arma ou dê início a uma agressão. Essa tese encontra apoio na doutrina e na jurisprudência dos nossos tribunais. Em um processo em que defendemos dois réus, acusados de homicídio, tentativa de homicídio e lesões corporais – e que será a seguir exposto –, o Tribunal de Justiça de São Paulo, confirmando a decisão do Júri que os absolveu pelo reconhecimento da justificativa da legítima defesa, proclamou no acordão que proferiu: "Vê-se, pelo exposto, embora resumidamente, que a decisão do Júri, absolutória dos acusados, não foi manifestamente contrária à prova dos autos, *por não se poder normalmente exigir de nenhum cidadão em situação idêntica, que renuncie à sua própria segurança*, confiando demasiadamente no antagonista, que revela, de modo inequívoco, os seus propósitos agressivos. O crime, seja qual for, merece sempre a repulsa da sociedade, mas, em determinadas circunstâncias, como no caso, apresenta-se como solução inevitável".

O fato que deu origem a esse processo ocorreu em uma cidade da zona Sorocabana. Há anos, na véspera de eleições municipais, a exaltação política provocava as mais sérias apreensões. Informaram pessoas de reconhecida idoneidade, ouvidas como testemunhas, que "nesse período os ânimos andavam exaltadíssimos", "a luta atingira o auge e chegara a um ponto *extremamente perigoso*, pois os ânimos estavam *acirradíssimos*".

Havia dois candidatos a prefeito. O elemento mais exaltado e violento era o "cabo" eleitoral de uma das facções, *J.B.* Provocador e agressivo, no dia em que o delito se verificou, encontrou em uma fazenda um estudante, que fora à procura de dois eleitores, a fim de levá-los à cidade para receberem seus títulos. Só não o agrediu porque esse menor se encontrava com um motorista que jogava em time de futebol de sua predileção. Disse a este: "ah! Você é o meu goleiro", acrescentando "vocês têm sorte". Estava, na ocasião, com um companheiro.

Mais tarde, na praça central da cidade, ofendeu um seu adversário político, chamando-o, em público, de "cachorro", "bandido" e agredindo-o a socos e bofetadas. Sobre essa agressão foi aberto inquérito, sendo a vítima submetida a exame de corpo de delito.

Incidente mais grave provocou, ainda nesse dia, em um distrito vizinho, pertencente ao município. Aí encontrou duas senhoras, casadas, de famílias distintas, que, entusiasmadas com a campanha, haviam ido visitar correligionárias lá residentes. Esse fato, simples, normal em qualquer pleito eleitoral, irritou o valentão, que se pôs a ofendê-las, chamando-as de "prostitutas", "desbriadas" e ameaçando-as de morte. Uma delas, depondo no processo depois instaurado, disse que "ficou tomada de verdadeiro terror". O motorista que as servia declarou, por sua vez, que *J.B.* "estava trêmulo, completamente fora de si".

As senhoras se abrigaram na casa de um farmacêutico, que era vereador e jurado. Este confirmou, em depoimento, que o desordeiro as seguiu até sua residência e repetiu os insultos na presença de sua esposa. Um amigo de *J.B.* interveio e a ele o atendeu, afastando-se e declarando: "eu o atendo, porque sempre fomos muito amigos e essas mulheres deveriam beijar-lhe os pés, porque, se não fosse por você, *eu hoje faria um azar*".

Na cidade, arrancou cartazes e faixas de propaganda. Esses fatos ficaram provados no processo. Inclusive que, na eleição anterior, agredira um ex-prefeito, o agente de uma conhecida marca de automóveis, dois comerciantes e trocara tiros com um cidadão que o surpreendera em colóquio amoroso com sua mulher. Suas brigas e valentias alçaram-no à posição de "cabo eleitoral".

Um ilustre médico, que também fora prefeito dessa localidade, relatou em depoimento que ele já se desmandara em outros pleitos e em discussão com pessoa sua conhecida "se exaltara, acrescentando que a campanha política só ficaria boa no dia em que os pés começassem a amarelar na cidade e *quando muitos indivíduos estivessem estendidos em suas ruas*".

Em toda a comarca, seu conceito era o de violento, arrebatado, provador e temido. Era de compleição forte. Levava vida irregular, sempre amasiado com proprietárias de casas de tolerância.

J.F. era figura de destaque em seu partido e cunhado de um dos candidatos a prefeito. *R.M.S.*, motorista, estava a seu serviço e o transportava em visitas políticas. Ambos, por isso, incorreram nas iras do valente cabo eleitoral adversário. *J.B.* havia prometido dar uma surra no primeiro e até o ameaçara de morte. O médico, por nós já mencionado, referiu que o segundo recusava-se a fazer viagens, por ter receio de se encontrar com esse indivíduo.

MEDO DE MORRER   87

A cidade possuía vários bares, bem instalados. Um deles, como consignava a própria denúncia, era o "centro" dos políticos filiados a uma das correntes.

Em razões escritas, o Promotor menciona que o chamavam de "fortaleza de guerra inimiga". Outro bar era só frequentado pelos elementos da facção oposta.

No mesmo dia em que ofendera as senhoras no vizinho distrito, J.B. e o companheiro que o seguia resolveram visitar o bar preferido pelos adversários, na hora em que, habitualmente, a frequência destes era maior. Ficou provado nos autos que eles passaram pela frente do estabelecimento, de automóvel, e viram, em seu interior, J.F. e R.M.S., que não apreciavam. Voltaram e nele ingressaram.

A entrada dos dois provocou muita apreensão. O próprio companheiro de J.B. contou no processo que muitas pessoas que estavam no bar, logo saíram. O seu proprietário confirmou esse pormenor. Cidadãos, que se achavam em uma esquina próxima, comentaram que "o pau iria quebrar" ou que "ia haver encrenca na certa". Alguns, preocupados, afastaram-se rapidamente.

J.B. pediu uma cerveja, que lhe foi servida no balcão dos fundos. Ele apanhou a garrafa e os copos, e os colocou em um canto, à direita de quem entra e atrás do qual se achavam J.F. e R.M.S. A seguir, ofereceu-lhes cerveja, que recusaram. Como indagasse a razão da recusa, o primeiro respondeu que "não aceitavam o convite porque, horas antes, tinha insultado as esposas de dois de seus amigos". J.B. redarguiu que "as havia desacatado, não podia fazer mais nada e sustentava o que lhes dissera".

Surgiu, em seguida, uma discussão a respeito desse incidente. J.B. e seu companheiro se exaltaram, tornando-se violentos. J.B. empurrou a garrafa e os copos em direção a seus antagonistas. Uma testemunha, que o próprio Promotor da comarca reconheceu no Júri ser homem de bem, declarou ter visto, em certo momento, J.B. desabotoar a camisa e colocar a mão direita dentro dela.

Outra o viu levar a mão ao peito. Nesse momento, rapidamente, J.F. e R.M.S. desfecharam tiros contra eles. O primeiro disparou a carga de sua arma. A reação dos dois foi simultânea, como prova o fato de os tiros terem sido dados consecutivamente e com extraordinária rapidez. O gesto de J.B. os convenceu, de imediato, que seriam por ele alvejados.

O receio era justificado. J.B., ao ser atirado, trazia a tiracolo, por baixo da camisa, um revólver Smith & Wesson, com a carga do tambor intacta. Na perna direita, presa por uma correia e na bainha, uma faca. Na esquerda, também preso por uma tira de couro, um cassetete de borracha. Nos bolsos, mais cinco balas de revólver, dois canivetes e uma chave de fenda. Ele faleceu no próprio local, tendo sido apreendidas essas armas em seu poder, como ficou constando no "auto de levantamento do cadáver", lavrado pela polícia.

Agiram aos réus em virtude do instinto de conservação e do medo de morrer. A respeito deste, AVAIR NOGUEIRA ITAGIBA, em seu livro *Do Homicídio*, faz um estudo muito interessante. Escreve: "O problema do medo é dos mais complexos em psicologia. Na esfera orgânica o medo produz inibição geral. A reação biológica é de tal ordem, que pode ocasionar a síncope e a morte".

As explicações da psicogênese do medo são inúmeras. RIGNANO escreve que o medo é "a *emoção* a serviço do primitivo propósito de todo o organismo de persistir de modo estacionário em seu estado fisiológico".

OTTO RANK acredita que a primeira manifestação do medo, embora confusa, mas violenta, *surge durante o parto*, e significa o "*medo do desconhecido, ao nascimento*". Pondera que o feto permaneceu meses em estado de feliz nirvana, submerso em líquido amniótico, sob uniforme temperatura, com as necessidades alimentícias satisfeitas pelo sangue placentário. Terminado o período de vida uterina, rompe-se a bolsa amniótica, as paredes do útero o comprimem; atravessa o estreito pelviano; distende-se-lhe o corpo; são muitas excitações de seus nervos sensitivos. Nesse "sofrimento doloroso" tem origem o medo. O medo de nascer corresponde ao medo de morrer.

EMILIO MIRA, contrariando as conclusões de Rank, diz que o medo é psicologicamente "*um processo de autoconservação e defesa* que se manifesta estancando o curso vital, ou retrocedendo este" (*Do Homicídio*, ed. Forense, 1945, p. 216 e 217).

VERGARA, estudando o medo, sustenta que "o medo irresistível é o efeito que a ameaça irresistível, exterior, produz no campo da consciência". Tudo tem de ser visto pelo prisma psicológico do agente. A ameaça, criando *o medo irresistível, transforma a este numa força irresistível que atua no espírito do agente* e o leva à prática do crime. Refere-se o autor, ainda, ao "estado emocional ou passional do medo" (*Delito de Homicídio*, ed. Jacinto, 1943, p. 249).

O conceito em que os réus eram tidos na cidade era muito bom. Atestaram as testemunhas serem pessoas de temperamento pacífico, que nunca se envolveram em brigas ou desordens.

MEDO DE MORRER 89

Consta do processo que alguns disparos teriam sido feitos contra o companheiro de *J.B.*, quando fugia, não o atingindo. Outro alcançara um menor, que fazia compras no bar e recebeu ferimentos leves.

O MM. Juiz da comarca entendeu que, "segundo a doutrina do nosso Código Penal, quando o agente, por acidente ou erro no uso dos meios de execução, atinge, além da pessoa que queria ofender, outra diversa, verifica-se um concurso formal de delitos. Pronunciou os réus por homicídio r ferimentos leves, de acordo com os antigos arts. 53, 2ª parte, e 51, § 1º, do Código Penal (concurso formal, hoje art. 70) e por tentativa de homicídio.

No Tribunal do Júri invocamos, em favor dos nossos constituintes, a legítima defesa. Foram feitas duas séries de quesito para cada réu. Ao todo, mais de 50. Os jurados, respondendo com coerência e seguro discernimento, por expressiva maioria acolheram a nossa defesa no tocante ao homicídio e, por unanimidade de votos, absolveram os réus dos crimes de tentativa de homicídio e ferimentos leves.

O Promotor apelou desse veredicto, mas o Tribunal de Justiça o confirmou, declarando no acórdão: "Quanto ao mérito, a decisão do Júri não foi manifestamente contrária à prova dos autos. As testemunhas judiciárias ou de acusação, que presenciaram o delito, não fizeram referência a nenhum gesto das vítimas, no sentido de sacarem de suas armas. Esclareceram, porém, que *J.B. levara a mão ao peito e desabotoara a camisa*, o que foi confirmado pelas defesa. É certo, ainda, que *J.B.*, tendo transportado a garrafa de cerveja e os copos, que o 'garçom' colocara sobre o balcão dos fundos, para o balcão junto ao qual se achavam os apelados, no auge da discussão empurrou a garrafa e os copos para dentro, isto é, para o lado interno do balcão, onde se encontravam os réus".

"Tendo-se em vista a má fama de J.B., *que era tido como indivíduo arrebatado ou como 'homem queimado', de gênio violento – que qualquer dia mataria alguém –*, o gesto do ofendido tinha, realmente, para os apelados, seus desafetos políticos, grande significação. Acrescente-se a isso que, dentre os objetos encontrados em seu poder, quando se procedeu ao levantamento do cadáver, foram anotados *um revólver com a carga intacta, por baixo da camisa; mais cinco balas, dois canivetes pequenos, uma chave de fenda* e, amarrada a perna direita, uma bainha com *faca-punhal*, e preso por uma correia à perna esquerda um 'cassetete'. Ora, sabendo os apelados da péssima reputação de *J.B.* e, possivelmente, que ele se achava armado dessa maneira, não podiam duvidar de suas intenções agressivas, após a discussão, quando empurrou a garrafa e os copos para dentro do balcão, levando ou não a mão ao peito para desabotoar a camisa. A convicção que deles se apoderou, de que estavam na iminência de uma agressão, foi tão forte que *ambos empunharam os seus revólveres ao mesmo tempo*, e fizeram disparos contra as vítimas".

Acrescentou o acórdão, como salientamos de início: "não se pode normalmente exigir de nenhum cidadão, em situação idêntica, que *renuncie à sua própria segurança, confiando demasiadamente no antagonista, que revela, de modo inequívoco, os seus propósitos agressivos*. O crime, seja qual for, merece sempre a repulsa da sociedade, mas, em determinadas circunstâncias, *apresenta-se como solução inevitável*".

(Tribunal de Justiça – Apelação Criminal n. 41. 332)

LEGÍTIMA DEFESA DA PROPRIEDADE

Em uma residência do bairro do Jardim América, em São Paulo, por volta das 23:30h, uma senhora conversava com seu filho, estudante, de 19 anos de idade. Encontrava-se também na casa duas domésticas. De repente, perceberam que uma pessoa caminhava no quintal. O moço viu que sua mãe ficou muito nervosa e preocupada, pois anteriormente ladrões já haviam assaltado o prédio. Armou-se de um revólver e foi ver o que estaria ocorrendo.

Na frente, não encontrou ninguém. Deu uma volta pelo jardim e viu que o portão que separa a parte de serviço estava aberto, quando era habitualmente mantido fechado. Dirigindo-se aos fundos, onde havia uma árvore, foi surpreendido por um indivíduo que saiu da parte de trás, onde se escondera e para ele avançou, em atitude ameaçadora, armado de faca. Como estava com o revólver na mão, desfechou alguns tiros para um dos lados dessa pessoa e não em sua direção, com o propósito apenas de amedrontá-la e fazê-la fugir. Durante os disparos, entretanto, ela correu, cruzando a linha de tiro e foi atingida por um deles. Vendo que ficara ferida, chamou um táxi que passava pela rua e com o auxílio de um cidadão que acorreu ao local, transportou-a até o Hospital das Clínicas, mas ela veio a falecer no trajeto.

A genitora desse estudante e as empregadas só saíram da casa após os tiros. Viram o ferido, ao seu lado uma faca e um saco vazio, e ser ele colocado no taxi.

Autopsiada a vítima, constataram os legistas que fora atingida por um projétil na região lombar esquerda, que estava incrustado na musculatura do décimo intercosto esquerdo. Em sua trajetória, esfacelara o rim esquerdo, o baço e o lobo esquerdo do fígado; perfurara o estômago, o diafragma, a ponta do coração, o lobo inferior do pulmão esquerdo e do pericárdio, produzindo um choque hemorrágico irreversível. Sua direção fora de baixo para cima, de trás para diante e da esquerda para a direita, quase lateralmente. Essa circunstância confirmava a explicação do réu, de que teria a vítima sido atingida ao cruzar a linha de tiro.

No local em que o fato se verificou, a Polícia encontrou o revólver utilizado, com quatro cápsulas deflagradas e duas balas intactas, além de um saco vazio e de uma *faca peixeira*, cuja lâmina media dezesseis centímetros de comprimento. A Polícia Técnica a examinou, informando ser pontiaguda e de gume afiado. Em seu laudo, declara ainda ter encontrado no jardim uma escada com nove degraus e um pedaço de caibro.

Em poder da vítima, foram arrecadadas pela autoridade policial uma pequena lanterna, um apito, uma certidão de nascimento que permitiu a sua identificação, um relógio de pulso marca "Rolex", um isqueiro marca "Ronson", uma carteira de couro com a inscrição "Gucci", uma caneta "Parker" e Cr$ 1.142,00 em dinheiro.

Era um moço com 20 anos de idade, mas já fora condenado por vários furtos praticados em Lins, no interior do Estado e fora autuado em flagrante, por assalto, em São Paulo. Neste último caso, obteve o relaxamento da prisão e depois foi julgada extinta a sua punibilidade, em virtude de seu falecimento.

Enviado o inquérito ao fórum, foi o estudante processado por homicídio. A própria denúncia reconhecia que: "segundo se depreende dos elementos do inquérito, *a vítima pretendia assaltar a residência do indiciado* e para tal penetrou no quintal da casa e lá foi surpreendida pelo indiciado que, assustado, fez o disparo que causou o homicídio". O M.M. Juiz de Direito da Vara do Júri, ao recebê-la, declarou: "Deixo de decretar sua prisão preventiva pelos próprios termos da inicial".

Fomos constituídos pela família do acusado seu defensor e, por ser ele menor, o magistrado nos nomeou seu curador. A prova judicial, como era de se esperar, resultou muito favorável à sua pessoa, confirmando a do inquérito. No tocante ao seu procedimento, promovemos a inquirição, como testemunhas de defesa, de médicos, educadores, funcionários públicos e de uma senhora, que o conheciam desde a infância e atestaram ser ele filho de um facultativo de valor, moço estudioso, de ótima formação e sem vícios.

Quanto à vítima, obtivemos no Cartório do 2º Ofício das Execuções Criminais desta comarca uma certidão, em inteiro teor, da sentença que a condenara em Lins. Ela e outros, em um só processo, foram acusados do assalto a duas residências, com rompimento, em uma delas, de uma grade de proteção e de uma veneziana e violação, na outra, de um guarda-roupas e de um porta-joias e do assalto a uma mercearia, após a abertura de um buraco na parede. Os objetos furtados foram avaliados em Cr$ 924.000,00 e deles só foi recuperada pequena parte. Apesar de ser menor de 21 anos, foi condenado a dois anos e oito meses de reclusão e cumprir medida de segurança de um ano em colônia agrícola.

Agia sempre à noite, sendo sua pena agravada por violação do repouso noturno. Levava em sua companhia rapazes com menos de 18 anos e por esse motivo também foi processado por infração do art. 1º da Lei n. 2.252, de 1º de julho de 1954, que pune quem corrompe ou facilita a corrupção de pessoa menor de 18 anos, com ela praticando infração penal ou induzindo-a a praticá-la.

O acusado era, no momento, o único homem que se encontrava na residência. Agiu em defesa de sua própria pessoa e de sua propriedade. Sua atitude foi, desde os primeiros momentos, não apenas jurídica mas também corajosa. As suas declarações, na Polícia e em Juízo, foram sempre claras e coerentes e eram inteiramente corroboradas pela prova colhida.

Encerrada a instrução criminal, sustentamos ter o denunciado agido em defesa própria, pois o ladrão contra ele investira armado de faca e em defesa de seu patrimônio. Demonstramos que a *legítima defesa*, de acordo com o art. 21 do Código Penal, não abrange apenas alguns direitos, mas a todos, indistintamente.

A respeito, invocamos, mais uma vez, o insigne mestre NÉLSON HUNGRIA, que ensina: "A legítima defesa deve realizar a tutela de *um direito*. Tal como na fórmula do 'estado de necessidade', o vocábulo 'direito', empregado no art. 21, tem *sentido amplo,* compreendendo *todo e qualquer bem ou interesse juridicamente assegurado, seja ou não, inerente à pessoa – vida, integridade corpórea, honra (pessoal, bem personalíssimo, não a honra conjugal, hoje não mais aceita), pudor, liberdade pessoal, tranquilidade domiciliar, patrimônio, segredo epistolar, pátrio poder etc.*" "Também aqui, não se selecionam tais ou quais direitos, com exclusão de outros: o mais humilde dos direitos não pode ficar à mercê de um injusto ataque. Todo direito é inviolável e nenhum, portanto, pode ser excluído a área da legítima defesa. Como assinalava Ferri, *'não há direitos mais ou menos respeitáveis,* e, assim, seja qual for o direito, *pessoal ou patrimonial,* qualquer indivíduo pode exercer legítima defesa para impedir sua violação'" (*Coms. ao Cód. Penal*, ed. Forense, 1958, v. I, t. II, p. 298 e 299).

E acrescenta: "*Quem se predispõe a delinquir* deve ter em conta dois perigos, igualmente temíveis: *o perigo da defesa privada e o da reação penal do Estado*. Não há indagar se agressão podia ser prevenida ou evitada sem perigo ou sem desonra. A lei penal não pode exigir que, sob a máscara da prudência, se disfarce a renúncia própria dos covardes ou dos animais de sangue frio. *Em face de uma agressão atual (ou iminente) e injusta, todo cidadão é quase como um policial*, e tem faculdade legal (além do dever moral ou político) de obstar *incontinenti* e *ex proprio Marte o exercício da violência ou da atividade injusta*" (obra citada, p. 288 e 289).

Escreve BENTO DE FARIA: "Do seu caráter de legítima defesa resulta que pode ser exercida para salvaguarda de *todos os interesses juridicamente protegidos*. O dispositivo considerando a agressão a *direito*, sem qualquer limitação, essa expressão há de ser entendida em sentido amplo e compreensiva, portanto, da vida, da incolumidade ou da liberdade pessoal, do pudor, da honra, *dos direitos patrimoniais* (Vide: Ortolan – *Droit Penal*, n. 441; Bertauld – *Code Penal*, p. 320; Garraud – Op. cit., III, n. 441; Manzini – Op. cit., II, p. 285). Todo o bem, portanto, pode ser legitimamente defendido, pouco importando a existência de perigo para pessoa" (*Cód. Penal Brasileiro*, v. II, primeira parte, parte geral, ed. Jacinto, 1942, p. 255 e 256).

Idêntica é a lição de BASÍLIO GARCIA: "*O direito de propriedade é dos que se resguardam através de atos enquadrável na legítima defesa. Para impedir que um ladrão lhe leve o dinheiro, pode a vítima feri-lo*" (*Instituições de Direito Penal*, ed. 1951, v. I, t. I, p. 311).

ANÍBAL BRUNO comenta: "Na legítima defesa, haverá um bem jurídico sobre o qual pesa a ameaça de violação pelo ataque atual ou iminente. *Esse bem jurídico pode ser qualquer*. As restrições que se encontravam nas primitivas legislações, reduzindo a legitimidade da defesa só aos bens da vida ou do corpo, perderam-se no tempo. *O que rege agora é a mais larga amplitude de defesa a todos os bens jurídicos*. Nem seria razoável que o Direito os distinguisse em mais ou menos valiosos, salvando a uns da agressão por todos os meios, e permitindo que outros fossem violados, sem reação defensiva que se justificasse, do seu titular ou de outrem. *É todo o patrimônio jurídico do indivíduo que se deve ter por inviolável*, e no qual ninguém poderá penetrar pela força sem o risco de se ver repelido com a força necessária" (*Direito Penal*, I, Parte Geral, t. 1º, ed. Forense, p. 364 e 365).

MAGALHÃES NORONHA afirma: "A agressão pode ser dirigida contra *qualquer bem jurídico*. Não existe mais, hoje em dia, a limitação à tutela da vida ou da incolumidade física" (*Direito Penal*, 1º v., ed. Saraiva, 1959, p. 246).

Com inteiro apoio na prova, em alegações finais que elaboramos em conjunto com nosso filho Roberto Delmanto, pedimos a *absolvição sumária* do estudante. Quanto a ela, tem nossos Tribunais entendido que a legítima defesa, para ser reconhecida nessa fase processual, deve

LEGÍTIMA DEFESA DA PROPRIEDADE

apresentar-se estreme de dúvidas. É o que ocorria nesse processo. Nele nada havia que a contrariasse ou desautorizasse. Todos os elementos de prova colhidos – *sem exceção alguma* – militavam a favor da justificativa invocada.

Sobre a sentença absolutória, de que trata o art. 411 de nossa lei adjetiva penal, assim doutrina JOSÉ FREDERICO MARQUES: "*Se em face da situação da causa, ao chegar ao fim do procedimento prévio do juízo da acusação, o juiz entender provada a juridicidade ou inculpabilidade do fato típico, é evidente que deve desde logo absolver*" (*A Instituição do Júri*, ed. Saraiva. 1963, v. I, p. 247).

O Promotor que funcionava no processo, em seu parecer, escreveu: "MM. Juiz. Tudo indica que o réu atirou e matou um ladrão, a quem não conhecia, que tentava assaltar-lhe a casa. Só nos resta pedir e esperar Justiça". O ilustre Juiz da Vara Auxiliar do Júri acolheu as nossas razões, entendendo que se caracterizara a legítima defesa do patrimônio. Teve, porém, em obediência a dispositivo legal, de recorrer *ex officio* para a Superior Instância.

A Procuradoria-Geral opinou no sentido de ser confirmada a absolvição sumária. E o nobre Tribunal de Justiça de São Paulo, por votação unânime, negou provimento ao recurso e confirmou a decisão absolutória, consignando em seu acordão: "Com efeito, o fato ocorreu quando a vítima, ladrão já condenado por furto qualificado, se encontrava no quintal da residência do recorrido, munido de um saco e armado de faca. Enfrentando-a e contra ela disparando o revólver com que se armara antes de sair do interior de sua moradia, onde se encontrava já acomodado, *o réu nada mais fez senão defender a sua vida, em evidente risco na situação ocorrente, além de evidentemente encontrar-se em ação defensiva de seu patrimônio, contra o qual o ofendido pretendia investir também*. Em tais condições, sua absolvição, nos termos do art. 19, n. II, do Código Penal, foi solução acertada, merecedora da confirmação que ora lhe é dada".

(Tribunal de Justiça – Recurso Criminal n. 93.519)

A CARTA MANCHADA DE SANGUE

O corretor *R.F.* era casado há oito anos. Nos primeiros tempos, residia com a esposa na rua Augusto Miranda. Depois, na rua do Arouche. A seguir, como estivesse passando por dificuldades, foi morar na casa do sogro, o comerciante *H.M.*, aí permanecendo durante quase sete anos, sem despesa alguma.

Ultimamente, o casal não vivia bem. Ela veio a descobrir que o marido mantinha antiga ligação amorosa com outra mulher. Chegou a surpreendê-lo no apartamento desta. Certo dia, ele agrediu a amante e os jornais deram grande divulgação ao fato. Verificando serem inúteis seus esforços para afastá-lo dela, viajou para uma cidade do interior onde tinha parentes, decidindo, aí, ficar até a propositura da ação de desquite.

R.F., ao ter ciência de sua partida, resolveu ir procurá-la e trazê-la de volta. Se ela se recusasse a acompanhá-lo, tinha a intenção de matá-la e de suicidar-se. Na casa do sogro, na sala de jantar, à noite, começou a escrever uma carta a um advogado seu conhecido. Nela lhe comunicava, entre outras coisas: "Infelizmente a 'patroa' estourou e tomou essa medida. Já tomei as providências que achei necessárias. Talvez se não trouxer minha senhora viva, a trarei morta. E como não quero ir para a Cadeia, *seguirei o mesmo caminho*". "Caso positivar-se tudo isso, peço, como sou casado com separação de bens, *comprar-me um terreno no cemitério São Paulo* e pôr o túmulo em nome de meu pai que é *S.F.* e o que for de direito a alguma casa de caridade que fica a seu critério". "Caso tudo isso se concretize, peço que 'você', ao receber uma carta de 'alguém' lhe contando o motivo que *levo para o túmulo*, não o espalhe, a não ser onde tens interesse".

Estavam no prédio, no pavimento superior, na sala de refeições, apenas ele e *H.M.*, que lia jornal. A sogra havia ido a uma casa próxima, em visita a uma amiga. Às 23:30h, tocou o telefone, instalado em outro cômodo. *R.F.* foi atender e conversou com seu interlocutor durante minutos. Isso permitiu que *H.M.* lesse trechos da carta e tivesse conhecimento das graves ameaças que fazia. Continuaram somente os dois na sala. Nenhuma pessoa presenciou o que, em seguida, houve entre eles e *R.F.* faleceu sem poder prestar declarações.

H.M., quando pôde ser interrogado, relatou que o genro voltara e ele procurou aconselhá-lo, mas *R.F.*, exaltado e muito nervoso, queria responsabilizá-lo pela viagem da esposa. Em certo momento, fez o gesto de sacar uma arma, levando a mão para o lado esquerdo da cintura. Convicto de que ele o mataria e iria à procura da mulher, pois sabia em que cidade se encontrava, para também eliminá-la, o agrediu a tiros e golpes de faca. A seguir, tentou contra a própria vida, seccionando as artérias do antebraço esquerdo e desfechando um tiro na cabeça, de que resultou a perda da vista esquerda.

H.M. contou mais, que R.F. chegara à casa às 19:00h e, informado de que a esposa viajara, ficara "furioso" e " parecia fora de si". Quando ele logo depois saiu, resolveu armar-se para uma eventual defesa sua, da esposa e de um filho, estudante de engenharia, que com eles morava. Seu genro, ao voltar, estava colérico e resmungava.

A autoridade policial que compareceu ao local apreendeu a carta que R.F. escrevia, que ocupava quatro folhas, muito manchadas de sangue, e um bilhete, assinado por H.M., em que este declarava: "fui eu que o matei".

Procedendo à autópsia de R.F., os médicos-legistas constataram que dois tiros o atingiram na região temporal direita e outro na região occipital, à direita da linha mediana. Ele ainda apresentava um ferimento produzido por faca na região da nuca, sem lesão de órgãos importantes; dois no bordo externo do antebraço direito, atravessando apenas tecidos superficiais, e seis profundos na região carótida direita, lesando órgãos como artéria carótida primitiva e a veia jugular.

As lesões eram gravíssimas. Os médicos concluíram que os tiros penetraram na cavidade craniana e tinham a direção da direita para esquerda, de trás para diante e de cima para baixo. Os ferimentos a faca haviam lesado vasos calibrosos do pescoço, transfixado e traqueia, produzindo intenso derrame sanguíneo, com hemorragia externa, atingindo, internamente, os brônquios e bronquíolos para produzir fenômenos de asfixia devido ao derrame de sangue no interior da árvore respiratória e sua consequente obliteração.

Os tiros foram dados com uma pistola automática, que a Polícia apreendeu com um cartucho íntegro, dois vazios e um projétil. A faca era pouco usada, de lâmina pontiaguda e gume afiado.

H.M., examinado, apresentava ferimento de entrada de projétil de arma de fogo na região frontal direita, com chamuscamento, e de saída na região da bochecha esquerda; fratura do maxilar do lado esquerdo e hematoma nas pálpebras superior direita e inferior esquerda. Além disso, tinha um ferimento inciso, seccionando as artérias do antebraço esquerdo. Existia período de vida e resultou para ele perda da vista esquerda.

Peritos do Instituto de Polícia Técnica compareceram ao local. No relatório, descreveram a sala de jantar em que se deu o crime, informando que o mobiliário se compunha de mesa, cadeiras, cristaleiras e dos bufetes. Sentado em uma cadeira, debruçado sobre a mesa, numa extensa poça de sangue, estava *R.F.* Nesse móvel, perto da mão direita do morto, acharam uma caneta-tinteiro. O cadáver foi fotografado na situação e posição em que o encontraram. Nenhuma arma foi apreendida com *R.F.* Na fotografia, vê-se, bem perto do corpo da vítima, a cristaleira. Este detalhe iria ter muita importância no julgamento perante o Júri.

Antes da chegada dos peritos, o local não fora preservado, como era necessário. Isso poderia explicar não ter sido encontrada a arma de *R.F.* Atraídos pelos estampidos, o filho e um empregado de *H.M.*, que dormiam no andar térreo, assim como vizinhos, estiveram na sala. De qualquer forma, esse fato permitiu à acusação afirmar que a vítima não estaria armada.

O Promotor Público, na denúncia apresentada, sustentou a versão de que *R.F.* fora atender o telefone em um quarto próximo e disso se aproveitou *H.M.* para ler trechos da carta. Quando a vítima voltou e ia continuar a escrevê-la, fora fulminada à traição pelos tiros. Reconheceu que, na missiva, *R.F.* "demonstrava o firme intuito que alimentava de trazer de volta a esposa ao lar, sob qualquer risco, mostrando-se disposto, mesmo, a usar de violência, se necessário, e a pôr termo à existência, caso não realizasse seu intento".

Acrescentou que o réu, depois da agressão, desceu ao andar térreo, onde redigiu alguns bilhetes; logo após, voltando ao pavimento superior, tentou contra a existência, desfechando um tiro na cabeça e seccionando as artérias do antebraço esquerdo.

Para o Ministério Público, a descrição das lesões e a fotografia do cadáver permitiriam reconstituir a posição em que estaria *R.F.* ao ser atirado e provar o ataque inopinado. Além disso, em seu entender, a continuidade na agressão com o uso da faca desnaturaria qualquer excludente favorável ao réu.

Na instrução criminal, ficou provado que *R.F.* não tinha queixa alguma da esposa e sogros. Nesse sentido, depuseram seu pai e um cunhado. Numerosas testemunhas, de outro lado, referiram-se ao fato de ele manter uma amante.

Esta foi intimada a depor no processo e contou que morara em vários hotéis da cidade, cujos nomes indicou, às expensas de R.F., neles mantendo encontros com a vítima. Depois ele lhe adquiriu um apartamento, que frequentava com assiduidade e onde esteve no dia em que veio falecer. Levou-a, na noite em que o crime ocorreu, ao cinema, indo esperá-la ao término da sessão. Observou, na ocasião, que R.F. estava nervoso. Conduziu-a ao apartamento e retornou à casa dos sogros. Exibimos e foram juntadas ao processo fotografias de R.F. com a moça em praias de Santos; contas de hotéis onde estiveram, como se fossem casados; notas fiscais relativas à compra de joias, casacos e vestidos para ela e recortes de jornais que se referiam à agressão por ele praticada contra essa mulher.

Em Juízo, ainda ficou comprovado que R.F. tinha um temperamento violento e era moço alto, forte, pesando noventa quilos aproximadamente. Certa ocasião, atirara uma cadeira contra a esposa, não atingindo, e em outra, após ter com ela discutido, quebrara a cristaleira e tudo o que continha a socos, ferindo-se na mão. Os vizinhos sabiam que eram frequentes as brigas entre eles e que em várias ocasiões R.F. depredou móveis e objetos em casa dos sogros. Em frente a esta, ainda agredira um motorista e tentara depois feri-lo com uma tranca. Impedido por populares de prosseguir na agressão, pôs-se a dar pancadas e pontapés no carro.

Apresentamos, ainda, certidões provando que ele já estivera preso e que contra ele haviam sido distribuídos no fórum criminal vários inquéritos policiais, por extorsão, estelionato, crime contra a fé pública e lesões corporais dolosas.

A família de sua esposa ignorava esses antecedentes. Quanto ao seu procedimento em casa, muitos fatos eram ocultados a H.M. Este sempre aconselhava o genro e, quando sabia de atritos com a sua filha – a quem dedicava grande afeição –, procurava restabelecer a harmonia entre os dois. Por muitas vezes o auxiliou economicamente. Pagou um cheque sem fundos por ele emitido e várias promissórias que também foram por nós oferecidas e anexadas aos autos. Com relação à conduta de R.F. no lar, a própria Promotoria reconheceu, em alegações escritas, que o réu "tinha, a princípio, conhecimento superficial dessas ocorrências e, apesar disso, sempre mantinha com o genro um clima discreto de alheamento e de respeitosas relações".

A prova por nós produzida acerca da vida pregressa de H.M. muito o favoreceu. Trabalhara durante vinte anos em uma grande empresa desta Capital, cujos diretores atestaram sua competência, dedicação ao trabalho e que nunca tivera qualquer incidente com os outros funcionários, que muito o estimavam. Moradores de Vila Pompeia, onde residia há numerosos anos, entregaram-nos um documento, com cento e noventa e seis assinaturas, altamente elogioso para sua pessoa.

Encerrada a prova judicial, o Promotor Público pediu a pronúncia do réu por homicídio qualificado, com a agravante da traição, por ter atirado no genro pelas costas. Em nossa defesa escrita, demonstramos que a distância entre a parte posterior da cadeira em que *R.F.* estava sentado e a cristaleira que aparecia na fotografia tirada pelos peritos da Polícia Técnica era de vinte e oito centímetros. Esse espaço era insuficiente para o atirador postar-se atrás da vítima e se o fizesse e os tiros tivessem sido desfechados de perto ou à queima-roupa, o aspecto dos orifícios da entrada seria diferente. A zona de contusão e enxugo, descrita pelos médicos-legistas que fizeram a autópsia, provava que os disparos foram feitos a certa distância, maior do que essa de vinte e oito centímetros, que ainda seria reduzida pelas dimensões da arma e da mão que a empunhava.

Sustentamos, nesse trabalho, que o acusador público não tinha razão. Os ferimentos produzidos a tiros que a vítima apresentava, em lugar de desmentirem as declarações do réu, confirmavam-nas. A trajetória das balas evidenciava que *H.M.*, ao atirar, não se encontrava atrás do genro, mas à sua direita, estando a vítima com a cabeça inclinada e voltada para a esquerda, precisamente como o nosso constituinte afirmara.

Juiz de Direito da Vara Auxiliar do Júri entendeu que a legítima defesa própria e da filha não ficara cabalmente demonstrada, de modo a possibilitar a absolvição sumária do réu. Julgou procedente a denúncia e pronunciou-o, determinando que fosse submetido a julgamento perante o Tribunal do Júri.

Em plenário, a Promotoria manteve a sua acusação. Fizemos exposição minuciosa da prova e, em apoio da tese que sustentamos no tocante aos tiros, apresentamos parecer do insigne Prof. FLAMÍNIO FÁVERO, que com ela concordou inteiramente. Como advogado, toda a vez que, em processo da competência do Júri ou de juízo singular, surgem questões relevantes de medicina legal, psiquiatria, balística etc., sempre recorremos aos mestres.

No presente caso, o prof. Flamínio afirmou que os tiros não foram dados encostados nem à queima-roupa, mas de uma distância que vai além do limite de alcance dos gases provenientes da deflagração da pólvora. Ao redor dos orifícios de entrada, só existia a zona de contusão e enxugo, não estando presentes a de tatuagens e a de esfumaçamento. Seria inevitável que tais zonas existissem num tiro à queima-roupa, máxime em região desprovida de vestes e tendo os tiros sido deflagrados em sala pequena.

Acrescentou que a distância entre a parte posterior da cadeira em que a vítima estava sentada e a cristaleira – de vinte e oito centímetros – era insuficiente para o réu postar-se atrás do genro e se o fizesse, desfechando os tiros encostados ou à queima-roupa, o aspecto dos orifícios de entrada seria diferente.

Esclareceu mais, com relação à trajetória dos projéteis: "Ora, prolongando-se a linha de direção dos tiros, pelo lado por que entraram, percebe-se que o atirador estaria para o lado direito da vítima, *máxime se a cabeça desta estivesse voltada para a esquerda, expondo assim como algo as regiões atingidas*. Com esse movimento da vítima para a esquerda, no ato de quem olhava para a cintura em busca de uma arma, o atirador poderia estar não só à direita da vítima, mas lateralmente à direita, e não à direita e um pouco atrás". "Ademais disso, a direção dos tiros, de trás para diante, era ligeiramente de cima para baixo, indicando que o atirador estava em plano superior ao da vítima. Como esta se achava sentada, quando foi ferida, e o agressor de pé, explica-se bem a direção. E o fato de que há a alegação de que a vítima voltara a cabeça para a esquerda, no ato possível de sacar uma arma, a cabeça devia não só ter-se voltado para a esquerda, mas ainda fletido para baixo, em busca do que a vítima procurava – explica porque a direção dos tiros não era acentuada mas ligeiramente de cima para baixo. A diferença dos planos em que se achavam agressor e vítima era reduzida pela inclinação da cabeça para baixo. Ao contrário, se a cabeça estivesse fletida para cima, a direção dos tiros poderia ser horizontal e até ligeiramente de baixo para cima".

Ainda explicava: "Com esses elementos todos, *não há qualquer restrição a se fazer quanto à possibilidade de serem verídicas as declarações do indiciado*: estaria ele à direita da vítima, esta sentada, tendo sido atirada na ocasião em que fazia o gesto de quem ia sacar uma arma do lado esquerdo. Naturalmente, este gesto implicaria voltar a cabeça e *flexioná-la para baixo*, expondo, assim, como alvo ao atirador, não só a região temporal mas a parte externa direita da região occipital. Daí, a direção dos projéteis, da direita para a esquerda, de trás para diante, de cima para baixo".

Solicitamos, com base nessa prova, a absolvição de *H.M.*, invocando em seu favor a justificativa da legítima defesa da filha, que estava na iminência de ser morta pelo marido e a legítima defesa putativa de sua pessoa, pois julgou que iria sofrer uma agressão por ter o genro feito o gesto de quem ia sacar de uma arma.

Admitimos que ele teria agido com excesso, que seria apenas culposo, de acordo com a lição de ilustres juristas como NÉLSON HUNGRIA, porque resultava de imponderação e de precipitação. Em nosso entender, não poderia agir com ponderação e moderação quem se encontrava fortemente emocionado e perturbado como o réu. Em abono da tese, citamos vários autores. Entre eles, MAURICE DE FLEURY, que, em seu excelente estudo sobre o mecanismo das emoções, feito em *L'âme du criminel*, assevera que elas produzem a mais viva excitação do pensamento. KRAFT-EBING, que ensina: "No decorrer da tempestade psíquica, quando desaparecem os últimos restos de reflexão e dá-se a explosão, o desgoverno do agente é inevitável. Às vezes até sucede uma espécie de automatismo no uso da arma empregada". JORGE SEVERIANO RIBEIRO, na obra já citada, adverte: "Se a repetição de golpes algo prova, é um desarranjo mental momentâneo" (p. 298). "Um golpe mortal e a suspensão voluntária de mais golpes, é que revela certo equilíbrio na prática do ato" (p. 297). E cita HEITOR CARRILHO, que afirma: "A violência invulgar de que se revestiu o ato delituoso é reveladora da exaltação emocional em que deveria se encontrar o acusado" (p. 300).

Sustentamos que a emoção e a paixão têm bases psicológicas ou somáticas e que o próprio Tribunal de Justiça de São Paulo, dos mais brilhantes do País, já proclamou que "as emoções são justificadas; provém de estados anímicos que levam a pessoa, não raras vezes, a cometimentos extremos".

De acordo com o pedido por nós feito, o Juiz Presidente do Tribunal do Júri, na sala secreta, pôs em votação, em primeiro lugar, os quesitos relativos à legítima defesa da filha e que eram seguintes: O réu agiu em defesa de sua filha? O réu defendeu sua filha de uma agressão atual? O réu defendeu sua filha de uma agressão iminente? O réu usou dos meios necessários para repelir essa agressão? O réu usou moderadamente desses meios?

Os jurados, acolhendo a defesa por nós invocada, reconheceram o primeiro dos quesitos, negaram o segundo, afirmaram o terceiro e o quarto e negaram o quinto, pois havíamos admitido ter-se o réu excedido. A seguir, o Juiz pôs em votação, como obrigatoriamente deve fazer em casos de legítima defesa, um último quesito: "O réu excedeu culposamente dos limites da legítima defesa?"

Durante os trabalhos, havíamos esclarecido que o reconhecimento do excesso culposo ensejaria a desclassificação do crime para homicídio culposo, de que trata o art. 121, § 3º, do Código Penal e punido com pena de um a três anos de detenção.

Os jurados o afirmaram por seis votos a um. Em virtude dessa votação, foram tidos como prejudicados os quesitos referentes à legítima defesa do réu, que não foram postos em votação. E, atendendo ao veredicto, o magistrado condenou nosso constituinte a um ano de detenção – pena que ele já havia cumprido – determinando sua imediata soltura.

(1º Cartório do Júri – Processo n. 2.261)

UM TIRO DE ESPINGARDA

Terminada a última sessão do cine Nacional, no bairro da Água Branca, um casal dele saiu e passou a percorrer algumas ruas próximas, discutindo.

Esteve em um bar, onde ele bebeu. Ao atingir o fim de uma delas, que na época não tinha iluminação pública nesse trecho, parou e a discussão se tornou mais forte, passando o moço a ofender a companheira com palavras do mais baixo calão.

Estavam em frente a um prédio assobradado, construído recuado da via pública e com um pequeno jardim. Em certo momento, cerca de 1:30h da madrugada, abre-se a janela do andar superior e o seu morador pede ao casal que se retire. O moço não atende, dizendo que a rua era pública. Outra pessoa se afasta da janela e a fecha. A discussão na calçada continua mais violenta e, minutos depois, o proprietário da casa torna abrir a janela, agora armado de espingarda, e desfecha um tiro, que atinge o moço em pleno rosto.

Alguns vizinhos haviam ouvido a discussão e o estampido. Outros, acordaram com os gritos da companheira da vítima. Chamaram a Polícia e, quando esta chegou, a casa de onde fora feito o disparo estava inteiramente fechada. A autoridade nela entrou, detendo a pessoa apontada como autora da agressão e apreendendo a espingarda que encontrou.

Conduzido à Repartição Central de Polícia e autuado em flagrante, o preso negou haver dado o tiro. Muito comprometia, entretanto, o exame da espingarda, que demonstrava ter sido ela usada recentemente. O inquérito instaurado sobre o fato foi, a seguir, enviado à 7ª Delegacia, no bairro da Lapa, a cuja circunscrição pertencia a rua em que o fato ocorreu e por onde ele deveria prosseguir.

Nesta, interrogado novamente dois dias depois, o acusado tudo confessou, alegando não ter feito antes por se achar no momento muito nervoso e desorientado. Relatou que, no dia em que o fato se verificou, chegara tarde em casa porque a firma em que trabalhava, vendedora de automóveis, havia inaugurado uma exposição de carros novos. Após o expediente, fora à aula de inglês. Voltara à exposição e lá permanecera algum tempo, tendo-o, em seguida, um colega convidado para jantar fora.

Depois de chegar à casa, ouviu a discussão na rua e as palavras imorais que o homem proferia. No quarto da frente, dormiam sua esposa e uma filha, de 12 anos, que deitara com a mãe, aguardando o seu regresso. Abriu a janela e viu que a discussão era entre um moço e uma moça que não conhecia e que estavam na calçada, perto do muro de sua casa.

Pediu que o casal se afastasse, tendo o homem resmungado qualquer coisa, que não compreendeu. Pensando que seria atendido, carregou a fila até o quarto dela, que era próximo. Ao voltar a seu dormitório, ouviu nova discussão, mais violenta do que a anterior. Abriu a janela de novo e, desta vez, o moço o ofendeu gravemente. Não tendo telefone, não podia chamar a polícia. Teve, então, a infeliz ideia de apanhar a espingarda que possuía em casa e fez um disparo em direção à rua, para o chão e para um dos lados, sem visar o casal, apenas pensando amedrontar quem o injuriara. Não atirara para o alto, pelo receio de atingir os prédios existente no outro lado da rua. Ao fechar a janela, ouviu gritos de mulher e, observando pela fresta da veneziana, percebeu que o moço estava caído e a companheira procurava amparâ-lo.

A Polícia Técnica compareceu ao local e os peritos encontraram o cadáver tombado sobre o leito carroçável da rua, rente ao passeio. No rosto e no pescoço notaram numerosas pequenas perfurações com o aspecto de terem sido produzidas por grãos de chumbo. No topo da parte anterior da mureta que separa o jardim desse prédio e o do vizinho, também observaram outras cavidades com o mesmo aspecto.

Desde o início de nossa vida profissional, sempre demos muita atenção aos problemas de balística. Sabíamos que, em disparos feitos com espingarda, os bagos de chumbo se espalham em forma de cone, cuja largura aumentará de acordo com a distância que os bafos percorrerem.

Iniciamos o processo, solicitamos dos peritos do Instituto de Polícia Técnica alguns esclarecimentos a respeito. Pedimos que informassem: a) qual a distância entre a janela de onde partiu o tiro e o ponto em que foi encontrada a vítima; b) se for efetuado um disparo com a espingarda e o cartucho mencionados no exame n. 96.510, é certo que, na distância indicada pelo perito no quesito anterior, os bagos de chumbo se espalham em forma de leque; c) em caso de resposta afirmativa, qual a largura que poderá apresentar esse leque.

Os técnicos especializados em balística afirmaram que a distância existente entre a janela de onde foi feito o disparo e o ponto em que a vítima caiu era de 14,50 metros e que: "em qualquer disparo de cartucho provido de projéteis múltiplos, *estes se orientam em projeção cônica ou de 'leque', cuja amplitude está sempre em razão direta da distância".* Elucidaram, ainda, que: "a dispersão dos bagos de chumbo está sujeita a toda uma série de fatores, desde as condições da própria arma e da munição, até outros referentes à composição da carga, número de projéteis, natureza da pólvora, da espoleta etc.".

O exame necroscópico a que a vítima foi submetida revelou, por sua vez, que ela apresentava cerca de 50 ferimentos, causados por grãos de chumbo, distribuídos no lábio superior, no inferior, nas regiões malares, na esternal, na face lateral esquerda do pescoço, no dorso do nariz, nas regiões frontais, nas parietais e nos globos oculares.

Estudando o processo, havíamos constatado esta circunstância curiosa: de acordo com a prova, a companheira da vítima, no momento do disparo, estava a seu lado, junto a seu corpo e, entretanto, não fora atingida por um só bago de chumbo! Procuramos esclarecer bem esse ponto, de grande interesse para a defesa. E a moça o confirmou em suas declarações.

Esse fato nos permitiu sustentar perante o Júri que o acusado falara a verdade ao afirmar que não atirara contra o casal, mas para um dos lados, precisamente o oposto àquele em que se encontrava a moça. Em virtude da distância em que ele estava, os bagos de chumbo, espalhando-se em forma de leque ou cone, somente atingiram o ofendido com uma de suas extremidades, não ferindo a companheira. Tivesse ele visado a vítima, os grãos de chumbo teriam alcançado o rosto ou corpo de ambos! Nunca, o dele sozinho.

Sustentamos mais, perante o Tribunal do Júri, que o réu só poderia ser responsabilizado por homicídio culposo. Teria apenas feito com imprudência, pois deveria prever a possibilidade do disparo com espingarda, mesmo feito para ponto um pouco afastado, vir a atingir o ofendido.

O acusado era pessoa de ótimos antecedentes, de boa índole e estimado no bairro em que residia. Entre outros documentos que atestavam esse fato, apresentamos um, assinado por 493 moradores da Água Branca e Lapa. Quanto à vítima, *O.G.*, a prova colhida no processo a seu respeito pouco a recomendava. Não tinha ocupação fixa e se dedicava à exploração de jogos proibidos, tendo sido preso, por esse motivo, dias antes de sua morte.

Os jurados que julgaram o réu, por seis votos contra um, acolheram a nossa tese e desclassificaram o homicídio a ele atribuído de doloso para culposo, tendo o M.M. Juiz Presidente do Tribunal do Júri lhe aplicado a pena de um ano e seis meses de detenção, com *sursis*. Houve recurso do Ministério Público, mas a decisão foi unanimemente confirmada pelo Colendo Tribunal de Justiça.

(1º Ofício do Júri – Processo n. 1.854)

PAIXÃO ANÔMALA

M.M. ocupava em nosso Estado excelente situação no comércio cafeeiro. Era trabalhador incansável, honesto em seus negócios. Possuía dois escritórios na Capital. Uma cidade do interior era o principal centro de suas atividades. Após o fato delituoso em que se viu envolvido, recebemos um abaixo-assinado em que se atestava ser ele pessoa de grande capacidade de trabalho, caráter íntegro e boa formação moral. Subscreviam o documento os mais expressivos elementos daquela localidade: o Prefeito, o Presidente da Câmara Municipal, quatorze de seus vereadores, médicos, tabeliães, gerentes de bancos e da Caixa Econômica, fazendeiros, comerciantes, diretores de estabelecimentos de ensino, industriais, autoridades policiais, estudantes de direito, corretores etc. Outros atestados, em igual sentido, recebemos de moradores de cidades onde *M.M.* também comprava café. Todos os documentos foram juntados ao processo.

Esse homem bom, de vida exemplar, teve a desdita de conhecer uma moça de grande beleza, *Z.M.*, que se candidatou a uma vaga de datilógrafa. Na verdade, não sabia escrever na máquina, e tinha, à época, 21 anos. Era desquitada de um dentista e, em suas declarações na Polícia, confessou que só tinha conhecimento de assuntos domésticos e precisava empregar-se para prover ao seu sustento. Até então, a família a mantinha e esse era o primeiro emprego que iria exercer. Um mês depois se tornaram amantes, situação que durou sete anos.

Ele a instalou em um apartamento da rua Barão de Campinas, que passou a frequentar. Era casado e tinha três filhos. A família morava em São Paulo, mas em bairro situado em ponto oposto da cidade. Valendo-se disso, quando chegava de suas viagens, era comum ele passar no apartamento um ou dois dias. Seus familiares, até os jornais noticiarem a ocorrência policial de que participou, ignoravam suas relações com a moça.

M.M., além de proporcionar à amante vida de luxo, deu-lhe muitas joias, grandes quantias em dinheiro e três apartamentos: o da rua Barão de Campinas, em que ela morava, e mais dois situados no mesmo edifício. Pouco antes do fato pelo qual o amante foi processado, ela vendeu um e outro, dias depois.

Z.M. era cunhada de certo indivíduo conhecido como verdadeiro *virtuose* do estelionato. Juntamos ao processo certidões provando terem sido enviados ao fórum criminal da Capital 16 inquéritos policiais instaurados contra ele, quase todos pela prática desse crime. Ela, quando interrogada em Juízo, confirmou que seu cunhado dera a *M.M.* prejuízo superior a um milhão de cruzeiros. A quantia era elevada na época: daria para comprar seis bons apartamentos. Apresentamos e foi juntado ao processo-crime movido a *M.M.* extrato de sua conta em banco de São Paulo, provando que em um só ano ele emitira vinte e dois cheques nominais em favor do cunhado de *Z.M.*, no valor de Cr$ 660.000,00.

Devido aos gastos que teve com a amante, a situação financeira de *M.M.* se tornou má, tendo ele até fechado um dos seus escritórios da Capital. Como permanecesse longos períodos no interior, comprando café, pediu a *Z.M.* para lá passar com ele algum tempo. Esta, entretanto, desejava abandoná-lo. E, quando *M.M.* lhe telefonou, avisando que viria de automóvel buscá-la, ela se valeu da oportunidade para com ele romper. Em seu interrogatório, *M.M* esclareceu que "como *Z.M.*, para despertar ciúme no interrogando, que a queria muito bem, usasse sempre desses expedientes, não deu muita importância a isso".

M.M. viajou para São Paulo e, não a encontrando no apartamento, soube que estaria no de uma senhora, sua amiga, a quem levara linhos para bordar, situado à rua Maria Teresa.

Aguardou-a nas proximidades do prédio em que ela se achava e, quando saía, interpelou-a, indagando se o acompanharia, respondendo *Z.M.* afirmativamente. Sua amante, na Polícia, disse ter assim procedido por tê-la *M.M.* ameaçado com revólver. Antes de viajar, entretanto, ela quis ir a um cabeleireiro próximo, para se pentear e fazer as unhas dos pés. Ele ficava na mesma rua, bem em frente ao edifício de onde havia saído. Depuseram no processo a encarregada e duas empregadas do salão. Contaram que ela o frequentava há três anos e aí dera o nome de Mary. Conheciam *M.M.*, a quem *Z.M.* se referia como marido e que a acompanhava sempre ao instituto de beleza. Ele costumava aguardá-la na sala de espera ou saía para voltar depois, a fim de apanhá-la. Salientaram que *M.M.* era sempre muito atencioso para com ela. Nesse dia, foi oferecer-lhe um cigarro e o acendeu.

Z.M., enquanto lavava os pés, pediu a duas moças que trabalhavam no salão para irem ao apartamento da bordadeira já referida e de lá, ou de outro local, telefonarem à polícia pedindo o comparecimento ao salão de uma viatura porque seu marido queria matá-la. As moças deram o telefonema.

Em certo momento, a porta de entrada do cabeleireiro se abriu e um guarda-civil nela apareceu. *Z.M.* estava com os pés dentro de uma bacia de água. Deu um salto, descalça, e correu, passando debaixo do braço desse guarda, que não conseguiu detê-la. Largou os sapatos, a bolsa e o casaco. *M.M.*, vendo isso, sacou de um revólver e se pôs a correr em seu encalço. O miliciano com ele se atracou para desarmá-lo. Travaram rápida luta corporal, durante a qual se ouviu um estampido e o guarda caiu morto no local. *M.M.* correu para a rua. Os outros guardas o detiveram e o desarmaram, agredindo-o com bastões de borracha, fraturando-lhe os ossos do nariz e ferindo-o na região orbitária esquerda. Ele apanhou tanto, que foi conduzido à Polícia Central em ambulância.

Nosso constituinte, no plantão que existia no Pátio do Colégio, foi medicado e depois autuado em flagrante. Serviram como condutor um soldado da Polícia Militar e como testemunhas do auto dois guardas que pertenciam à viatura da qual o colega que falecera era o encarregado.

As declarações de *M.M.* no flagrante continham falhas, talvez devido às fortes dores que sentia. Não esclareciam bem em que condições teria ocorrido o disparo. Delas constava, entretanto, que o tiro atingiu o guarda, que "caiu em seguida ao solo, largando o acusado presente". Se o largou, é porque o segurava! Ele as terminou afirmando que "não tinha nenhuma intenção de matar ou melhor de alvejar o guarda, pois estava ele cumprindo o seu dever de policial".

Interrogado em Juízo, *M.M.* declarou:·"Quando surge então um terceiro guarda que se interpõe na frente do interrogado e pega a mão armada e luta com o interrogado; que foi nessa luta que a arma disparou, sem ter puxado o gatilho, acreditando que foi o próprio guarda quem detonou a arma".

Só os três militares presenciaram a ocorrência. Mas, apesar da evidente animosidade deles, seus depoimentos no fórum criminal resultam favoráveis à tese que a defesa se propunha a defender no Júri.

O soldado da Polícia Militar, que deteve *M.M.* e serviu de condutor no auto de prisão em flagrante, passava casualmente pelo local e viu quando "apareceu o denunciado presente na porta do prédio e o guarda com ele se atracou, evidentemente para impedir que o denunciado fosse atrás da senhora que saíra correndo"; "que, quando estavam atracados, o depoente ouviu uma detonação, tendo o guarda caído imediatamente no passeio da calçada"; "que o depoente não sabe em que condições ou em que situação teria partido o tiro que ouviu, não podendo afirmar, nem tendo elemento algum para fazê-lo, que o denunciado tivesse a intenção de ferir o guarda".

O primeiro guarda-civil confirmou o relato e contou em seu depoimento que o colega "atracou-se ao denunciado e com ele atracado foi até a calçada, e momento em que o depoente ouviu o tiro já referido". O segundo policial também e esclareceu que "a vítima procurou deter a esse homem e desarmá-lo, razão pela qual atracou-se com ele em luta corporal, saindo assim, agarrados, até a calçada, sendo certo que, uma vez no saguão ali existente, o depoente já tinha ouvido a detonação de um tiro, quando saíram atracados até a calçada". O guarda recebeu um só tiro, à queima-roupa, que o atingiu na face anterior do hemitórax direito.

Em virtude dessa prova, antes de *M.M.* ser submetido a julgamento perante o Tribunal do Júri da Capital, requeremos ao ilustre Juiz que o presidia que oficiasse ao Instituto de Polícia Técnica, pedindo que peritos em balística, examinando o revólver que fora apreendido e já objeto de laudo oficial, elucidassem: "1) – Se os mecanismos de percussão e repetição dessa arma estão perfeitos e bem ajustados; 2) – Se é possível disparo acidental do revólver em questão, estando ele sendo empunhado naturalmente por um indivíduo e procurando outro arrebatá-lo".

A arma foi remetida com ofício. Os peritos designados verificaram estar ela perfeitamente apta para a realização normal de disparos e explicaram: "Isto feito, trataram eles de colher elementos para dar resposta ao segundo quesito. Pareceu-lhes, desde logo, que uma prova experimental poderia trazer, sem delonga, de maneira persuasiva, o esclarecimento em questão. Com esse objetivo, procuraram um dos colegas – o perito criminalístico *F.O.B.R.* – e depois de fazer-lhe ver que a arma se achava descarregada, pediram-lhe que a empunhasse firmemente, como se fosse efetuar um disparo, e que não a soltasse em hipótese nenhuma. Em dado momento, com surpresa para esse colega, um dos encarregados da perícia – *T.P.* – num gesto brusco, fez uma tentativa para arrebatar o revólver, puxando-o pelo cano e forçando-o para um lado e outro. Nesse ínterim, *B.R.*, *esforçando-se para manter a arma em sua mão, inadvertidamente acionou a tecla do gatilho, dando causa à percussão.* Para que o resultado da experiência não fosse influenciado por inibições deliberadas, só depois de ter sido ela ultimada se deu conhecimento do seu objetivo ao perito *B.R.* Fica, pois, respondido afirmativamente também o segundo quesito".

Z.M., arrolada pelo Promotor Público, depôs em Juízo. Compareceu ao fórum, como consta de suas declarações, assistida por dois advogados. Procurou prejudicar de todas as formas possíveis o antigo companheiro. *M.M.*, que continuava apaixonado, lhe havia escrito cartas da prisão. Ela disse ter recebido vinte e exibiu quatro. Lendo-as, entretanto, verificava-se que ele as enviara em virtude de recados e telegramas dela recebidos. Assim, escreve: "tenho seus telegramas guardados no bolso", "o moço veio ontem e me prometeu que virias", "salvo se é um seu pretexto, mas seus telegramas não mentem" etc.

Ela entregou ainda ao Juiz um cartão que seria da pessoa que levara as cartas do réu. Acrescentou que este queria que fosse visitá-lo na prisão e, como se recusasse, ele a ameaçara, dizendo que "depois do júri, quando for absolvido, o mundo será pequeno, para a declarante se esconder".

Como *Z.M.* houvesse sido arrolada pela acusação, fomos o último a interrogá-la. E, através de perguntas, que a devem ter irritado muito, conseguimos provar que ela, antes de conhecer nosso constituinte, frequentava um apartamento suspeito na rua D. José de Barros. Mais ainda: após o fato pelo qual *M.M.* estava sendo processado, ela e um médico conhecido de sua família tinham-se hospedado em um hotel de luxo do centro da cidade, onde a esposa deste esteve e promoveu escândalo. Depois disso, segundo a própria *Z.M.* informou, o médico separou-se da mulher e dos filhos, ficando morando no hotel.

Como ela tivesse afirmado que *M.M.* nada lhe dera, nós a inquirimos acerca das propriedades que adquirira. Ela disse que havia ganho o dinheiro em casas de jogo. Tê-las-ia frequentado sempre com o amante. Apesar disso, conseguira ocultar o dinheiro obtido, que "escondia" no apartamento!

Nós, para desmenti-la, além de extratos bancários de contas de *M.M.*, apresentamos os comprovantes de remessas que ele lhe fez do interior, nos meses anteriores à sua prisão, de importâncias altas.

A denúncia apresentada contra *M.M.* sustentava que ele tentara matar a amante e por *aberratio ictus* causara a morte do guarda. O ilustrado Juiz da Vara Auxiliar do Júri entendeu, porém, no despacho de pronúncia, que o réu não praticara, com relação a *Z.M.*, um crime de tentativa de homicídio, mas só o de ameaça. Quanto a ela, apenas tivera atos preparatórios, talvez de um possível homicídio, mas não dera início à execução por ter seus passos embargados pelo guarda. Nessa ocasião, a mulher já havia tomado um táxi e fugira.

Apesar da pouca gravidade do crime de ameaça, que é afiançável e punido com pena de detenção, Z.M. requereu para intervir no processo como Assistente do Ministério Público e contratou mais dois advogados, aos quais os primeiros substabeleceram a procuração recebida. A Guarda Civil não constituiu procurador em fase alguma do processo, em nome da viúva, confiando na ação da Promotoria.

O julgamento de M.M. perante o Tribunal do Júri de São Paulo provocou grande interesse popular, devido às notícias que os jornais deram na véspera. Interrogado em plenário pelo Juiz Presidente dessa Corte, M.M. confessou que "considera sua esposa uma santa", mas "ficara enfeitiçado por Z.M., a quem amava tanto como a seus filhos". Lamentou bastante a morte do guarda e declarou que "essa ocorrência impressionou muito a família do interrogando, da qual porém já está recebendo o necessário conforto; que a situação patrimonial do interrogado é a de nada mais possuir, só tem a coragem e a energia para recomeçar o trabalho".

Os debates foram animados, mas transcorreram em ambiente calmo, pela forma elevada com que as partes agiram. O advogado de Z.M. era um colega culto, educado, mas não poupou nosso constituinte, preocupando-se mais com o homicídio do guarda do que com o delito de ameaça de que sua cliente teria sido vítima. Houve até momentos de humor durante o julgamento. Em certo trecho de sua acusação, o Assistente declarou: "Em meu tempo de moço, quando um homem visitava a mulher que amava, para ela levava um livro de poesias, um ramalhete de flores ou uma caixa de bombons. O réu, ao contrário, levava um revólver". Pedimos licença para um aparte e respondemos: "É engano de v. Exa. Meu constituinte levava sempre um livro de cheques, que era o que sua cliente mais apreciava". A resposta provocou risos entre os jurados. À época o talão de cheques era chamado de livro de cheques.

Com fundamento nas declarações de M.M., sustentamos que ele não desfechara o tiro que atingira o guarda; não pretendia matá-lo, nem o ferir e não tinha motivos para fazê-lo, pois, no próprio flagrante, reconhecia "estar ele cumprindo o seu dever de policial". Tudo demonstrava que não agira com dolo, mas apenas com imprudência ou culpa, consistentes em não entregar o revólver ao guarda-civil e em ter procurado impedir que este o desarmasse. A arma disparara durante a luta corporal que mantiveram e quando a vítima procurava arrebatá-la. Afirmamos ainda ter ocorrido somente homicídio culposo e o Conselho de

Sentença, por seis votos contra um, acolheu o nosso pedido. A pena foi aplicada pelo MM. Juiz Presidente, que a fixou em dois anos de detenção quanto ao homicídio culposo e em um mês de detenção pelo crime de ameaça.

Houve apelação do Ministério Público e o Egrégio Tribunal de Justiça anulou o julgamento por entender que, no questionário apresentado ao Júri, deveria constar primeiro o crime de homicídio e depois o de ameaça. Submetido a novo julgamento, os jurados tornaram a acolher a defesa invocada, por cinco votos contra dois. A pena foi novamente estabelecida em dois anos e um mês de detenção, declarando o magistrado que o presidiu "ser o réu primário, de bons antecedentes profissionais, com personalidade inesperadamente desorientada por uma *paixão anômala*, que lhe viciou a vontade e lhe arruinou o patrimônio".

Fixando a condenação pela morte do guarda-civil em dois anos de detenção, o magistrado tornava possível ao réu prestar fiança e obter os benefícios legais do *sursis* ou suspensão condicional da pena.

Terminado o julgamento, ocorreu um fato lamentável. Nossa esposa sempre acompanhou com interesse todos os trabalhos que realizamos. Dizemos aos amigos que não teríamos alcançado o relativo êxito que obtivemos na advocacia, se não fora o afeto, o apoio e a dedicação dessa adorável companheira.

Nessa noite, de madrugada, ela aguardava em casa, acordada como era de seu hábito, que chegássemos. Fazia-lhe companhia seu genitor, Dr. Mário Rodrigues Torres, colega e grande amigo, que durante mais de cinquenta anos exerceu a advocacia em Botucatu, cidade em que nós e ela nascemos. Em determinado momento, ela é chamada ao telefone e uma pessoa do sexo masculino, agindo com muita maldade, lhe diz: "Minha senhora, quem lhe fala é amigo de seu marido. Tenho uma notícia grave a lhe dar: o Dr. Delmanto, ao sair do Palácio da Justiça, recebeu um tiro e em estado grave foi removido para o Plantão Médico do Pátio do Colégio".

Ela desesperada foi com o pai até esse plantão. Atendeu-a um médico que nos conhecia e que procurou tranquilizá-la, dizendo não ter recebido nenhuma comunicação a respeito e que não acreditava na notícia pela forma elevada com que sempre procedíamos no Júri. Quando acabava de lhe dizer isso, chegava uma ambulância, cujas sirenas faziam barulho. Ela, nesse instante, desmaiou. Quando voltou a si, de casa a chamávamos ao telefone para lhe dizer que nada havia ocorrido conosco.

(1º Ofício do Júri – Processo n. 296)

O IRMÃO DE MARIA BONITA

Naquele domingo, em um botequim situado nas imediações de uma grande siderúrgica existente na Avenida Água Funda, cerca de vinte operários almoçavam. Moravam juntos em uma vila próxima e faziam parte de turma recentemente admitida para transporte de ferro e outros serviços braçais, por não terem os que a compunham qualquer habilitação técnica.

Entre eles, o mais conhecido era José de Oliveira, irmão de "Maria Bonita", companheira do legendário "Lampião". Um cunhado, que fora visitá-lo e participara do almoço, em declarações prestadas na Polícia e em Juízo, relatou que "abusaram do uso do vinho e da cerveja, de modo que após a refeição estavam todos alcoolizados" e que "depois, José de Oliveira e seus companheiros continuaram bebericando nos botequins existentes nas imediações de sua casa". Cerca das 18:30h, estavam inteiramente embriagados.

Nessa ocasião, José de Oliveira caminhou até o centro da avenida e aí parou. Um automóvel, que transitava pelo local em direção a Interlagos, diminuiu a marcha ao passar por ele. Nesse momento, Oliveira deu uma tragada no cigarro e, em seguida, o atirou contra o rosto do motorista. Este estacionou o veículo mais adiante, desceu e foi pedir explicações. Quando com ele conversava, viu-se cercado por muitos homens, todos em atitude agressiva. Logo depois, entretanto, chegava outro carro, dirigido por um seu amigo, que desceu com a pessoa que o acompanhava, conseguindo apaziguar os ânimos.

José de Oliveira não deu por encerrado o incidente. No mesmo dia, prestando declarações na Polícia, alegou que o condutor do primeiro automóvel descera armado e confessou que, quando os dois veículos deixaram o local, "achou que deveria tomar qualquer atitude, esperando então que aquele carro voltasse, a fim de resolver o 'caso' com seu motorista". Este era um protético, R.P., em cujo automóvel estavam a mulher e um amigo. O segundo veículo era dirigido por D.C., vendedor de um grande frigorífico da Capital e tinha como passageiros sua esposa, um filho de 9 anos, a mulher do cidadão que se encontrava no outro carro e duas filhas desta, de 3 e 2 anos, a menor das quais iria batizar.

Fizeram na volta o mesmo trajeto. Tendo ido até o Orquidário do Estado, podiam regressar por outro caminho, embora mais longo. Não o fizeram, pois estavam longe de supor que as pessoas já mencionadas lhe armariam uma emboscada. Na frente, ia o automóvel de *D.C.* Escurecia e, na época, não havia iluminação pública no trecho. Ao atingir o ponto em que ocorrera o incidente, ele viu que muitos homens haviam-se colocado no meio da rua, impedindo a sua passagem. Para prosseguir, teria de atropelar alguns deles. Preferiu parar e essas pessoas contra seu veículo arremessaram tijolos, pedras e nele bateram com pedaços de madeira. Tentaram tombá-lo e alguns deles fizeram disparos de arma de fogo. *D.C.*, por sua vez, deu um tiro para amedrontá-los, sem visar qualquer dos agressores. Muitos destes correram e ele pôde continuar. O seu companheiro passara pelo local, mas, verificando que nada poderia fazer, diante do elevado número de indivíduos que cercavam o carro, não parou e pensou em ir até o Posto Policial do Bosque da Saúde, pedir socorro. Depois, como a distância até esse ponto fosse grande, voltou e no trajeto encontrou o automóvel de *D.C.*, que havia conseguido escapar.

Só no dia seguinte, pelos jornais, souberam que um elemento do grupo que atacara o veículo de *D.C.*, o irmão de "Maria Bonita", José de Oliveira, tinha sido atingido por um dos tiros desfechados na ocasião.

Espontaneamente, *D.C.* compareceu à Delegacia da 5ª Circunscrição Policial, levando o filho, que fora ferido por estilhaços de vidro. O menor foi ao Serviço Médico-Legal e apresentava uma lesão corto-contusa na concha da orelha esquerda.

A arma utilizada por *D.C.* e o carro que dirigia foram encaminhados ao Instituto de Polícia Técnica, para serem examinados. O revólver era de fabricação espanhola, marca "Tac", do calibre "32" e com cano provido de *seis raias dextrógiras*. Tinha no tambor cinco cartuchos íntegros e um detonado. Quanto ao automóvel, constataram os peritos destruição total do para-brisa e dos vidros das portas traseiras. As fotografias que instruíram o laudo reproduziam bem as partes atingidas.

José de Oliveira e seu cunhado declararam no inquérito policial que eles e dois primos se colocaram no centro da rua para forçar o veículo a parar. Em Juízo, esse parente da vítima, entretanto, confessou que no local estavam mais dez pessoas que, com eles, haviam bebido. Contou que Oliveira era "homem valente e destemido", já tendo praticado um homicídio na Bahia.

Outro colega de trabalho deste esclareceu que "na frente da venda havia uns vinte e poucos homens, amigos e companheiros da vítima, na ocasião dos fatos, a maioria nortista e conterrâneos da mesma". Quando fizeram o veículo parar, Oliveira "foi por detrás do carro para querer pegar o motorista". Os seus companheiros que foram ouvidos no inquérito e no fórum negaram haver desfechado tiros.

No processo instaurado em virtude dos fatos, depôs o proprietário de um dos bares próximos, que informou, com relação a esses indivíduos, tratar-se de "gente perigosa".

Muito importante foi o depoimento prestado na instrução criminal por um alto funcionário da Siderúrgica, chefe da seção pessoal e seu representante nas Juntas de Conciliação e Julgamento da Justiça do Trabalho. No dia em que os fatos ocorreram, chegou ao local pouco depois, soube do incidente e que Oliveira e alguns colegas que com ele haviam bebido resolveram cercar o automóvel na volta; fizeram com que parasse, depredaram-no, quiseram virá-lo e deram tiros. Afirma a testemunha, com segurança, que ouvira de companheiros da vítima ter sido esta atingida acidentalmente, por disparo feito por um seu amigo, que com ela residia em vila existente nas proximidades do botequim. Informou, formalmente, que após a morte de José de Oliveira conterrâneos seus, que trabalhavam na Siderúrgica, afirmaram que ele era "perigoso, valentão, de má índole, com mais de um crime de morte no Norte, de onde teria saído fugido".

No dia seguinte aos fatos, a vítima foi examinada no Serviço Médico-Legal do Estado, cujos peritos constataram um ferimento na região escapular esquerda, tendo o exame radiográfico revelado a presença de um projétil localizado no interior da oitava vértebra dorsal. Seu estado era grave e apresentava paraplegia. Decorrido o prazo de trinta dias, procurou a Justiça localizá-lo, para ser feito o exame complementar, determinado pela lei. Um oficial desta, procurando-o em seu antigo domicílio, soube por um primo, com muita dificuldade, que ele estaria internado em hospital, cujo nome não soube indicar, no bairro de Jaçanã.

Foi solicitada à Delegacia de Vigilância e Capturas a sua apresentação em Juízo. A defesa estava convicta de que Oliveira não fora atingido pelo tiro que D.C. dera e muito auxiliou nas investigações feitas para sua localização. Interessava-lhe verificar a possibilidade de extração do projétil que ficara em seu corpo. A bala poderia demonstrar, de forma irretorquível, a procedência da tese que defendia. Os amigos da vítima afirmavam ter sido ela ferida por nosso constituinte. O exame do projétil seria, pois, decisivo no julgamento do caso.

Entretanto, só em fevereiro do ano seguinte a Polícia informou que José de Oliveira havia falecido no mês de setembro, no Asilo de Jaçanã.

Seu falecimento não fora comunicado ao Serviço Médico-Legal e por isso o cadáver não fora autopsiado. No Registro Civil do bairro do Tucuruvi, tinha sido declarado o óbito, dando como causa da morte hemorragia cerebral. Em virtude dessa certidão, foi D.C. denunciado por homicídio, e o MM. Juiz de Direito da Vara Auxiliar do Júri determinou que se procedesse à exumação do corpo.

O médico do Asilo de Jaçanã, que subscreveu o atestado de óbito, forneceu à defesa um documento, que foi junto aos autos, sustentando não ter Oliveira falecido em virtude do ferimento recebido, mas de insulto cerebral ou de embolia. A exumação foi feita mais de um ano depois da data em que a vítima fora ferida. O cadáver se achava reduzido a esqueleto, estando o crânio separado do corpo e este reduzido à caixa óssea. Foi encontrado um projétil de arma de fogo, solto, próximo à coluna e entre duas costelas do esqueleto. Como causa da morte, os peritos deram: "*provavelmente* lesão medular de causa traumática".

O projétil foi encaminhado pelo próprio Serviço Médico-Legal ao Instituto de Polícia Técnica. Os peritos deste verificaram que a bala pertencera a um cartucho próprio para revólver de calibre nominal "38" e fora atirada por arma provida, na superfície interna do cano, de raiamento *sinistrogiro*. A que fora usada por D.C. e apreendida pela Polícia – como salientamos – era do calibre "32" e tinha cano provido de seis raias *dextrógiras*. Enquanto elas são para a direita, as *sinistrógiras* são para a esquerda, estando ambas na parte interna do cano.

Antes do julgamento de D.C. pelo Tribunal do Júri, apresentamos valioso parecer do eminente Prof. FLAMÍNIO FÁVERO, sustentando que a morte do operário não se dera em virtude da lesão medular por ele sofrida. Explicou o consagrado mestre que essas lesões, tais sejam elas, são mortais. Não imediatamente mortais, mas mediatamente. E a morte sobrevém por uma complicação direta ou indiretamente ligada ao comprometimento medular, como sejam: caquexia, broncopneumonias, mielites ascendentes, septicemias, pielites, meningites, infecções das escaras etc. Diminui-se a resistência do ofendido, em virtude do grave trauma e, daí, a intercorrência fatal que pode, às vezes, demorar a surgir.

No caso em apreço – elucidou –, a causa da morte não foi nenhuma dessas, e, sim, um *ictus* cerebral, por hemorragia talvez, ou outro processo. O médico que a atestou fora positivo, insistindo em que não via como ligar esse insulto cerebral à lesão medular. Teria havido diminuição de resistência da vítima, presa já de perturbações urinárias. Mas a

O IRMÃO DE MARIA BONITA

morte, pela evolução natural do processo mórbido, não seria fulminante como foi, indicando uma estranha e inesperada intercorrência nociva. Salientou o Prof. Flamínio ser o auto de corpo de delito sintético e a história clínica da vítima quase silenciosa, surgindo uma completa impossibilidade de estabelecer um nexo de ligação entre a lesão medular e a morte.

Os jornais desta Capital publicaram longas notícias referente ao júri de *D.C.*, dando-lhe destaque especial pelo fato de ser Oliveira irmão de "Maria Bonita".

Por uma coincidência que aumentou o interesse popular pelo julgamento, a *Folha da Noite*, precisamente no mês em que ele se realizou, publicou uma série de artigos do jornalista Ozéas Martins sobre a vida de "Lampião", acompanhada de fotografias, que teve grande repercussão.

Em face das dúvidas levantadas a respeito da causa da morte de Oliveira e do fato do projétil encontrado em seu cadáver não corresponder ao revólver usado por *D.C.*, o Conselho de Jurados que o julgou o absolveu, negando, por seis votos contra um, ser ele o autor do ferimento recebido pelo irmão de "Maria Bonita". Não houve recurso da decisão.

(1º Ofício do Júri – Processo n. 617)

CONFESSOU CRIME QUE NÃO PRATICARA

L.S. e sua esposa A.S. residiam no bairro do Ipiranga. Desejando pintar o prédio em que moravam, contrataram os serviços de M.C. Este, durante os trabalhos, se apaixonou pela dona da casa, a quem fez propostas, sendo repelido. Ela relatou o fato ao marido, que imediatamente o despediu.

Como o pintor passasse, depois, a perseguir sua mulher, L.S. apresentou contra ele queixa na Delegacia de Segurança Pessoal e mudou-se para o Cambuci. M.C. descobriu o novo endereço e continuou em seu assédio, frequentemente rondando a casa.

Aborrecida com esse fato e vendo-o certo dia em uma esquina próxima à sua nova residência, A.S. queixou-se a um policial de serviço nas imediações, que deteve o pintor e pediu a um colega para chamar pelo telefone uma viatura da Polícia, a fim de conduzi-lo à delegacia do bairro.

Nesse momento, chegou ao local o esposo de A.S., que o militar, por precaução, procurou revistar. A sua mulher teria então tirado da bolsa uma faca de cozinha e ferido M.C. no lado direito do tórax, pouco abaixo da clavícula. A vítima se pôs a correr, perseguida pelo marido, que se desvencilhou do militar e sacou de um punhal que trazia na cintura. A.S. jogou a faca ao chão e tentou fugir para a direção oposta, sendo detida.

O casal foi conduzido à Polícia e autuado em flagrante. A esposa, em suas declarações, afirmou haver ferido o pintor. Este foi transportado em ambulância para o Hospital da Santa Casa, falecendo ao ser levado para a sala de cirurgia.

Em Juízo, o flagrante foi anulado, sendo ambos postos em liberdade. O Promotor Público, com base na prova reunida no inquérito, ofereceu denúncia apenas contra a mulher.

Na instrução criminal, ao ser interrogada, de novo confessou, ao próprio juiz, ser a autora do crime, inocentando completamente o marido. O policial que chamara e um comerciante das vizinhanças também disseram ter a vítima sido por ela agredida. Em face dessa prova, foi A.S. pronunciada para ser julgada pelo Tribunal do Júri.

Incumbidos então de defendê-la, encontramos, ao estudar o processo, um fato que nos convenceu não ter ela praticado o delito: dos autos constava o "auto de apreensão" de duas armas. Era minucioso e esclarecia que a *faca de cozinha* fora encontrada no solo, no ponto em que, inicialmente, estavam a ré, o primeiro policial e o pintor; o punhal havia sido lançado na rua, dezenas de metros adiante e, precisamente, no percurso feito pela vítima ao fugir e pelo esposo da ré que a perseguira e alcançara, com ela discutindo.

As duas armas foram, logo após a apreensão, enviadas, pela autoridade que presidiu o flagrante, ao Instituto de Polícia Técnica, para serem examinadas. Verificou-se, então, uma circunstância curiosa: *os peritos só encontraram manchas de sangue no punhal do marido.*

Fomos então informados pela própria ré que havia, desde o início, para proteger o esposo, confessado um crime que não tinha cometido. Pareceu-lhe que sendo mulher, e em virtude dos antecedentes do caso, ser-lhe-ia mais fácil obter uma absolvição. A nosso pedido, ela nos autorizou a relatar aos jurados toda a verdade.

Em plenário, no Tribunal do Júri, a moça, ao ser interrogada pelo juiz, usou de um direito que a lei lhe confere e disse nada ter a declarar, deixando a defesa a nosso cargo. Demos, em nosso trabalho, grande destaque ao exame das armas – e como prevíamos – ele teve influência decisiva no julgamento.

Analisamos os depoimentos das duas testemunhas tidas como presenciais. Esclarecemos que o policial não vira a ré agredir o pintor. Quando o marido chegou, passou a revisá-lo. Não terminou, entretanto, de fazê-lo. Percebeu que a mulher fugia e foi ao seu encalço, detendo-a. Disso se valeu *M.C.*, que correu para o lado contrário, perseguido pelo esposo da denunciada. Quanto ao comerciante já referido, achava-se em ponto afastado, de onde não podia observar bem o que ocorria no grupo que se formara. Viu a mulher lançar ao chão uma faca e procurar escapar. Soube que o pintor tentara fugir e tombara ferido logo depois. Deduziu o que não havia visto: que a moça o teria agredido e por isso correra.

Durante os debates, o Promotor Público admitiu ter havido, no caso, com relação à ré, um erro judiciário. O Conselho de Sentença acolheu a defesa e, por unanimidade de votos, absolveu nossa constituinte, pela negativa do fato, sendo ela posta em liberdade.

O M. Público não recorreu da decisão, encerrando-se assim o processo, pois contra o marido da acusada não foi depois instaurada nenhuma ação penal.

(1ª Vara do Júri)

A CONFISSÃO NA POLÍCIA

Em um parque de diversões instalado no bairro da Lapa, em São Paulo, certa noite, depois das 23:00h, o filho do proprietário de uma das barracas de sorteio fechou-a e se dirigiu ao escritório da empresa a fim de prestar contas. Quando saía, foi agredido a facadas pelas costas e se pôs a correr, gritando que o haviam matado. Poucos minutos teve de vida, não esclarecendo em que circunstâncias e por quem fora ferido.

A autoridade policial que compareceu ao local, na portaria com que deu início às investigações, consignou ter sido a vítima assassinada "por um indivíduo *desconhecido*, que se evadiu". E determinou que fosse inquirido o proprietário de outra barraca.

Este contou que, nessa noite, um moço de cor branca, loiro, baixo e robusto, nela jogara e se mostrara irritado, dizendo haver perdido dinheiro na barraca do ofendido, sem esclarecer a quanto montava a perda. Logo depois, tal moço se retirou. No mesmo instante, observou que a vítima se dirigia para o escritório do parque. Decorridos poucos momentos, viu-a chegar correndo, gritando que a haviam ferido. Amparou-a, com o auxílio de um amigo, deitando-a no chão. Viram em suas costas, no pulôver, um corte característico de faca. A vítima faleceu logo depois.

Apresentava três ferimentos nas costas, nas regiões escapular direita e esquerda e deltoideana esquerda. Dois não foram penetrantes, lesando apenas os planos musculares. O segundo acima referido, entretanto, atingiu o pulmão esquerdo, transfixando-o e perfurando, de trás para diante, a crosta da aorta, o que provocou hemorragia de cerca de três litros de sangue na cavidade torácica esquerda e foi a causa de sua morte.

Acrescentou aquela testemunha que, em sua opinião, o autor do crime era o moço que estava irritado por ter perdido na barraca de prêmios a cargo do ofendido. Não o conhecia, pois fora a primeira vez que o vira no parque. Relatou ainda que, na hora em que o fato ocorreu, havia pouca gente no local. E depois da agressão, só faltava esse indivíduo. Todas as demais pessoas foram por ela vistas, junto com o corpo da vítima.

Os jornais publicaram, com destaque, no dia imediato, notícias sobre o crime, reproduzindo o depoimento da testemunha que fora ouvida e os traços do suposto criminoso, por ela dados. À tarde, apareceu no parque um moço, também loiro, J.T., com pouco mais de 18 anos, que procurou o proprietário e lhe declarou que suspeitava de um conhecido, A.P., que ali estivera na noite anterior e possuía caracteres físicos semelhantes aos mencionados pela imprensa.

A.P. foi ouvido e referiu nas declarações que J.T. levantara suspeitas contra sua pessoa por ter o crime sido praticado por um moço loiro como ele e com estatura e compleição física idênticas à sua, que eram, aliás, mais ou menos semelhantes às do próprio J.T.

O Delegado soltou A.P., admitindo sua inocência por motivos que o inquérito não menciona. Suas desconfianças recaíram sobre J.T. Talvez porque os escritores de novelas policiais costumam contar que o criminoso sempre volta ao local do delito.

J.T. é preso e dias depois os jornais noticiam que ele confessara ter praticado o crime, com detalhes e na presença de um Promotor Público da Vara do Júri e do advogado que a Polícia nomeara seu curador.

Ele teria relatado que discutira com a vítima e como esta tentasse dar-lhe uma bofetada, a ferira a faca, usando a que empregava para raspar a pintura de carros na oficina mecânica em que trabalhava e que tinha o cabo pintado de branco.

A autoridade se contentou com a confissão. Não cuidou, sequer, de promover o reconhecimento de J.T. pela testemunha já referida anteriormente.

Remetido o inquérito ao fórum, fomos constituídos defensor desse menor pela família e nomeados seu curador pelo MM. Juiz Auxiliar da Vara do Júri.

No interrogatório judicial, o réu afirmou que estivera preso durante oito dias, fora seviciado, ficara doente e investigadores forçaram-no a confessar o crime que não cometera, tendo-o orientado sobre as declarações que deveria prestar. E, ao ser ouvido perante o delegado, o promotor e o curador, não teve coragem de se insurgir e relatar as pressões que sofrera, por saber que voltaria à prisão e recear novas violências por parte dos policiais. Declarou tudo o que lhe fora recomendado pelos investigadores.

A testemunha principal, o dono da barraca que conversara com o moço loiro que acreditava ser o autor do crime, ao ser-lhe apresentado, na instrução criminal, o réu, que o MM. Juiz ordenou ficasse de pé – segundo consta de seu depoimento – "depois de examiná-lo bem", afirmou não reconhecer nele o indivíduo a que se havia referido em seu depoimento na Polícia. Esclareceu mais que o acusado frequentava o parque, mas na noite em que se deu o crime não passara pela sua barraca.

A vítima era filho, como já referimos, do proprietário da sua tenda de jogos, o qual constituiu advogado para funcionar como assistente no processo-crime. A testemunha ainda possuía barraca no parque e declarou ser seu amigo, sendo evidente que nunca procuraria favorecer o nosso curatelado.

O assistente, não tendo presenciado o depoimento da testemunha antes referida, pediu a sua reinquirição, que foi deferida pelo MM. Juiz, com a nossa concordância. Ela manteve integralmente o seu depoimento. Bastariam suas declarações para levantar as mais sérias dúvidas acerca da "confissão" obtida pela Polícia.

Duas outras testemunhas de acusação, uma das quais *A.P.*, que o réu indicara no inquérito, informaram conhecê-lo e que ele estivera no parque nessa noite. Não o viram, porém, jogando em nenhuma barraca. *J.T.* não frequentava, habitualmente, esse local de diversões, tanto que seu proprietário, um chileno, e o empregado deste, também ouvidos na instrução, declararam não conhecê-lo.

A Promotoria ainda arrolara na denúncia, como testemunhas, os dois donos da oficina mecânica em que o acusado trabalhava. Um deles contou em Juízo que, ao depor na Polícia, soube que o réu se encontrava detido "já há alguns dias". Viu-o nessa ocasião. Estava de barba crescida, sem gravata, demonstrando pelo seu aspecto encontrar-se realmente preso. O indiciado "mostrava estar abatido e declarou estar doente", o que foi confirmado pelos investigadores que o haviam conduzido da prisão ao cartório. Uma semana depois, a testemunha voltou à Delegacia e tornou a ver o acusado, que "demonstrava se encontrar cada vez mais abatido e doente". Em sua companhia esteve na Polícia o seu sócio, que confirmou essas declarações. A "confissão" do menor fora prestada na mesma data em que os proprietários da oficina foram ouvidos. O pormenor provava que, ao assiná-la, ele se encontrava detido e enfermo.

Em plenário, perante o Conselho de Sentença, impugnamos o valor da "confissão" apresentada pela Polícia e da prova produzida no inquérito. Invocamos, a respeito, mais uma vez, os ensinamentos do Egrégio Tribunal de Justiça do Estado, que adverte: "*Na sistemática do processo, as declarações policiais não têm valor probante. O inquérito é peça básica da denúncia; mas, no desenvolvimento do processo perante o Juiz, é que se colhem as provas necessárias para a condenação. A confissão extrajudicial é apenas indício remoto.* O Ministro Bento de Faria, em seus *Comentários ao novo Código do Processo Penal*, v. 1º, p. 307, classificando os indícios, divide-os em manifestos, próximos e remotos. Entre estes inclui a *confissão extrajudicial*" (*Rev. Trs.*, v. 151, p. 548).

Ela só pode ser aceita, se for confirmada por outros elementos de prova existentes nos autos. Um falsário, por exemplo, falsificar cheques, obtendo o saldo bancário de certa firma e usando carimbo que mandou confeccionar em casa do ramo. Confessa tudo e a Polícia apreende em sua residência a informação dada pelo banco sobre o saldo e o carimbo. Depois um empregado da casa que o fabricou reconhece no indiciado a pessoa que o encomendara. Essa confissão pode ser aceita por se referir a fatos de que a Polícia não tinha ciência.

A mesma credibilidade merecerá a confissão feita por um ladrão, que indica o receptador a quem vendeu joias furtadas e estas são depois apreendidas com a pessoa apontada.

Demonstramos, a seguir, que a "confissão" atribuída a *J.T.* não representava a verdade. Dela constava haver ele declarado que ia ao parque de diversões todas as noites. Ficou provado não ser isso exato. Teria ainda dito que bebera, nesse dia, um copo de pinga em um bar das proximidades, que indicou. A Polícia não provou nem procurou provar ser o pormenor verdadeiro. Fizeram-no confessar que discutira com a vítima e como esta ameaçasse dar-lhe um tapa, vibrara facadas em suas costas. Se o fato tivesse ocorrido, o ofendido, que permanecera com vida cerca de quinze minutos, saberia quem o havia agredido e o indicaria às testemunhas que o socorreram.

Constava também da "confissão", que na fuga lançara a faca em um terreno próximo, onde havia mato. No local por ele apontado, a autoridade nada encontrou. Teria acrescentado haver ido ao parque com um amigo, cujo nome declinou. Não cogitaram de inquiri-lo. E erro grave cometera a Polícia em não promover o seu reconhecimento pelo dono da barraca que falara com o moço suspeito.

O Promotor Público, em sua acusação, dava muita importância ao fato de os patrões do nosso curatelado mencionarem em seus depoimentos que ele tinha uma faca, cujo cabo pintara de branco, arma essa que o menor, em sua "confissão", teria dito haver utilizado.

O réu possuía, realmente, uma faca nessas condições. Ele era pintor de automóveis e a usava em seu serviço, para "raspar a pintura dos carros", como haviam declarado seus patrões. A Polícia, ao interrogá-lo, *já conhecia, entretanto, essa circunstância*. Os donos da oficina elucidaram que, antes de deporem na Delegacia, *tinham dado tal informação a investigadores que haviam estado no estabelecimento*. Isso explicava o fato de essa faca ser mencionada na "confissão" obtida do menor.

Argumentou ainda o acusador público com o depoimento de uma testemunha que vira o criminoso correndo e dissera que a roupa deste coincidia com a que o réu vestia naquela noite. Mostramos aos jurados que essa pessoa confessara na Polícia que "no escuro, não pôde divisar bem o criminoso, *só vendo o seu vulto*" e, em Juízo, que "não chegou a ver o rosto do indivíduo que corria e por isso somente o identifica pela roupa". Tendo-o visto no escuro, a uma distância superior a cinquenta metros e correndo para lado oposto àquele em que se encontrava, como poderia observar a cor de sua roupa? Outra testemunha afirmara ter perseguido o criminoso e relatara que "devido a ser muito escuro, ninguém chegou a alcançá-lo, nem a identificá-lo".

O argumento mais forte da Promotoria era o de que a "confissão" de nosso curatelado fora feita na presença de um membro do Ministério Público e do curador nomeado pelo delegado.

Não alegamos em plenário que o réu sofrera violência na presença desses dignos profissionais. Afirmamos, porém, que esse menor prestara as declarações coagido, *por estar preso e haver sido intimidado e seviciado, como relatara, pelos investigadores que antes o interrogaram.* Um destes, por ele indicado em seu interrogatório judicial, já fora acusado da prática de violência contra outro preso, conforme provamos com certidão que exibimos.

Demonstramos, ainda, que o réu *Arias de Oliveira*, processado pelos homicídios ocorridos no Restaurante Chinês, *fora interrogado QUATRO VEZES, na presença do delegado, de um promotor e de conhecido psiquiatra e*, entretanto, *embora confessasse, em tais ocasiões, ser o autor dos delitos, fora absolvido pela negativa do fato.*

Nesse processo que lembramos ao Júri, que a Procuradoria-Geral de Justiça, em parecer brilhante, subscrito pelo culto Dr. Paula Santos Filho, pôs em relevo que a defesa não alegava ter sido o réu castigado fisicamente, *mas sustentava ter havido coação, pois estivera preso e sofrera longos interrogatórios.* Admitiu, depois, que *essas alegações eram verdadeiras e opinou pela confirmação do* veredictum *absolutório,* por entender que *"as dúvidas suscitadas são de molde a provocar certa hesitação quanto à certeza da responsabilidade do apelado"* (*Rev. dos Tribunais*, v. 151, p. 540). O Tribunal de Justiça manteve essa absolvição, observando no acórdão: *"o que se verifica realmente é a carência de uma prova convincente"* (*Rev. Trs.*, v. 151, p. 548).

No caso de *J.T.*, sustentamos que ele não sofrera coação no ato do interrogatório pelo delegado, mas antes, ao ser inquirido pelos policiais. Fora mantido preso durante dias, estava muito abatido e doente. Declarou às autoridades o que havia, anteriormente, perante os investigadores, aquiescido em dizer. Não teve coragem de se insurgir e de protestar pela sua inocência, temendo voltar à prisão e sofrer novos castigos físicos.

A respeito da *confissão*, citamos a opinião de BENTO DE FARIA, que afirma em seu *Código de Processo Penal*, v. 1º, p. 251: "*A confissão deve reunir os seguintes requisitos: 1º) – Ser livre. A confissão deve ser o produto da livre vontade do acusado, é mister que ele tenha tido a firme intenção de confessar; que nem o temor, nem o constrangimento, nem a astúcia, nem a inspiração estranha pareçam ter ditado as suas declarações* (Mittermayer, *Prova em matéria criminal*, p. 323)".

E de COSTA MANSO, que, em seu apreciado livro *Processo na Segunda Instância*, ensina: "*Se ocorre uma violência física* (pancadas, privações de alimentos, ou do sono, *prisão*, solitária, exposição ao frio); se existe uma coação moral objetiva (*ameaças*, súplicas, promessas, perguntas insidiosas) ou subjetiva (dedicação a terceira pessoa, interesse em adulterar a verdade); e se, finalmente, por alguma outra razão, o indivíduo *não se acha em condições de conhecer e declarar a verdade* (erro ou engano, *menoridade*, alienação mental, embriaguez, paixões violentas) *não existe confissão livre*" (p. 497).

O Conselho de Sentença absolveu o réu, pela negativa do fato, por expressa unanimidade, sendo ele posto em liberdade.

Houve apelação do M. Público e o Colendo Tribunal de Justiça anulou o julgamento por entender que a decisão do júri contrariara a prova ou evidência dos autos.

Expedido mandado de prisão contra *J.T.*, a Polícia não logrou detê-lo. A prescrição do crime de homicídio se verifica em vinte anos, prazo que é reduzido à metade se o réu é menor de 21 anos. Ele começou a correr da data da pronúncia, que fora a última causa interruptiva, de acordo com a lei.

Decorrido esse período, e estando o réu ainda em liberdade, requeremos que fosse julgada prescrita a ação penal que lhe era movida, sendo nosso pedido deferido pelo MM. Juiz Auxiliar da Vara do Júri.

(1º Ofício do Júri – Processo n. 280)

UM CASO CURIOSO DE ENVENENAMENTO

J.S., moço de 29 anos de idade, era casado com *L.G.S.* e vivia em harmonia com a esposa. Esta veio a falecer e o médico que fora chamado para atendê-la consignou, no atestado de óbito, ser ignorada a causa da morte. Em virtude desse fato, seu corpo teve de ser autopsiado e os legistas afirmam, no exame necroscópico, que ela falecera em consequência de intoxicação superaguda, de origem exógena, determinada por elevada dose de cianeto alcalino tóxico. Essa conclusão foi também confirmada pelo exame químico toxicológico efetuado no conteúdo gástrico retirado do cadáver. A primeira hipótese que ocorreu foi a de *suicídio*, como consta da própria perícia médica.

Quatro meses mais tarde, a família da falecida teve conhecimento de dois fatos: *J.S.* fora visto com outra mulher, quando a esposa ainda vivia, e estava namorando uma jovem de 17 anos, com quem pretendia casar-se.

Procuraram, então, a Delegacia de Polícia, a cuja circunscrição o bairro pertencia, pedindo a instauração de inquérito, por entenderem que *J.S.* teria envenenado a esposa. Como consta da portaria lavrada pela autoridade, compareceram à sua presença o pai e três irmãos da suposta vítima. No mesmo dia, foram todos ouvidos no inquérito; logo depois, a mãe e um cunhado.

O sogro do acusado referiu em suas declarações que, já no necrotério, antes de receber o corpo para o enterro, "ficou sabendo que havia suspeita de envenenamento, pois o cadáver, quando da autópsia, revelou esse particular". Apesar disso, não desconfiou do genro nem procurou a Polícia.

Só uma pessoa era apontada como tendo visto *J.S.* com outra mulher. Tratava-se de um vizinho que, ao ser inquirido, esclareceu que o fato ocorrera seis anos antes da morte de sua esposa. Ao ser interrogado no inquérito, o indiciado não contestou a informação, explicando que isso se dera quando do nascimento de seu filho e logo após o parto.

A referência ao namoro e desejo de se unir com uma menor de 17 anos fora feita por sua cunhada que, após o falecimento da irmã, com ele pretendera casar-se. Em seu interrogatório judicial, o réu também admitiu tal fato, declarando que as suspeitas da família contra ele eram infundadas e surgiram em virtude da sua intenção de contrair novo matrimônio, o qual se tornava necessário, pois precisava de alguém que tomasse conta de seu filho de 6 anos.

Outra acusação, mais grave e mal elucidada no inquérito, provocou suspeitas contra *J.S.* Insinuou-se que ele teria procurado o médico que assinara o atestado de óbito e pedido a este para modificar o seu teor, a fim de evitar a autópsia da esposa. A autoridade policial, no relatório, salienta, como circunstância que demonstraria a responsabilidade de *J.S.*, "o seu interesse em obter um atestado que facilitasse o sepultamento da vítima, sem o exame da polícia", acrescentando que a negativa do facultativo irritara o indicado.

Inquirindo aquele médico em Juízo, verificamos que ele se equivocara no inquérito, em virtude de *J.S.*, a quem não conhecia, não ter estado presente quando depôs. Às nossas reperguntas, afirmou que na residência do acusado com ele não conversara; que dera o atestado de óbito, em seu consultório, a um parente do réu e que fora procurado uma única vez, para alterá-lo, tendo ido à sua casa três pessoas, "não podendo asseverar que uma delas fosse o réu presente, parecendo-lhe mesmo que não se tratava do réu".

Ouvindo as demais pessoas, conseguimos apurar que um cunhado de *J.S.* é que recebera o atestado e que haviam ido à casa do clínico o genitor da vítima, o irmão do acusado e um vizinho. Na instrução criminal, o sogro do réu esclareceu que "fora de sua própria iniciativa a solicitação feita ao médico". Este, por sua vez, em Juízo, confirmou pormenor e explicou que essas pessoas alegaram que "*a autópsia chocaria profundamente a família*".

Após a morte da esposa, o réu tentou suicidar-se. O fato, que provava a sua afeição pela companheira, quis a acusação explorar para fazer crer que ele assim agira ao ter conhecimento da recusa do médico em mudar o atestado e por acreditar que seu "crime" seria descoberto. Demonstramos, com as próprias testemunhas da Promotoria, que a tentativa de suicídio se dera logo após o falecimento da mulher e antes da recusa do médico em modificar o atestado.

Deu a acusação grande destaque ao fato de a vítima ter-se sentido mal em um baile a que comparecera com a família, na véspera do falecimento. Depois de tomar um guaraná servido pelo réu, ela entrara em estado de sonolência.

Nesse dia, segundo informou uma de suas irmãs, a vítima estava menstruada. Em tais ocasiões, sempre sentia fortes cólicas e tomava medicamentos que tinha o hábito de comprar pessoalmente. O réu também para ela adquirira cápsulas de quinino. Na primeira vez em que *L.G.S.* as tomou, um mês antes, vomitara.

Nada de grave ocorreu, porém, naquela noite. Seu pai e cunhado, em Juízo, informaram que ela só se queixara de dores de cabeça. No dia seguinte, estava indisposta, mas não ficara na cama e, segundo declararam seus familiares, "conversava bem, não parecendo ser nada grave o seu estado".

A mãe da vítima contou que esta, no mês anterior, não ficara menstruada e passara a tomar outros medicamentos, para provocar o aparecimento das regras, o que se teria verificado na véspera da morte.

Como pela manhã a esposa estivesse passando bem e morassem perto de sua família, o acusado foi trabalhar. Depois almoçou com os sogros e levou refeição para *L.G.S.* À tarde, passou de novo pela residência da sogra, que o acompanhou com uma filha. Chegaram a sua pela casa antes das 19:00h e encontraram a vítima passando mal.

As duas mulheres ficaram no quarto de *L.G.S.* – sem de lá saírem momento algum – até o seu falecimento, que ocorreu às *20:00h.*

Nesse período, *L.G.S.* dissera ao marido, segundo declarações de sua mãe e da irmã, que iria vomitar as pastilhas que ele lhe dera.

Depois de decorridos quatro meses, ao deporem, a referência à frase já tinha valor relativo, pois não se sabia se a reproduziram bem. Poderia ter aludido às pastilhas de quinino por ele adquiridas há algum tempo e de que ela fazia uso na época da menstruação. Anteriormente, como já referimos, uma delas provocara vômitos.

É certo, todavia, pelas declarações da sogra e da cunhada, que teria tomado a pastilha antes das *19:00h*, que fora o horário em que elas chegaram à residência em companhia de *J.S.*

Se o réu, nesse período das 19:00h às 20:00h, houvesse dado qualquer remédio, pastilha ou comprimido à mulher, elas o teriam visto. Afirmam, ao contrário, que isso não ocorreu.

Com o maior empenho, procuramos fixar bem essa circunstância, decisiva para provar a inocência do acusado. Havíamos estudado todos os efeitos do envenenamento por cianeto alcalino tóxico. E sabíamos que, se uma pessoa ingerisse a dose que ela tomara, a morte ocorreria forçosamente *entre 15 a 30 minutos após a ingestão.*

Antes do primeiro julgamento do réu pelo Júri, requeremos ao Juiz Presidente que oficiasse aos peritos signatários do exame toxicológico, pedindo esclarecimentos necessários à elucidação do caso.

Em sua resposta, eles confirmaram: "No caso concreto, em face dos achados de laboratório, presume-se que *o óbito deveria ter ocorrido entre 15 e 30 minutos aproximadamente*".

A mesma informação o sogro do réu recebera dos médicos-legistas que procederam à autópsia, os quais lhe disseram, como relata em suas declarações, que "o veneno encontrado no cadáver era de tal forma violento que qualquer pessoa que o *ingerisse não sobreviveria mais de vinte minutos após a ingestão do mesmo veneno*".

Ficou provado no processo que, após sua chegada em casa, com a sogra e a cunhada, o réu nada dera à mulher. Essa prova conseguimos fazer, ouvindo as duas senhoras, que eram muito hostis ao réu, tanto que a família contratou advogado criminal de valor para acusá-lo e este funcionou em todo o processo como Assistente do Ministério Público.

Durante os vinte ou trinta minutos que antecederam a sua morte – estando presentes a mãe e a irmã – a vítima certamente tomou qualquer coisa que continha formicida ou que estaria contaminada por cianeto. Fê-lo casual ou voluntariamente. Não podendo, também, ser afastada a possibilidade de contaminação acidental. A mãe da vítima lhe dera um copo de café com limão e não se apurou a hora exata em que ela o tomou. O sogro do réu tinha um estábulo, com quarenta vacas leiteiras, junto à residência e fazia uso de inseticida para o gado.

Em virtude de requerimentos nossos, a Secretaria da Saúde informou ao Juiz Presidente do Tribunal do Júri que o cianeto alcalino tóxico é empregado como inseticida. E os toxicologistas que procederam ao exame do conteúdo gástrico retirado do cadáver afirmaram ser ele usado também como formicida e que, a partir de dez centigramas, a dose já é venéfica, podendo provocar a morte em espaço de tempo variável entre um segundo e trinta minutos.

A vítima, quando a mãe estava em sua companhia, tomara um comprimido de certo medicamento em virtude da dor de cabeça que sentia. Sua própria genitora mandara o neto, de 6 anos de idade, adquiri-lo em um armazém próximo e o recebera de suas mãos.

A respeito das duas hipóteses – *de suicídio e de acidente* – solicitamos o parecer do insigne prof. FLAMÍNIO FÁVERO, a quem o processo foi entregue para estudo, apresentando os quesitos seguintes: 1º – Tendo havido morte por envenenamento por elevada dose de cianeto alcalino tóxico, é possível excluir a hipótese de acidente? 2º – A alegação de que viviam em boa harmonia o marido e a mulher, demonstrando esta ser feliz, exclui a possibilidade do suicídio dela?

UM CASO CURIOSO DE ENVENENAMENTO   135

Em suas respostas, o mestre afirmou:

Ao 1º – Não. E isso, principalmente pelo fato, lamentável, de serem vendidos certos medicamentos em armazéns. Embora se trate de preparados, em localidade onde existem farmácias é notória a ilegalidade dessa venda. Numa farmácia, há sempre o responsável pelo que é cedido ao público. Sua responsabilidade se impõe se a espécie for um medicamento magistral, elaborado sob receita, mas também, de menor monta mas clara, se tratar de um preparado. Figure-se que este seja nocivo, porque contenha alguma substância venenosa etc. De quem é a responsabilidade? Do fabricante, dir-se-á. Mas, e se se verificar que o invólucro foi viciado, permitindo a adulteração da substância? A responsabilidade do farmacêutico, que tinha em seu poder o medicamento assim transformado, embora sem conhecimento, é indiscutível, máxime se o entregou a consumo.

E no armazém? Quem dá contas da autenticidade do produto medicamentoso que vende? O dono do negócio não tem a possibilidade que cabe ao farmacêutico. A legislação vigente a respeito é o "Regulamento da Profissão Farmacêutica" (Decreto n. 20.377, de 8 de setembro de 1931), que aprova o regulamento do exercício da profissão no Brasil. O art. 64 desse decreto diz: "A venda de especialidades farmacêuticas, drogas, produtos químicos para uso farmacêutico, preparados biológicos, só será permitida a quem possuir licença do Departamento Nacional de Saúde Pública...". Embora esse comércio não seja privativo do farmacêutico (art. 2º do dec. supra), a lei veda seu exercício sem prévia licença.

No caso em apreço, *como assegurar a plena autenticidade do medicamento adquirido e de que fez uso a vítima?* Não poderia ter havido antes sua adulteração dolosa ou culposa, ou, ainda, simples contaminação do medicamento pela substância tóxica?

Razoável essa hipótese, em cujos pormenores não há necessidade de insistir, quanto às inúmeras possibilidades de sua efetivação, quem responderá por ela? O réu que dela não sabia? Não parece justo. E a hipótese que figurei é indiscutível.

Ao 2º – *Não. A hipótese de suicídio nunca se exclui por aparências.* Estas podem encobrir realidades dolorosas e tremendas, que o poder de simulação sabe esconder. Quantas vezes casais na aparência felizes, quando diante de estranhos, têm, entretanto, torturas tremendas a envenenar-lhes a existência. Um dia a realidade explode, num crime, num suicídio, num desquite ou em qualquer drama semelhante.

A vítima, com a aparência de vida feliz, podia ter em seu seio profunda mágoa. Suportou-a enquanto foi possível. De repente, a resistência psíquica cedeu e, com ela, desapareceu o apego à vida e a esposa solucionou seu problema com o desfecho trágico do suicídio. O móvel de um suicídio, em determinadas circunstâncias, pode ficar encoberto para sempre com o desaparecimento do próprio autor.

Muito beneficiaram o réu os seus ótimos antecedentes.

A sogra afirmou "*manda a verdade que a declarante diga que o réu geralmente era um bom marido e um bom pai;* a depoente nunca ouvira queixas de sua filha sobre a fidelidade do réu e mesmo morando a depoente nas imediações da casa do réu, nunca desconfiou mantivesse qualquer amante". Assevera mesmo que "*até este fato todos viviam bem e na melhor harmonia, nada havendo de anormal na vida do casal*".

J.S. e a esposa foram inquilinos, durante 4 ou 5 anos, de uma testemunha inquirida na instrução, só se mudando da casa desta dois meses antes da morte de L.G.S. Essa pessoa contou que o denunciado era trabalhador, caseiro e entregava à vítima, todo mês, os seus salários, dentro do próprio envelope. Morando no mesmo prédio, atesta que ele tinha grande afeição pela esposa e nunca a maltratou. Nesse sentido depuseram as outras testemunhas de acusação e de defesa.

Submetido a julgamento perante o Júri de S. Paulo, foi J.S. absolvido, pela negativa do fato, por quatro votos contra três.

A Promotoria Pública apelou, objetando, com relação às declarações da sogra e da cunhada do réu, que "a ninguém, salvo seres excepcionais, é dado fazer cálculos exatos de minutos, num simples exame rememorativo".

A Procuradoria-Geral da Justiça insistiu muito no ponto, citando a propósito a observação de LOCARD: "On ne peut tenir aucun compte des mesures de durée fournies par le témoin si l'on n'a pas d'abord controlé sa capacité d'appréciation". La règle générale est l'exagération des courtes durées et la sous-estimation des longues" (*L'Enquête Criminelle*, p. 90).

O Colendo Tribunal de Justiça anulou o julgamento, por entender que o libelo era defeituoso.

No segundo júri, foi J.S. absolvido por cinco votos contra dois. Houve novo recurso da Promotoria, mas o Tribunal Superior, por votação unânime, confirmou a absolvição.

(Tribunal de Justiça – Apelação Criminal n. 47.161)

UM INTERESSANTE PROCESSO DE ABORTO

Entre os processos de aborto em que funcionamos, o mais interessante é o que a seguir será exposto. Médicos de certa cidade do interior operaram uma senhora. Entenderam que ela havia feito recente abortamento, pois teriam constatado um a perfuração em seu útero e restos placentários. Sem maiores ponderações, retiraram o útero da paciente, o qual foi remetido ao "Instituto Médico-Legal" de São Paulo, para perícia. Ali o material foi examinado, inclusive no Laboratório de Anatomia Patológica e Microscopia, sendo este o resultado: "*Útero – Diagnóstico – Apoplexia uterina. Endometrite aguda*".

Em virtude das informações que os médicos operadores deram a parentes da paciente, a autoridade policial instaurou inquérito para apurar crime de aborto, atribuindo-o a um obstetra de grande valor de cidade vizinha. Este havia examinado a senhora dias antes e esclarecera haver nela constatado "um processo inflamatório uterino". Não que estivesse grávida. Afirmou no inquérito: "quando o declarante procedeu ao 'toque vaginal' no dia 9 de janeiro, nada o levava a crer estivesse a mesma grávida ou tivesse sofrido, em data recente, aborto".

Com apoio nas declarações dos médicos de início apontados, o Promotor Público da comarca apresentou denúncia contra esse conceituado facultativo. Fomos seus defensores no processo-crime. A mulher que fora operada pelos acusadores nunca teve certeza de estar grávida. Contou que "por experimentar dor e ter enjoos constantes, julguei, por isso, que estivesse grávida".

Dor, como é de todos sabido, jamais foi sinal de prenhez, mas sim de enfermidade. E os enjoos, se com a gravidez ocorrem, também se verificam em situações fisiológicas anormais, inclusive no caso de uma infecção uterina aguda (apoplexia-endometrite), como revelou, depois, o exame de corpo de delito. O enjoo pode ser tido apenas como "presunção" de gravidez e ainda assim só pode ter valor de presunção quando completado por outros sinais (cf. FLAMÍNIO FÁVERO, *Med. Legal*, ed. 1966, v. II, p. 236), inexistentes nesse caso. Nem mesmo à suspensão das regras – que é índice falho, mas comum de prenhez – a paciente se referira... Aqueles sintomas – dor e enjoo – que senhora julgou ser de gravidez, ela os notara em dezembro, tendo-a o nosso constituinte examinado logo depois, em 9 de janeiro, como consignava a denúncia. Se de gravidez se tratasse, não poderia, pois, ser superior a dois meses, inclusive tendo em vista o exame feito, dois meses antes uma intervenção cirúrgica, por um dos outros médicos.

Este, nas minuciosas declarações que prestara à Polícia, não fez referência alguma à matéria placentária. Ao contrário, afirmou na oportunidade: "dada a infecção que havia tomado conta do útero, *não foi possível ao depoente precisar se a paciente estivera ou não recentemente grávida*". Quase dois anos após o fato, ao ser inquirido em Juízo, é que ele veio a fazer alusão a restos placentários. A respeito de sinais indicativos de gravidez recente, perguntado pelo Promotor, respondeu: "o útero durante a gravidez torna-se mais flácido e, além disso, cresce de volume. Esse crescimento chega a ser de 4 centímetros por mês de gravidez. No caso *não pude precisar esse aumento dada a infecção por mim constatada*". Fez, em seguida, referência a restos de placenta, declarando: "entretanto um outro dado me leva a resposta afirmativa: no interior da cavidade abdominal da paciente notei restos de placenta, sinal evidente de um processo de gestação de um processo anterior ao ato cirúrgico".

Outro médico, ao depor na instrução criminal, assim aludiu ao fato: "recorda-se apenas da *perfuração uterina*, mas, ao que lhe parece, foram encontrados *restos de placenta* entre as alças intestinais". Referiu-se, de novo, à "presença de *restos placentários*". O terceiro, no inquérito, disse que: "não se lembra se na cavidade abdominal foram encontrados restos de placenta". Em Juízo informou: "*não posso dizer* se foi constatado, no interior da cavidade abdominal, restos placentários, ou coisas semelhantes".

Salientamos, em nossa defesa escrita, que o primeiro desses médicos não mencionara restos placentários no depoimento que fizera na Polícia após a operação, só alegando o fato dois anos depois, em Juízo; o segundo, era reticente e inseguro "ao que lhe parece" e o terceiro não o confirmara nunca.

Em nossa opinião, o exame de corpo de delito direto negava a gravidez, em face da constatação pericial da ausência de vilosidades coriais. E a respeito da conclusão do "Instituto Médico-Legal", consultamos os profs. Drs. HILÁRIO VEIGA DE CARVALHO e JOSÉ MEDINA, incontestavelmente, duas das maiores autoridades do País na matéria.

O Prof. JOSÉ MEDINA, catedrático de Ginecologia e Obstetrícia da Faculdade de Medicina da Universidade de São Paulo, durante vinte e cinco anos e dos mais reputados especialistas do Brasil, assegurou: "o diagnóstico anatomopatológico – apoplexia uterina, endometrite agu-

UM INTERESSANTE PROCESSO DE ABORTO

da, não sentencia pela existência de prenhez, mas tão somente por processo inflamatório agudo. A ausência de vilosidades coriais infirma a existência de prenhez, de vez que elas, vilosidades coriais, *não poderiam deixar de ser encontradas em cortes histológicos*".

O prof. HILÁRIO VEIGA DE CARVALHO é Professor da Faculdade de Medicina da Universidade de São Paulo, autor de notáveis trabalhos de Medicina Legal, e ex-diretor do Instituto Oscar Freire. Examinando os próprios autos do processo-crime e o laudo nele feito pelo "Instituto Médico-Legal", asseverou: "Do quanto se recolhe dos autos, ressalta, logo de início, que no exame procedido pelo Laboratório de Anatomia Patológica e Microscopia do Instituto Médico-Legal, no 'material enviado pelo Delegado de Polícia', em cortes histológicos, foi verificada apenas 'apoplexia uterina, endometrite aguda', sem referência a quaisquer outros elementos de diagnóstico, nomeadamente vilosidades coriais, que *não poderiam deixar de existir se de gravidez se tratasse* e que, nessas circunstâncias, deveriam forçosamente ser observadas nos cortes histológicos examinados". E, no final de seu parecer, concluiu: "A inexistência de vilosidades coriais ou deciduais, *importa na negatividade quanto à existência de gravidez*".

Tendo o laudo de corpo de delito, através do exame em cortes histológicos do próprio útero, não encontrado vilosidades coriais, não havia como se falar em gravidez: esta não existia, pois, se o útero houvesse estado prenhe, aquelas vilosidades nunca deixaram de ser vistas no exame microscópico. Concluindo o laudo, como concluiu, negativamente quanto à prenhez, *ficou provada a inexistência de gravidez*. Sua ausência não mais podia ser infirmada.

É por isso que a lei exige o exame de corpo de delito nos crimes – como o de aborto – que deixam vestígios. Tal exame direto, se feito, prevalece até sobre a palavra do acusado, se esta houver: não adiantarão, por exemplo, afirmarem as testemunhas que alguém fumava maconha, se o laudo conclui que o cigarro não era entorpecente; ou alguém confessar a falsificação de uma assinatura, se o exame conclui ser esta verdadeira. O corpo de delito, no ensinamento citado por JOÃO MENDES, "é a existência de um crime que se manifesta de maneira que se não pode duvidar de que ele fosse cometido. *Ele é a base de todo o procedimento criminal, sem o qual este não subsiste*" (*Proc. Crim. Brasileiro*, 3ª ed., v. II, p. 17).

A acusação pretendeu valer-se de um corpo de delito "indireto", que nem existia nos autos. Por decorrência da sua própria definição legal, expressa no art. 167 da lei processual penal, o corpo de delito indireto somente caberá na impossibilidade do exame direto, quando este não puder ter sido feito. Nunca no presente caso, em que o exame de corpo de delito direto fora realizado e concluíra negativamente, quanto à materialidade da gravidez. Ainda que numa aberração processual – se permitisse à Promotoria socorrer-se dos depoimentos dos médicos já citados, eles não provariam a efetividade da gravidez.

Afirmou o douto prof. JOSÉ MEDINA: "A prenhez era ovular, segundo se depreende das declarações de um dos operadores, que examinou a doente dois meses antes. Logo, não poderia haver placenta mas apenas restos ovulares representados pelo invólucro ovular e principalmente pelas vilosidades coriais, que em *hipótese alguma poderiam ser identificadas*, a simples inspeção, entre alças intestinais, pus e sangue, mesmo pelo mais atilado dos ginecologistas".

Idêntica foi a opinião do culto prof. HILÁRIO VEIGA DE CARVALHO: "Uns dois meses antes da intervenção cirúrgica praticada na paciente, o seu médico assistente examinou-a e não verificou o seu estado de gravidez: esta, se existisse, seria de menos desse tempo, ou seja, de um mês, ou pouco mais. Nessas condições, *não se pode falar em placenta, e sim, em invólucros ovulares e vilosidade coriais*. Dentro destes aspectos – que ressaem do contexto dos autos – *não haveria a possibilidade de serem observados restos placentários entre alças intestinais*. Ou seja, com esse tempo de evolução da prenhez, só poderia se falar em vilosidades coriais e, então, se acaso estivessem entre alças intestinais, pus e sangue, e pela sua intrínseca constituição, não poderiam ser reconhecidas de forma alguma, obviamente".

Se nem microscopicamente tais vilosidades coriais foram observadas em cortes histológicos – porque inexistentes – muito menos o poderiam ser nas circunstâncias referidas – a olho nu, entre alças intestinais, sangue e pus. E repetiu a negativa: "*Não seria possível ver, a olho nu, entre alças intestinais, pus e sangue, restos placentários*". Mesmo que se admitisse – e a lei veda – a chamada de prova testemunhal para tentar provar a prenhez que o laudo oficial negou, ela de nada serviria.

Transcrevemos, em nossa defesa escrita, a lição do insigne NÉLSON HUNGRIA: "Tratando-se de aborto nos primeiros tempos de gravidez, a diagnose só é possível quando, praticável o exame das excreções do útero ou resíduos dele extraídos mediante raspagem, *se demonstre a presença de produções ovulares*" (*Coms. Cód. Penal*, ed. 1958, v. IX, p. 292).

UM INTERESSANTE PROCESSO DE ABORTO 141

O prof. DARCY ARRUDA MIRANDA, que como juiz criminal por tantos anos presidiu uma Vara que, na comarca de São Paulo, privativamente julgava estes casos, explica: "A gravidez somente se prova, nos dois primeiros meses de gestação, mediante o exame histopatológico do produto da raspagem uterina. O exame macroscópico nunca pode ser seguro. São inúmeras as possibilidades de confusão e erro. O perito consciencioso, honesto, cuidadoso, *jamais deverá confiar na sua observação visual* para, nesses casos, diagnosticar realidade do aborto. O exame macroscópico deve, sempre, ser complementado pelo microscópico. Uma afirmação errônea ou leviana pode levar ao cárcere um inocente" ("O crime de aborto", in *Estudos em hom. a Nélson Hungria*, ed. Forense, 1962, p. 223).

É também o ensinamento do Colendo Tribunal de Justiça de São Paulo, sempre proclamado quando lhe sobem tais casos para apreciação, em grau de recurso. Em aresto ficou assente: "Como salienta Nélson Hungria, 'tratando-se do aborto nos primeiros tempos de gravidez, a diagnose só é possível quando, praticável o exame das excreções do útero ou resíduos dele extraídos, mediante raspagem, se demonstre a presença de produções ovulares. *Fora daí não se pode fazer senão diagnose de simples probabilidade*' (M. Carrara. cf. *Código Penal*, v. V, p. 255). Na espécie, não se procedeu a exame algum nas substâncias referidas no laudo, como restos placentários. Sem a prova cabal do estado da vítima e sem o exame dos restos uterinos, seria leviandade afirmar-se da existência do óvulo, ou seja, do produto da concepção" (*Rev. Tribs.*, v. 389, p. 106).

Em outro acórdão, aquela Alta Corte até trancou a ação penal, através de *habeas corpus*, asseverando: "A gravidez preexistente da vítima, no delito de aborto, *precisa ser provada rigorosamente, com a máxima certeza*, sob pena de inexistir justa causa para a ação penal contra o acusado" (*Rev. Tribs.*, v. 351, p. 80).

Negada a existência de gravidez, com o apropriado exame microscópico feito no Instituto Médico-Legal, que é órgão oficial – especializado e de absoluta idoneidade – não mais poderia subsistir o aborto, *em face da inexistência da prenhez, que é seu imprescindível pressuposto*.

Como já mencionamos, os médicos que alegaram ter havido aborto, declararam ainda haver observado uma perfuração no útero da paciente. Em que ponto do órgão? Um disse ser "no colo superior direito", outro, na "parede posterior" e o terceiro "não ter mais lembrança da posição exata". Seria recente? Para um deles, era "antiga", o que era constatável pelos bordos da ferida. Ao seu companheiro, pareceu o contrário: "tinha-se a impressão de ser ferida *recente*". E de que tamanho seria a perfuração? As informações dessas testemunhas, que submetemos a cuidadoso interrogatório, divergiam: tinha "um centímetro", "um centímetro a um centímetro e meio" ou "permitia a passagem do dedo indicador".

O indigitado aborto, segundo esses médicos, teria sido realizado sete dias antes da intervenção cirúrgica a que submeteram a senhora. Levantamos , então, outra questão médico-legal: seria possível a mulher sofrer uma perfuração no útero de tal tamanho e *permanecer viva durante sete dias?*

Não, afirmou em seu parecer o preclaro prof. JOSÉ MEDINA: "Para que uma perfuração uterina seja reconhecida sete dias depois é preciso que ela seja :ande, com apreciável perda de substância. No caso, se tivesse havido perfuração com um centímetro de diâmetro, dando trânsito ao dedo, além de não poder escapar ao exame do anatomopatologista, *a doente teria entrado em choque hemorrágico, horas depois*, pela hemorragia que seguramente acompanha as grandes lesões da musculatura do útero".

Idêntica foi a opinião do ilustre prof. HILÁRIO VEIGA DE CARVALHO: "Fala-se numa perfuração uterina, que seria 'recente', ou, por outra, 'em uma das etapas do processo de cicatrização', ou ainda, com o 'aspecto de ter sido produzida sete ou oito dias antes' – o que, tudo, é conflitante, nos termos referidos. Essa perfuração teria um centímetro, ou um centímetro e meio, ou deixava passar o dedo indicador; e estava 'no colo superior direito, um centímetro abaixo da trompa direita', ou, em outra descrição, 'no fundo daquele órgão (o útero) e no seu lado direito', ou ainda, que 'se acredita tenha sido na parede posterior'. Há imprecisões várias nessa localização, falando-se até em 'colo' direito, em 'fundo' e 'em parede posterior'; e também quanto ao aspecto de recentidade, ou não.

Mas se o diâmetro fosse o de um centímetro, ou de um centímetro e meio, ou de um dedo indicador, *deveria ter provocado, essa presumida lesão, desde logo, profusa hemorragia, que levaria ao choque hemorrágico* – o que não houve, permitindo uma sobrevida de sete ou oito dias sem que os sinais obrigatórios dessa hemorragia se verificassem, mas tão somente os da infecção, aliás diagnosticada e com tratamento adequado prescrito pelo médico acusado. Pairam, assim, dúvidas mais que justificadas, de ter havido a perfuração, quando do exame praticado por esse facultativo, tudo indicando que tal não ocorreu porque, se tivesse acontecido, outra deveria ter sido a sintomatologia logo evidente, de haver hemorragia e o choque consequente; e não silêncio sintomatológico, quanto às consequências de uma rotura que, assim, *se tem que admitir como não acontecida na época do exame praticado pelo acusado*, e nem depois".

Ainda aduziu o insigne professor de Medicina Legal: "Essa perfuração não foi observada no exame ('examinamos neste Laboratório o material') praticado no Instituto Médico-Legal, o que contraria frontalmente a asseveração dos relacionamentos testemunhais. Este fato, em documento oficial, e que merece consideração, pelo órgão técnico que o elaborou, associado à ausência da sintomatologia obrigatória para essa rotura da parede uterina – a grave hemorragia que se seguiria ao traumatismo causado e que não foi denunciada, *obriga a conclusão de ter havido um erro de apreciação*, quiçá partido de uma posição tomada aprioristicamente, desde que, antes do ato cirúrgico, já se falara em 'perfuração uterina', sem que a sintomatologia o fizesse aceitar: a paciente, inclusive, foi andando para ingressar no hospital ('algumas pessoas ali chegavam, trazendo, devidamente amparada, a vítima, que trazia as mãos sobre o ventre'), sete ou oito dias após ter sofrido a hipotética rotura admitida, o que é, evidentemente, uma *impossibilidade manifesta*.

Repita-se, ainda uma vez, que, se rotura houvesse, das dimensões referidas, num útero que se diria prenhe, logo após a sua efetivação, isso determinaria cataclísmica hemorragia com a consequente incidência do choque, que levaria ao êxito letal, sem aguardar os sete ou oito dias referidos".

Salientamos que o Instituto Médico-Legal de São Paulo, que recebeu o útero para exame, não registrara perfuração alguma e a paciente continuou viva. Sustentamos que não existia essa perfuração e, se existisse, jamais poderia ter-se verificado sete dias antes, como sugeriram aqueles médicos.

A alegada perfuração – se realmente ocorrida – teria causado "cataclísmica hemorragia" um "choque hemorrágico" horas depois, resultando a morte em seguida e não permitindo, em hipótese alguma, a sobrevida por sete dias! Não havia perfuração, ou, se ela existisse, nunca poderia ser atribuída ao exame que o nosso constituinte efetuara sete dias antes.

À defesa – esclarecemos em nosso trabalho escrito – cabia apenas defender, e não acusar. Nem iríamos fazer aquilo que se fez contra o médico nosso constituinte: acusar sem provas. No entanto, em face da realidade científica, não se poderia também arredar a hipótese de que a alegada perfuração – se existisse, houvesse sido involuntariamente causada naquela operação cirúrgica de urgência, que levou "duas horas" pelos próprios médicos operadores, que figuram como testemunha no processo. Ou inexistia a perfuração, como atesta o Instituto Médico-Legal, ou, se, presente ela, só poderia ter ocorrido durante a própria intervenção cirúrgica. *Nunca sete dias antes!*

O médico acusado, em suas declarações, relatou ter sido chamado para examinar a paciente, que se queixava de dores na barriga, no baixo ventre, e hemorragia. Ciente de tais sintomas, procedeu ao exame, fazendo o "toque vaginal" e "ao retirar os dois dedos, observou que os mesmos se apresentavam envoltos por uma camada de pus, externamente à luva, fato que indubitavelmente indicava *sofrer a paciente de um processo inflamatório uterino*; que durante o toque vaginal a paciente não demonstrou *nenhum sintoma de perfuração uterina*, mas apena revelando estar sofrendo pequenas dores, razão pela qual o declarante, a seu pedido, aplicou na mesma uma injeção sedante (Baralgin); que a intervenção do declarante nesse dia se limitou a isso e que após o toque apenas recomendou à paciente que fosse para casa, repousasse com gelo na barriga e tomasse injeções antibióticas, segundo receita que lhe entregou".

Não teve mais notícias dessa senhora, sabendo depois que fora operada em cidade próxima àquela em que ele residia. Como ficou provado, o diagnóstico que fizera era correto e foi confirmado pelo exame de corpo de delito, que conclui estar a mulher com processo inflamatório uterino. Mencionara a receita médica por ele dada, quando esse documento não se achava nos autos, eis que só um mês e meio depois foi exibido pelos familiares da paciente. Pela receita, vê-se que ele prescreveu uma ampola do analgésico "Coristina" e três de "Tetrin 150". Como atesta o Prof. Hilário Veiga de Carvalho, seu dia gnóstico foi "bem orientado" e adequada a terapêutica "por ele prescrita". O prof. José Medina igualmente assevera que era "muito boa" a medicação por ele receitada.

Estudamos depois o caso sob o seu aspecto jurídico. Ao se encerrar a instrução, resultara evidenciada a inexistência de gravidez e do suposto aborto.

Como sua sempre reconhecida proficiência, doutrina o mestre NÉLSON HUNGRIA: "A gravidez se estende desde a fecundação até o início do parto, assinalando-se este pelo rompimento da bolsa das águas. É preciso que seja rigorosamente comprovada. A gravidez suposta ou putativa exclui o crime; em tal caso, o emprego de meios abortivos constitui tentativa impossível" (obra e ed. citadas, p. 290).

O prof. DARCY ARRUDA MIRANDA, por sua vez, pondera: "Para evitar irreparável injustiça na incriminação do aborto, é indispensável, é mesmo indeclinável a positivação do estado fisiológico de gravidez. A gravidez suposta ou putativa, malgrado as manobras abortivas realizadas na paciente, exclui a criminalidade do ato, uma vez que o nosso Código não pune manobras abortivas e sim 'a provocação do aborto', isto é, a ocasião do embrião ou feto no útero materno. Não se destrói o que não existe". "É ainda atual a lição do grande mestre de Pisa, quando afirma que o pressuposto indeclinável do aborto é a existência de gravidez. *Esta precisa ser provada pela acusação, porquanto, se o feto não existir, não haverá crime*" (obra citada, p. 222).

Nessa fase processual cabia ao julgador verificar a presença, ou não, de dois indispensáveis pressupostos: a prova da materialidade do fato e indícios da autoria. Trata-se de expressa determinação de lei, sempre exigida pela jurisprudência e salientada pelos doutrinadores. Sem o preenchimento dos dois requisitos do art. 408 do Código de Processo Penal, não pode ser feita a pronúncia. E, se quanto ao segundo deles – autoria – bastam indícios, o primeiro – materialidade do fato – só se perfaz com a prova plena, com absoluta certeza da sua realidade.

O Colendo Tribunal de Justiça do Estado de São Paulo, por suas Câmaras Conjuntas, examinando as exigências da pronúncia – e precisamente em processo de aborto – já proclamou: "O sistema consagrado no regime vigente é o da inflexibilidade da análise da prova a propósito da certeza do crime, de sorte que a pronúncia somente se torna possível quando *há pleno conhecimento do delito, ou seja, a certeza da sua realidade*", como se deduz da letra do art. 408 do Código do Processo Penal.

Nesse sentido esse Egrégio Tribunal teve ensejo de decidir: "Não se pode negar que tanto para a decretação da prisão preventiva, como para a pronúncia, é indispensável a prova da existência do crime. Assinalam a doutrina e a jurisprudência, e decorre, necessariamente, das expressões usadas na lei, que esta exige, com relação à existência do crime, mais do que no tocante a autoria". Como acentuou o eminente Min. Edgard Costa, em brilhante voto que se encontra no *Arq. Judiciário*, v. 90, p. 47: "se quanto à autoria satisfaz-se a lei com simples indícios, em relação à existência do crime exige alguma coisa mais – a sua prova, isto é, no dizer de Bento de Faria, a demonstração de sua ocorrência sem possível dúvida; não bastam, portanto, a seu respeito, indícios ou presunções, seja qual for a sua veemência".

E, aludindo a diversos julgados nesse sentido, salienta o venerando acórdão desse Tribunal: "a expressão 'prova do crime', empregada em contraste com a expressão 'indícios suficientes da autoria', significa prova plena, demonstração cabal, conhecimento completo" (*Rev. Tribs.*, v. 351, p. 82).

Também é pacífica da doutrina a exigência de prova indiscutível acerca do requisito da existência do crime, para a pronúncia. O insigne ESPÍNOLA FILHO adverte: "Reclama o art. 408 que, para a pronúncia, veja o juiz provado o crime na sua materialidade, ou seja, na sua existencial material". "O juiz há de ter pleno conhecimento do delito: *este a ele se terá de revelar em positiva demonstração,* como que ressurgindo da prova em *manifestação perfeita, completa, irrecusável*" (*Cód. Proc. Penal Bras. Anot.*, ed. 1955, v. IV, p. 243).

BORGES DA ROSA escreve: "A pronúncia será decretada quando estiver comprovada a existência do fato criminoso e concorrerem indícios veementes de que seja o indiciado autor ou cúmplice do mesmo fato. Duas condições são, pois, indispensáveis à decretação da pronúncia: 1º) *prova plena da existência do fato criminoso,* não bastando, por consequência, indícios, mesmo palpáveis, presunções mesmo veementes" (*Proc. Penal Bras.*, v. II, p. 493).

Igualmente, assinala BENTO DE FARIA: "Continua a ser consagrado o sistema da inflexibilidade da prova a propósito da existência do crime, e, assim, coartando o arbítrio do Juiz, em proteção à liberdade do cidadão, somente lhe permite aquela decisão quando houver *pleno conhecimento do delito, ou seja, a certeza absoluta da sua realidade*" (*Cód. Proc. Penal*, ed. Jacintho, 1942, v. II, p. 13). Nas palavras de MAGALHÃES NORONHA, a lei processual proclama que "é necessária a prova da existência do crime" (*Curso Dir. Proc. Penal*, ed. 1964, p. 333). E, como assinala FREDERICO MARQUES, "a pronúncia exige a comprovação do crime" (*Elementos Dir. Proc. Penal*, ed. 1962, v. III, p. 199).

Ponderamos, finalmente, que, não havendo prova da materialidade do crime de aborto, e, muito menos ainda, aquela prova "plena", "cabal", "sem possível dúvida", que o art. 408 do Código de Processo Penal exige, ficava definitivamente afastada a possibilidade de se lançar a pronúncia.

A defesa que apresentamos foi inteiramente acolhida. O nosso constituinte, que é médico de grande cultura e competência, foi impronunciado pelo Juiz da comarca. Houve recurso da acusação para o Tribunal de Justiça. Se este reformasse a decisão, o facultativo deveria ser submetido a júri. A Procuradoria-Geral da Justiça manifestou-se em favor do acusado e aquela Alta Corte confirmou, por unanimidade, a impronúncia.

(Tribunal de Justiça – Recurso Criminal n. 116.480)

UMA DOENÇA PROVOCADA PELO AMOR

Certa moça conhecida por sua beleza, desfechara tiros contra o noivo que, depois de seduzi-la, se esquivava a marcar a data do casamento e com ela rompera, a fim de contrair matrimônio com outra, de família rica. A seguir, sozinha, apresentou-se à Polícia. Aí, ela teve uma crise de nervos, permanecendo desmaiada por longo tempo. Os seus parentes chamaram, para atendê-la, um especialista em moléstias nervosas e psiquiatra de grande renome, o prof. Fernando de Oliveira Bastos, depois Professor Titular de Psiquiatria da Faculdade de Medicina da Universidade de São Paulo.

A vítima veio a falecer e o processo se tornou, sob o ponto de vista científico, o mais interessante de que participamos. Nós defendemos essa moça com o prof. José Soares de Melo, advogado e orador dos mais brilhantes. O médico acima referido a fez internar em hospital, submetendo-a a um longo período de observação. Interrogada em Juízo, a acusada declarou não se recordar do que ocorrera, lembrando-se, apenas, de que desfechara tiros e depois pedira ao motorista do táxi que a levara ao local para conduzi-la à Polícia. Durante a instrução criminal, o Juiz, a pedido do clínico que a assistia, dispensou sua presença, devido ao estado de saúde.

Três meses depois, o ilustre especialista a cujos cuidados fora entregue, respondendo a uma nossa consulta, apresentou longo parecer, em que informava: "Até a presente data já fiz cinquenta e seis visitas profissionais à pessoa aludida, visitas essas que me permitiram observá-la devidamente, examiná-la, firmar opinião sobre as suas *condições somáticas, neuropsíquicas* e medicá-la da maneira que julguei mais adequada. Pela sintomatologia exibida, concluí ser a mesma portadora de uma *psiconeurose emotiva de Dupré*. Quanto à causa ou causas de que tal condição clínica depende, há elementos, no caso particular, para interpretar-se essa psiconeurose *como a resultante da somação de frequentes choques emocionais, atuando sobre um terreno constitucional emotivo predisponente, sendo útil acrescentar-se que tal terreno não constituiria, por si só, um estado patológico*".

A respeito do fato de ter nossa constituinte tentado antes contra a vida, esclareceu S.S.ª: "Diante do que foi dado observar até a presente data, essa tentativa de suicídio foi, ao meu ver, sintomática a psiconeurose apresentada. É certo também que, durante o período da minha assistência médica à paciente, diversas vezes a ouvi externar ideias de autoeliminação, fato que me levou a recomendar que ficasse sob constante vigilância".

E, no tocante à doença, explicou: "A psiconeurose emotiva, segundo eminentes tratadistas, é encarada como uma doença mental definida, tanto assim que *Maurice de Fleury*, em comunicação à Academia de Medicina da França, propôs que tal quadro clínico fosse denominado "moléstia de Dupré", em homenagem ao preclaro professor que a estudou e descreveu. Eis algumas palavras do mesmo autor, quando se refere à constituição emotiva: "Não é – diz ele – propriamente uma doença, *mas simplesmente terreno em que germinará a psiconeurose emotiva, doença definida*" (*A Angústia Humana*, 3ª edição, tradução do original francês *L'angoisse humaine*, Livraria José Olympio, Rio de Janeiro, p. 45 e 46). Tratando do mesmo assunto, assim se expressa o prof. A.C. Pacheco e Silva, na sua *Psiquiatria Clínica Forense* (p. 95): "A constituição hiperemotiva elevada ao seu mais alto grau pode, como assinala Dupré, *chegar a constituir uma afecção nervosa individualizada, com traços físicos e psíquicos perfeitamente caracterizados. Estaríamos então diante da psiconeurose emotiva*".

Indagamos do eminente médico: "Teria a paciente praticado o ato deleitoso sendo inteiramente incapaz, ao tempo da ação, de entender o caráter criminoso desse ato, ou de determinar-se de acordo com esse entendimento?". S.S.ª nos respondeu: "Tendo verificado ser ela portadora da afecção mencionada nas respostas aos quesitos anteriores, entendo que a referida pessoa *foi levada à realização do ato criminoso pelo mecanismo de uma impulsão irrefreável, pois que a insuficiência do controle volitivo e da capacidade de frenação constituem sintomas daquele quadro mórbido*. Nestas condições, ela era inteiramente incapaz de determinar-se, ao tempo da ação, de acordo com o entendimento sobre o caráter criminoso do seu ato". Explicou ainda: "O tratamento por mim ministrado à paciente consistiu em psicoterapia individual, medicação eletiva das distonias neurovegetativas, medicação sedativo-hipnótica, tônica-nervina, tônica-geral e sintomática, de acordo com as circunstâncias eventuais" e que "com a terapêutica utilizada, pude observar sensíveis melhoras em relação ao seu estado psíquico". Autorizados por S.S.ª, apresentamos em Juízo o parecer, que foi juntado ao processo-crime.

Em virtude desse fato, o Juiz de Direito Preparador da Vara do Júri designou dois cultos médicos do INSTITUTO DE BIOTIPOLOGIA CRI-

MINAL do Departamento de Presídios do Estado, para procederem a uma perícia. Eles realizaram cuidadoso exame médico, somático e psíquico na paciente. Relataram no laudo depois apresentado que esta, seduzida pela vítima, sofrera desde o início um forte abalo. Outros fatores traumatizantes foram o rompimento de um noivado anterior e depois com sua família. Para ela, o casamento seria uma satisfação que a elevaria novamente no conceito da sociedade, dando-lhe segurança. Isso não se verificou e, com o decorrer do tempo, cada vez mais ia perdendo as esperanças de sua realização. "Seu estado, que era nervoso, emotivo, tímido e sensível" foi-se transformando progressivamente, em virtude da insatisfação ético-afetiva. Passou a viver em uma "tensão psicológica elevada", "em angústia constante".

Escreveram os doutos peritos: "Pelo que ficou dito e explanado anteriormente, surge como principal fator na vida afetiva da ré e que, por isso mesmo, deve ser considerado como dos principais elementos da gênese do crime, o *ressentimento*'. Resultante da filtração consciente de todos os elementos constituintes desse estado hiperemotivo e hiperestésico da ré, formando pela sintomatologia que descrevemos, o ressentimento, no caso presente, como sabiamente descreve o prof. E. Mira y Lopes, produziu-se pelo desacordo entre a prospecção e o presente, que é julgado como injusto e desfavorável pela consciência individual".

Afirmaram ter chegado à seguinte conclusão: "Trata-se de um estado hiperemotivo, sem dúvida, em que o *ressentimento foi o principal fator que ainda agora constitui a espinha irritativa*', mais sensível entre os fatores responsáveis pelos distúrbios hiperestésicos e hiperemotivos. Ferri, citado por *Nério Rojas*, chamou a atenção para o 'crônico estado de ânimo', nas formas passionais, aos quais o ilustre prof. da Faculdade de Ciências Médicas de Buenos Aires assim se expressa: 'Son los casos de justo dolor, de reaciones del honor ofendido, de homicídios de conjuge o amante infiel etc.'. O que Nério Rojas chama de 'justo dolor' é o ressentimento a que MAX SCHELER (citado por Mira y Lopes), *tanto valor dá no estudo dos distúrbios da esfera afetiva. É a revolta penosa e sofredora de quem, presa de forte estado passional, vê-se e julga-se injustamente tratada*. Quanto maiores os laços afetivos, em situação de insatisfação, maior o ressentimento e maior a dor da vítima dessa desventura. Para qualquer pessoa o ressentimento é de penosas e árduas consequências, porém, tais consequências são mais dolorosas principalmente para os que, predispostos, têm maior receptividade às vulnerações desse agente nocivo".

Acrescentaram: "Entretanto, ao exame direto não pudemos constatar mais (conforme pôde fazê-lo anteriormente, quando a ré estava sob a ação mais recente do trauma-crime e portanto mais intranquila, o ilustre especialista que dela tratou), uma *Psiconeurose emotiva de Dupré*, conforme se lê em seu próprio livro. Essa moléstia a que Maurice de Fleury propôs o nome de 'Moléstia de Dupré', nada mais é que a '*exacerbação* das tendências emotivas constitucionais pela repetição de choques morais' que, sensibilizando 'por uma espécie de anafilaxia progressiva' o sistema nervoso, 'multiplica o coeficiente de emotividade anterior do indivíduo'. Quando fomos examinar a indiciada, vimo-la sem dúvida constantemente em estado hiperemotivo e hiperestésico, porém, a sintomatologia por nós presenciada não nos revelou os sintomas 'físicos e psíquicos' assinalados por Dupré como integrantes de sua psiconeurose. Entretanto, insistimos, a indiciada veio às nossas mãos em condições favoráveis, não só pelo tempo decorrido após o delito como, também, após os benefícios resultados do tratamento instituído pelo seu médico".

"Não podemos afirmar, porém, tudo nos leva a crer, por estudo retrospectivo minucioso (apenas pelas peças dos autos), *que nessa ocasião a ré estava atacada realmente de um estado mental, cujas características sintomatológicas são aquelas a que E. Dupré chamou de 'Psiconeurose emotiva' e que Maurice de Fleury designa de 'Moléstia de Dupré'*. Na fase imediatamente post-criminal, em que o conhecido especialista atendeu a indiciada, estava ela, segundo atestado do ilustre colega, aferrada de uma 'Psiconeurose emotiva de Dupré'. A fase criminal propriamente dita, encarada à luz da psiquiatria, como já dissemos anteriormente, corroborados por Nério Rojas, foi o desenlace resultante desse estado hiperemotivo (exaltado). A insatisfação afetiva ocasionada por constantes choques ambientais (de ordem ético-afetivo-emotivos), principalmente pelo ressentimento, gerou o impulso homicida de que foi protagonista a examinanda".

Em resposta aos quesitos da Promotoria Pública, declararam os ilustres peritos: "Atualmente a ré não sofre de doença mental ou de desenvolvimento mental incompleto ou retardado. Entendemos que ao tempo da ação a ré sofria de uma 'Psiconeurose emotiva de Dupré' ou 'Moléstia de Dupré' (M. de Fleury), de acordo com o que pudemos apurar à anamnese e pela análise das peças dos autos. A fundamentação do diagnóstico vem largamente explanada em fls. do exame psíquico". E concluíram: "A ré, em consequência dessa doença mental 'Psico-

UMA DOENÇA PROVOCADA PELO AMOR 153

neurose emotiva de Dupré', não era inteiramente incapaz de entender o caráter criminoso dos fatos narrados na denúncia, mas em virtude da *supertensão* emotiva era inteiramente incapaz de determinar-se de acordo com esse entendimento (impulso irrefreável em virtude da diminuição ou abolição dos elementos frenadores)". "A ré, pensamos, possuía, senão plena, pelo menos capacidade (restrita) de entender o caráter criminoso dos fatos narrados na denúncia, porém, dada a natureza de suas perturbações mentais (Psiconeurose emotiva de Dupré), não podia determinar-se de acordo com esse entendimento". As mesmas respostas os peritos deram aos quesitos da defesa, que a seguir lhes foram apresentados.

No julgamento da acusada perante o Tribunal do Júri, com apoio no parecer de início mencionado e no laudo dos peritos oficiais e com fundamento no art. 22, atualmente art. 26 do Código Penal, pedimos a sua absolvição. Estabelece esse dispositivo: "É isento de pena o agente que, por doença mental ou desenvolvimento mental incompleto ou retardado, era, ao tempo da ação ou da omissão, inteiramente incapaz de entender o caráter ilícito do fato ou *de determinar-se de acordo com esse entendimento*". Os jurados, por seis votos a um, reconheceram estar ela isenta de pena por não se encontrar, ao praticar o delito, em condições de "determinar-se de acordo com esse entendimento".

O Código Penal, no antigo art. 78, item I, entretanto, *presumia* perigosos todos aqueles que fossem considerados isentos de pena, nos termos do citado art. 22. E no anterior art. 91 determinava que, nesses casos, o réu fosse internado no Manicômio Judiciário, na hipótese de homicídio, pelo prazo mínimo de seis anos (§ 1º, n. 1). A internação era revogada, todavia, *se exame posterior concluísse pela inexistência ou cessação da periculosidade do acusado*. Ele poderia ser feito "ao fim do prazo mínimo fixado pela lei para medida de segurança" (antigo art. 81, § 1º, n. 1) ou "em qualquer tempo, desde que determine à superior instância" (n. III).

Valemo-nos deste último dispositivo e do art. 777 do Código de Processo Penal. Depois de confirmada pelo Tribunal de Justiça de São Paulo a decisão do Júri, requeremos e obtivemos que essa Alta Corte determinasse, desde logo, a realização do exame. Para ele foram designados peritos dois ilustrados psiquiatras, que, após cuidadosos exames paraclínicos e psíquicos, concluíram que nossa constituinte não mais apresentava quaisquer distúrbios de natureza psicótica, psicopática ou psiconeurótica e afirmaram: "*Sendo suas condições psíquicas de normali-*

dade, achamos que a paciente está em condições de retomar ao meio social". O laudo foi enviado ao Juiz das Execuções Criminais, que mandou pôr em liberdade a acusada.

(1ª Vara do Júri)

A EMBRIAGUEZ FORTUITA

Em cidade próxima a São Paulo, muitos moços se reuniram, certa noite, no clube local, para festejar o aniversário do diretor. No grupo se encontrava um que era abstêmio e nunca tomava bebidas alcoólicas. Fizeram-no ingerir aperitivos. Ele se tornou loquaz e até engraçado. Os outros, por brincadeira, às escondidas, colocaram em seu copo, misturados, uísque e vodca. Ingerindo-os, ficou inteiramente embriagado.

Na saída, um amigo o acompanhou até perto da sua casa, prosseguindo ele sozinho. Pouco depois, encontrou um desconhecido, que lhe dirigiu gracejos. Discutiram. Estava armado, pois residia em rua afastada. Ao receber um empurrão, sacou de seu revólver e desfechou tiros nesse indivíduo, que veio a falecer mais tarde. Os estampidos atraíram populares, que o detiveram. Foi conduzido à Delegacia de Polícia e horas depois submetido a exame de dosagem alcoólica, no sangue, que comprovou seu estado de completa embriaguez.

Como em geral ocorre em cidades que não são muito grandes, os comentários sobre o fato já reproduziam a versão acima exposta, que era verdadeira e foi por todos aceita. Ele sempre mantivera excelente conduta, era calmo e ponderado.

Convidados para defender esse moço, desde logo entendemos tratar-se de crime praticado em estado de embriaguez completa, proveniente de caso fortuito, que exclui a responsabilidade penal do seu autor, nos termos do art. 24, § 1º, do Código Penal, atual art. 28, § 1º, que estabelecia: "É isento de pena o agente que, por *embriaguez completa, proveniente de caso fortuito* ou força maior, era, ao tempo da ação ou omissão, inteiramente incapaz de entender o caráter criminoso do fato ou de determinar-se de acordo com esse entendimento".

Sustentamos essa tese perante o júri, com inteiro êxito. Demonstramos que o caso fortuito se verifica quando a embriaguez ocorre sem dolo nem culpa, por não ter sido querida nem prevista pelo agente.

Invocamos a lição de NÉLSON HUNGRIA, que esclarece: "Em face do Código, a responsabilidade só deixa de existir quando inteiramente suprimida no agente, ao tempo da ação ou omissão, a capacidade de entendimento ético-jurídico ou a capacidade de adequada determinação da vontade ou de autogoverno. Tal supressão, porém, está indeclinavelmente condicionada a certas *causas biológicas*: 'doença mental', 'desenvolvimento mental incompleto ou retardado' e 'embriaguez fortuita e completa'. Foi, assim, adotado o método chamado misto ou biopsicológico, devendo notar-se, entretanto, que o Código faz uma exceção a essa regra quando trata dos menores de 18 anos, pois nesta hipótese a causa biológica (imaturidade) basta, por si só, para excluir a responsabilidade penal (*Coms. Cód. Penal*, ed. Forense, v. I, p. 481). E repete: "Entre as causas biológicas que podem excluir a responsabilidade ou condicionar a responsabilidade com pena atenuada, inclui o Código a *embriaguez acidental ou fortuita*" (p. 527). Ela existe quando uma pessoa se embriagou "sem a intenção de se embriagar e *não podendo prever os efeitos da bebida*" (p. 531).

Citando BENTO DE FARIA, que ensina: "a embriaguez é sempre uma intoxicação caracterizada pela perturbação da sensibilidade e das funções orgânicas e intelectuais (Vede TANZI, *Trat. delle malattie mentale*, p. 287 a 295), perturbação nervosa essa que vai até a verdadeira psicose alcoólica". "É a alteração transeunte do homem são, como resultante da absorção de substâncias alcoólicas ou de outras com o mesmo efeito, a qual produz um estado de exaltação psíquica caracterizado pela falta de prudência ou de pudor, pela licenciosidade da linguagem ou pelos impulsos agressivos (embriaguez incompleta) ou, então, que se manifesta por sintomas mais graves, determinantes da dissociação mental, com a maior diminuição dos poderes inibitórios, para impelir com facilidade a execução dos crimes mais graves, terminando pela superveniência de um sono que se assemelha ao estado de coma" (*Cód. Penal Brasileiro*, ed. Jacintho, v. II, Parte Geral, p. 328).

Menciona CALON, que "a considera fortuita quando quem se embriaga desconhece a força tóxica da bebida ou *foi substituída, no seu copo, a bebida inócua por outra de elevada graduação alcoólica*" (p. 332).

Referimo-nos, ainda, à opinião de outros mestres. ANÍBAL BRUNO observa: "Só na embriaguez acidental, em que o indivíduo se *embriaga por engano* ou é obrigado por outrem a beber, é que o Código admite, com as consequências da isenção ou diminuição da pena, a não imputabilidade ou a imputabilidade restrita" (*Direito Penal*, t. 4°, Parte Especial, ed. Forense, p. 105).

BASILEU GARCIA comenta: "Se alguém se embriaga fortuitamente, *desconhecendo que incide no risco de se embriagar*, e atinge a uma fase de completa alcoolização, pode invocar em seu favor, se um ato delituoso vier a praticar, a isenção de pena" (*Instituições de Direito Penal*, ed. Max Limonad, 4ª ed., p. 345).

A EMBRIAGUEZ FORTUITA

JOSÉ FREDERICO MARQUES afirma: "Na embriaguez fortuita, *a alcoolização decorre de fatores imprevistos*, enquanto que na deriva de força maior, a intoxicação provém de força externa, que opera contra a vontade de uma pessoa, compelindo-a a ingerir a bebida" (*Curso de Direito Penal*, ed. Saraiva, v. II, p. 192).

Para EDGARD DE MAGALHÃES NORONHA "embriaga-se fortuitamente *quem ignora que o está sendo*" (*Direito Penal*, v. I, ed. Saraiva, 1959, p. 227).

Explicamos aos jurados que os efeitos alcoólicos variam de indivíduo para indivíduo, de acordo com a sua idade e sexo, hábitos, a espécie da bebida, estado de repleção ou vacuidade gástrica, euforia ou depressão orgânica, a integridade de alguns órgãos – particularmente rins, fígado, aparelho circulatório e outras condições.

A maior difusão do álcool na corrente circulatória se verifica entre noventa e cento e cinquenta minutos após a ingestão do líquido; inicialmente é rápida e depois decresce, gradativamente, nas horas posteriores. A quantidade de álcool ingerida fica reduzida à metade entre cinco e oito horas após a última libação. O álcool, substância volátil, elimina-se ou desaparece em grande parte pelas vias respiratórias, de acordo com a temperatura ambiente (calor, evaporação mais pronunciada) e parte por outras vias: salivação, suor, urina, vômitos, defecação ou diarreias.

Ensina o consagrado mestre FLAMÍNIO FÁVERO: "O álcool age de maneira particular sobre o *sistema nervoso*, podendo causar, diretamente ou indiretamente, quase todas as síndromes mentais. As perturbações nervosas que o álcool produz vão desde a simples embriaguez *até a verdadeira psicose alcoólica*".

"No alcoolismo agudo, o indivíduo pode ter um período de excitação, outro de depressão, e um último de coma. No primeiro período, o ébrio fica conversador, rosto congestionado, olhar vivo, com aspecto de grande bem-estar; falando demais, diz inconveniências. Todo indivíduo, por pior que seja, tem certa compostura em determinadas condições, revestido como está pelo poder inibidor de um verdadeiro verniz de boas maneiras, a esconder os sentimentos mais baixos do seu íntimo, frenando-os, peando-os. Quem se embriaga, perde essa força inibitória do automatismo". E adverte: "Além disso , alguns ébrios ficam provocadores, rixentos, perigosos mesmo, pela excitação em que se acham, *atingidos os centros superiores que atuam sobre a vontade e a consciência*" (*Medicina Legal*, ed. 1938, ed. Revista dos Tribunais, p. 821).

PALMIERI, em sua obra *L'alcoolismo come problema medico-legale*, explica que o *exame de sangue* é o que proporciona as condições mais favoráveis para se ter uma noção exata do grau de impregnação alcoólica do organismo (p. 199) e que o tempo decorrido após a ingestão do álcool tem influência no seu grau de concentração. Assim: *a* – duas horas após a ingestão, observa-se no sangue a sua *máxima concentração*; *b* – entre cinco e oito horas, *reduz-se à metade*; *c* – depois de quinze a dezoito horas, *desaparece totalmente no sangue*; findo esse espaço de tempo, só se encontram vestígios do álcool no líquido cefalorraquidiano (p. 199 e 200). Comenta, ainda, que a porcentagem de 2,8 a 3 centímetros cúbicos de álcool por litro de sangue demonstra que a pessoa está *sob forte ação aguda do álcool*, a porcentagem de 4 centímetros indica casos *gravíssimos* e a de 6 centímetros *pode causar até a morte* (p. 205).

Outra autoridade na matéria, o prof. ROGELIO E. CARRATALÁ, professor titular de Toxicologia nas Universidades de Buenos Aires e de La Plata, em seu trabalho "El delito y su relación con la determinación quimica del alcohol", publicado nos *Anais da Sociedade Argentina de Criminologia* (v. V), também faz interessantes e valiosas observações sobre a questão, afirmando que "no cérebro é que se encontra o teor de álcool mais próximo ao do sangue". Sustenta que as porcentagens de *Palmieri* são rigorosamente exatas e que a partir de 4 centímetros cúbicos o indivíduo entra na fase depressiva, começo de coma e morte, pois "o álcool, absorvido em doses fortes, produz uma intoxicação aguda que pode chegar a ser mortal" (p. 58 e 59).

Com base nesses estudos, demonstramos aos jurados que o exame de dosagem alcoólica, realizado com sangue extraído do nosso constituinte precisamente duas horas após o delito, provava encontrar-se esse moço, ao praticá-lo, em estado de embriaguez completa. O júri acolheu a nossa defesa e o absolveu por maioria de votos muito expressiva.

(Comarca vizinha à capital paulista)

O CRIME DA VIA DUTRA

Na época em que ocorreram os fatos que a seguir serão relatados, era conhecido em todo o País um deputado federal que gozava de grande prestígio popular no Estado do Rio de Janeiro.

Uma sua sobrinha se encontrava enferma e internada em São Paulo. Desejando ser transferida para o Rio, pediu ao tio que a mandasse buscar. O parlamentar enviou a esta Capital o automóvel de sua propriedade, conduzido por um motorista que estava a seu serviço. Este, saindo à noite, não quis viajar só. E, contrariando instruções do patrão, que não permitia o transporte de estranhos em seus carros, convidou um conhecido para lhe fazer companhia.

O pormenor ficou perfeitamente esclarecido, pois o veículo, que era um "Cadillac" amarelo, parou no posto de gasolina do "Clube dos 500", em Guaratinguetá. Aí o automóvel foi abastecido de madrugada e as duas pessoas descansaram dentro do carro, prosseguindo viagem pela manhã. Dois empregados do posto, ouvidos, logo a seguir, pela Polícia, confirmaram o fato.

Ao chegar a São Paulo, o "Cadillac" apresentava vazamento de óleo no sistema de freios. O motorista procurou um primo do deputado, que era o chefe do policiamento da Estrada de Ferro Central do Brasil, o qual o encaminhou a uma oficina mecânica da rua Uruguaiana, no bairro do Brás. Enquanto era executado o conserto, o chofer e seu companheiro – que depois se apurou ser *F.S.* – foram repousar em um hotel próximo. O dono deste e o mecânico que fez o reparo, interrogados, também declararam que o motorista estava com outro indivíduo. O mecânico ainda informou que vira no porta-luvas do veículo duas armas: uma pistola e um revólver.

Depois, foram ao hospital, para apanhar a sobrinha do político que se encontrava internada: o condutor do automóvel, o seu companheiro, o primo do parlamentar que trabalhava na "Central", um irmão da doente e a filhinha desta. Lá, foram atendidos por uma religiosa de nacionalidade holandesa.

Ao saírem, dirigiram-se todos, com exceção do primo do deputado, para o Rio. A freira deles ouviu que estavam com muita pressa, pois queriam chegar, no mesmo dia, àquela cidade. Rio. No primeiro posto de fiscalização da Polícia Rodoviária Federal, em Guarulhos, um guarda pediu os documentos ao condutor e os examinou. Perto de Jacareí, outros dois fizeram o carro parar. Houve uma discussão entre um deles e o motorista. Voluntariamente ou agarrado pelo policial, este saiu do veículo e entrou em luta corporal com o guarda, na pista da estrada.

O amigo que trouxera do Rio interveio em seu auxílio e desfechou tiros de pistola contra os policiais rodoviários. Depois, partiram, sem serem detidos em todo o trajeto, feito pela Rodovia Presidente Dutra.

Um dos guardas rodoviários faleceu sem prestar declarações. O outro, conduzido ao hospital da Santa Casa de Jacareí, acusou o próprio deputado federal como autor dos disparos, declarando conhecê-lo através de fotografias públicas em jornais e revistas. Esse fato foi confirmado no inquérito pelo médico que o atendeu, por um enfermeiro, pelo inspetor da Polícia Rodoviária que era o encarregado da unidade local e por um auxiliar de topógrafo do D.N.E.R.

A repercussão que a ocorrência teve na imprensa foi enorme, por se tratar de político muito conhecido. Os jornais deram, com grande destaque, notícias a respeito. As acusações do guarda eram tão firmes e peremptórias, que o Secretário da Segurança de São Paulo telegrafou ao Chefe de Polícia do Rio e ao Presidente da Câmara dos Deputados, indagando se o parlamentar se ausentara daquela cidade no dia em que o crime ocorreu.

Fácil, entretanto, foi ao político provar que nada tinha com o caso, pois comparecera à sessão desse dia da casa do Congresso, então ainda sediado no Rio de Janeiro, a que pertencia e na hora em que se verificou o delito ainda nela se encontrava. Atestaram essa circunstância o diretor geral da Secretaria da Câmara e vários deputados.

A religiosa holandesa, que acompanhara a doente até o automóvel na saída do hospital, confirmou à Polícia que viu todos os ocupantes do carro e que nenhum deles era o parlamentar fluminense. A confusão da vítima deve ter resultado do fato de saber que o veículo pertencia ao conhecido político.

Quando o policial foi ouvido no inquérito pela primeira vez, já estava demonstrado, de forma irretorquível, que o parlamentar não se achava no automóvel.

O guarda, por isso, mudou de orientação e declarou ao Delegado de Segurança Pessoal que o inquiriu *não poder precisar com certeza a identidade da pessoa que fez os disparos*. Acrescentou tratar-se de um homem alto, com aproximadamente 1,72m, rosto fino, testa lisa, bigode preto,

O CRIME DA VIA DUTRA

sem barba. Usava óculos de armação amarelada e trajava *calça escura* e camisa branca, estando de gravata.

Doze dias depois, foram exibidas à vítima cerca de trinta fotografias e, vendo uma delas, apontou como autor do delito *M.T.*, sobrinho do político, que já sabia, pelos jornais, se encontrar no carro na ocasião da luta e dos tiros. Um jornalista do *Diário da Noite* de São Paulo, depondo no processo que foi instaurado, informou que "logo após o crime, quando surgiu à baila o nome desse moço, *todos os jornais publicaram fotografias do referido réu*, e que essas publicações foram feitas *antes* desse acusado ser reconhecido pelo guarda".

O deputado e seu sobrinho haviam prestado declarações em São Paulo, no Departamento de Investigações. Foram então fotografados pelos jornais e filmados pelas estações de televisão. Nessa oportunidade, deveria a Polícia ter realizado um auto de reconhecimento, de acordo com o que estabelece o Código de Processo Penal em seu art. 226: "fazendo a pessoa que tinha de proceder ao reconhecimento descrever a que devia ser reconhecida; depois colocando esta, se possível, ao lado de outras que com ela tivessem qualquer semelhança e convidando a que ia efetuar o reconhecimento a apontá-la".

Qual o valor de um auto de reconhecimento feito por meio de fotografias, depois de ter *M.T.* aparecido em jornais e na televisão? Fez-se em Juízo, na comarca de Mogi das Cruzes, outro "reconhecimento" nulo. Igualmente, destituído de qualquer valor pelos motivos que nós e o Dr. João Bernardes da Silva, defensores do acusado, em petição escrita constante dos autos do processo, expusemos ao MM. Juiz de Direito que presidiu a audiência: o nosso cliente chegara à cidade escoltado por soldados da Força Policial do Estado, *sendo o único elemento à paisana que se encontrava entre os militares*; o guarda rodoviário que deveria reconhecê-lo achava-se *na porta do fórum*, com companheiros de corporação, quando o réu desceu com os soldados do veículo que os transportara da Capital para aquela cidade; depois, dentro do prédio, foi ele colocado entre os componentes da escolta militar, numa pequena sala situada junto à de audiências e de portas inteiramente abertas; na ocasião, o guarda se encontrava em outra sala em frente àquela em que permanecia o réu, *a dois metros de distância deste*, tendo oportunidade, por mais de uma vez, de examiná-lo à vontade.

Além de apresentar a petição, a defesa pediu para o fato a atenção do MM. Juiz de Direito, do Dr. Promotor, de delegados de polícia e de todas as pessoas presentes. Em face dessas justas ponderações, o magistrado mandou fazer o reconhecimento, limitado, porém, à descrição de pessoas, na impossibilidade de observar o disposto no art. 226 do Código de Processo Penal.

Antes desse dia, *M.T.* fora interrogado pelo Juiz de Direito de Jacareí. Todos os detalhes da audiência foram filmados e projetados, à noite, por várias televisoras do Estado. Teria o guarda deixado de assistir a essas exibições? Elas lhe permitiriam, como ocorreu quando foi ouvido na Polícia, tornar a vê-lo. Isso já invalidaria o "reconhecimento" em Juízo, se ele não houvesse dado nas absurdas condições acima indicadas.

Não há explicação alguma para o fato de a vítima, inicialmente, ter acusado o deputado, que declarou conhecer de jornais e revistas, e depois seu sobrinho. O político tinha, na época, cerca de 50 anos de idade, bigodes e barbas grisalhas. Nunca poderia ser confundido com um moço de pouco mais de 20 anos, imberbe e recém-saído do colégio.

Quando o parlamentar e o sobrinho foram ouvidos pela autoridade policial, na presença de um Procurador da Justiça especialmente designado, eles esclareceram que o autor dos disparos contra os guardas rodoviários era *F.S.*, amigo do motorista, que agira em defesa deste. O condutor do veículo, inquirido depois, confirmou o fato.

O deputado pediu que não se divulgasse o nome dessa pessoa, antes de ser ela detida, para evitar que fugisse. Apesar disso, os jornais e as televisoras o anunciaram no dia imediato. *F.S.*, que estava escondido, então desapareceu e nunca mais foi encontrado.

O delegado de Segurança Pessoal mandou à cidade do Estado do Rio de Janeiro, onde ele residia, dois de seus mais hábeis investigadores. Estes apuraram na Delegacia de Polícia local que *F.S.* havia ferido, pouco antes, em um bar da estrada Rio-Petrópolis, quatro irmãos, estando sendo processado pela prática desse delito. A autoridade lhes forneceu, para exame, quatro cápsulas de projétil de arma de fogo, calibre 9 mm, apreendidas por ocasião desse crime. Os policiais paulistas ainda trouxeram a descrição física desse indivíduo, obtida de pessoas que o conheciam.

As cápsulas foram confrontadas, por peritos da Polícia Técnica de São Paulo, com outras três encontradas na Via Dutra, após a agressão aos guardas. Em seu laudo, os peritos concluíram que "*dificilmente poderiam ter sido os estojos vazios questionados, quer aqueles trazidos de...*, quer aqueles encontrados no quilômetro 347 da via Dutra, *detonados por armas diferentes*".

Depois dessa ocorrência, *F.S.* ainda feriu outra pessoa em Buguim, Sergipe. O jornalista Nélson Veiga, do *Diário da Noite* de São Paulo, foi àquele Estado e publicou interessante reportagem, que juntamos ao processo, na qual aparece entrevistando o Secretário da Segurança local. Ele trouxe informações pormenorizadas sobre o delito lá cometido por *F.S.* e obteve uma fotografia dessa pessoa. Apresentou-a, em São Paulo, ao proprietário do "Hotel Queiroz", que a reconheceu como sendo a do indivíduo que estava com o motorista quando descansaram durante algumas horas em seu estabelecimento. Esta circunstância foi também por ele publicada em seu jornal.

O hoteleiro foi inquirido em Juízo e confirmou o reconhecimento. A religiosa holandesa foi ouvida, durante a instrução do processo, por precatória, em Araras, onde era a superiora de um asilo. Igualmente, declarou, vendo o jornal com fotografia de *F.S.*, que essa pessoa estava no carro quando foram ao hospital. Seu depoimento é valioso pela idoneidade e insuspeição.

O guarda, ao depor na Polícia, mostrou-se muito confuso. Afirmou que, no auto, iam cinco pessoas, *todas do sexo masculino*, tendo elas descido do veículo após os tiros. Não viu sequer a mulher enferma e sua filhinha de 2 anos de idade.

A freira já citada, o porteiro do hospital, o guarda rodoviário que fez o automóvel parar em Guarulhos e um fiscal da "Empresa Pássaro Marron", que esteve no local dos tiros, asseveram que no "Cadillac" estavam *três homens, duas mulheres e a menina*.

O próprio delegado que presidiu o inquérito menciona em seu relatório que no veículo se achavam a moça doente, sua filha e outra mulher. A vítima, porém, não as viu!

O policial ainda declarou que a pessoa que desfechara os tiros vestia *calça escura*. A religiosa conversara no hospital com ocupantes do carro e até lhes mandara servir café. Trata-se de pessoa culta, inteligente e que foi ouvida pela Polícia logo após o fato. Informou ter conhecido na ocasião o irmão da doente e que ele vestia na oportunidade *roupa de cor creme*. O dono do "Hotel Queiroz", por sua vez, explicou que o motorista trajava terno claro e seu amigo *"roupas escuras"*.

O colega das vítimas, que fizera o automóvel parar no posto de Guarulhos para fiscalização de documentos, esclareceu em suas declarações: "pôde reparar que estavam no assento traseiro uma senhora e uma menina e que, ao lado do motorista, em rápida observação, estava uma pessoa, ou melhor, *um homem, em traje escuro, com cara de poucos amigos*, sendo que havia mais um no assento dianteiro, que não pôde o depoente avistar". Reafirmou que, junto do condutor, seguiram mais duas pessoas. Acrescentou que o motorista lhe disse: "estamos com doente no carro e com pressa", mas prontamente lhe mostrou os documentos. E elucidou que a sua atitude foi cordata.

Por que o chofer, atencioso e "cordato" com o primeiro guarda, iria discutir, logo mais adiante, no município de Jacareí, com dois outros policiais?

Houve, efetivamente, no local do crime, luta corporal entre o condutor do "Cadillac" e uma das vítimas. O motorista e o sobrinho do parlamentar sustentavam que o guarda que veio a falecer agarrou o primeiro e o arrastou para fora do automóvel. A autoridade policial teve dúvidas a respeito e consigna em seu relatório: "Voluntariamente ou *agarrado pelo guarda*, o motorista deixa o carro e entra em luta corporal, já na pista da estrada, com o seu interpelador". O Promotor Público escreve na denúncia: "Um desentendimento entre o motorista e o primeiro dos policiais terminou *em luta corporal entre eles*. Por isso o segundo policial interveio".

Desde o início, tudo fazia crer que o outro guarda não sabia nem vira quem os atingira. Em Juízo reafirmou trecho de suas declarações no inquérito, em que relatara: "essa pessoa fez o primeiro disparo contra o declarante, que *se encontrava meio de lado, ainda olhando para o veículo*, tiro esse que o atingiu a altura do abdômen e o prostrou por terra": "o declarante, *tendo caído com a frente voltada para o lugar onde se encontrava o seu companheiro, viu quando este caiu, após alvejado*; que, neste instante, *M.T. encontrava-se na retaguarda do declarante, razão por que este não poderia ver se M.T. continuava empunhando a arma*".

M.T. foi pronunciado pelo MM. Juiz de Direito de Jacareí, que entendeu existirem no processo "indícios bastantes da autoria do crime" e concluiu: "é na fase plenária do julgamento que se irá decidir se há ou não justificação de tais indícios". Devendo o réu comparecer perante o Tribunal do Júri local, a defesa solicitou ao Colendo Tribunal de Justiça de São Paulo que o julgamento não se realizasse em Jacareí, que era sede de unidade da Polícia Rodoviária Federal. O pedido de desaforamento foi atendido e designada a cidade de Campinas para o júri.

A defesa foi feita por nós e pelos ilustrados colegas Drs. João Bernardes da Silva e Álvaro Cury, que mais tarde seria nomeado Desembargador. A acusação esteve a cargo do Promotor da Vara do Júri da comar-

O CRIME DA VIA DUTRA

ca e de um ex-Promotor do Tribunal Popular em São Paulo, contratado para atuar como assistente. Dificilmente se poderia formar no Estado dupla mais brilhante e aguerrida.

O julgamento provocou o maior interesse na cidade. Atravessou a noite e só terminou no dia seguinte.

A Promotoria arrolara para depor em plenário a vítima de tentativa de homicídio a que nos referimos. Ao narrar, inicialmente, os fatos ao Juiz Presidente, ela afirmou: "Logo em seguida saíram os disparos. O declarante viu 'mais ou menos' quem fez esses disparos". Depois que viu no jornal a fotografia do acusado, disse ao escrivão de polícia de Jacareí: "Acho que foi esse".

Em seguida às reperguntas da acusação, coube a oportunidade à defesa. Sempre demos a maior importância, nos processos criminais, à inquirição de todas as pessoas que fossem ouvidas: vítimas, peritos e testemunhas. Com exceção de poucos casos, como os de falsidade e bigamia, a prova se baseia sempre nesses elementos. Por isso, com relação ao guarda, a defesa preparara, cuidadosamente, as reperguntas que deveria fazer, e até a ordem em que as iria formular. Apoiando-se nas confusões e falhas de suas declarações anteriores, planejou um verdadeiro "cerco" de que ele dificilmente poderia fugir.

Inicialmente o inquiriu sobre os erros e falhas que cometera, para chamar sobre eles a atenção dos jurados. Depois, indagou se confirmava a afirmativa que havia feito na instrução criminal de que, ao ser o seu colega alvejado, o réu se achava à sua retaguarda e ao ser efetuado o disparo contra sua pessoa, estava "meio de lado, ainda olhando para o veículo". Como era de se esperar, ele as manteve. Sendo perguntado se a cena fora rápida, esclareceu: "a cena dos tiros não demorou: foi num momento".

Diante disso, a defesa pediu que informasse se, estando na posição que havia indicado por ocasião dos disparos e tendo-se tudo desenrolado, rapidamente, poderia afirmar, sem possibilidade de erro, ser o acusado a pessoa que desfechara tiros na ocasião. Então, a vítima confessou: "dada a circunstância da cena delituosa ter sido, como já disse, momentânea, não pode afirmar com segurança ter visto o acusado presente desfechar os tiros a que já se referiu".

Houve réplica e tréplica, sendo o réu absolvido, pela negativa do fato, por seis votos contra um. Apelaram o M. Público e seu Assistente. O Promotor, em suas razões, reconheceu que o depoimento do guarda em plenário resultou "espetacularmente favorável à defesa"; teve um "efeito quase teatral e influiu, profundamente, na decisão da causa".

Os defensores, por sua vez, sustentaram que a decisão dos jurados encontrava sólido apoio na prova. Só poderia ser anulada se ela lhe fosse, como exige a lei, manifestamente contrária.

A Procuradoria-Geral da Justiça manifestou-se em favor da confirmação do veredicto, salientando que, em Campinas, "cidade culta e altaneira, longe das influências locais, o Tribunal Popular negou a imputação por seis votos altamente significativos. Cumpre seja mantido o seu pronunciamento, que não está desconforme à prova dos autos".

O Egrégio Tribunal de Justiça, por votação unânime, acolhendo o parecer, negou provimento ao recurso do M. Público e confirmou a absolvição do réu.

(Tribunal de Justiça – Apelação Criminal n. 72.778)

A TRAJETÓRIA DE UM PROJÉTIL

Em muitos processos criminais, reveste-se de grande importância o exame da trajetória que o projétil tiver percorrido no corpo da vítima. Ele pode levar o advogado a conclusões interessantes e até surpreendentes. O caso mais curioso que tivemos nesse sentido, em nossa vida profissional, foi em processo de uma comarca da Araraquarense, cujo julgamento foi desaforado para a Capital.

Há alguns anos, por motivos políticos, houve troca de tiros, em pleno dia, na praça principal da cidade. De um lado estavam dois irmãos, um só dos quais fez uso de seu revólver, pois o outro fora impedido por amigos de atirar. No lado oposto, encontravam-se várias pessoas, inclusive o vereador que recebeu ferimentos e veio a falecer.

O adversário que contra ele atirara também foi atingido, sendo conduzido ao hospital local e submetido a intervenção cirúrgica de urgência. Apesar disso, como era responsabilizado por aquela morte, foi contra ele lavrado, após a operação e depois de decorridas cinco horas, um "auto de prisão em flagrante". Em suas declarações, ele não negou ter desfechado tiros em direção à vítima e alegou em seu favor a justificativa da legítima defesa própria e de seu irmão.

O ilustre Juiz da Comarca jurou suspeição quando lhe foi remetido o inquérito policial, por ter antes do fato – como declarou em despacho proferido nos autos – "desenvolvendo atividades de conciliação entre os grupos mortalmente antagônicos". Enviou-o ao colega de uma comarca próxima, que era o seu primeiro substituto legal. Este aceitou a competência.

O Promotor da Comarca, por sua vez, pediu ao Procurador-Geral da Justiça a designação de outro representante do Ministério Público, afirmando, em seu ofício, que há dez anos mantinha relações de amizade com um dos réus, sendo atendido e designado seu colega, de comarca vizinha.

Encerrada a instrução criminal, o defensor, em alegações escritas, pediu a absolvição de um dos seus constituintes por não haver desfechando tiros e a do outro pelo reconhecimento da *legítima defesa* própria do irmão.

O MM Juiz não aceitou as defesas invocadas, pronunciando os denunciados como coautores de um homicídio simples, por entender que ambos teriam desfechado tiros contra o vereador. O Promotor designado para o processo não concordou com a classificação dada ao delito, por achar que os réus teriam agido com motivo *torpe* e tentado à força opor sua vontade à maioria dos vereadores da cidade. O Juiz reformou a decisão e pronunciou os dois irmãos como coautores de um homicídio qualificado.

Quando o processo estava para ser julgado na comarca em que os fatos ocorreram, o Promotor pediu que fosse desaforado o julgamento (enviado a outra Comarca), por haver fundado receio de desordem pública e dúvida séria sobre a imparcialidade dos jurados.

O Egrégio Tribunal de Justiça acolheu o pedido e declarou no acórdão o que proferiu: "Dá-se preferência à comarca da Capital, porque, embora não se trate de crime político no rigor da expressão, parece ter sido causado pela paixão política. Na Capital os réus serão julgados num ambiente de inteira imparcialidade e perfeitamente apolítico".

Ao chegar o processo a São Paulo, fomos contratados para defender os dois irmãos, juntamente com o ilustrado colega que eles haviam constituído desde o início. Estudamos cuidadosamente os autos, já volumosos, e fomos à cidade em que os fatos se verificaram, observando a praça em que se dera a troca de tiros. Pelo exame da trajetória do projétil que causara a morte do vereador, chegamos à conclusão segura, irrefutável, de que o réu acusado do homicídio não era o autor desse crime.

A vítima fora atingida por assalariados que haviam sido contratados ou por seus próprios correligionários que tinham desfechado muitos tiros da casa do chefe político de sua facção.

O nosso companheiro de defesa concordou com os resultados do estudo que havíamos feito. E tanto tínhamos razão, que os dois irmãos foram absolvidos pela negativa *nas duas vezes em que compareceram perante o Tribunal do Júri de São Paulo*, que é dos mais respeitados.

Os fatos tiveram origem no desmembramento, anos antes, de dois distritos, para a criação de um novo município, com sede no que lhe deu nome. Eles tinham igual população, mas o outro teve sua renda muito aumentada, o que provocou séria rivalidade entre as duas povoações. Os políticos e administradores do primeiro, receosos de que ele ultrapassasse de muito o desenvolvimento de sua cidade e pudesse, mais tarde, baseado nisso, pedir a transferência da sede do município, tudo faziam para criar-lhe dificuldades e impedir o seu progresso.

Os moradores desse distrito, à vista de tais fatos, resolveram pleitear a sua volta ao município a que antes pertenciam, sede da comarca

A TRAJETÓRIA DE UM PROJÉTIL

e cidade importante, com a qual, na verdade, eram feitas todas as transações comerciais. Para isso, foi consultada a Câmara Municipal. Esta, porém, atendendo mais aos compromissos que alguns políticos tinham com os do outro município do que aos interesses da cidade, manifestou-se, na primeira vez, contrária à anexação, por sete votos contra seis.

Em virtude dessa atitude incompreensível, o distrito que julgava prejudicado resolveu pedir sua incorporação a uma cidade da Noroeste, da qual estava separado por distância pouco maior. Os vereadores dessa localidade, sem distinção de partidos, aceitaram o pedido por votação unânime.

Tal notícia, como era natural, provocou sério descontentamento na outra cidade. Não apenas entre alguns vereadores, mas entre advogados, médicos, industriais e comerciantes. Todos perceberam que a cidade da Noroeste, por meio de boas estradas, acabaria por atrair o movimento comercial do próspero distrito. E não sairia perdendo só o município, mas a própria comarca, que teria o seu território muito diminuído com essa mutilação.

Fez-se um movimento para que o povo desse distrito reconsiderasse a sua atitude e pleiteasse de novo a sua volta ao anterior. Para esse fim, como era necessário, a Assembleia Legislativa do Estado autorizou a realização de um plebiscito. Ele foi feito, votando 923 eleitores, dos quais 902 optaram pela anexação.

A Câmara Municipal se manifestara pela realização do plebiscito. Mas depois dele ter sido realizado, circulou a notícia de que alguns dos vereadores voltariam atrás e tencionavam, na votação, repelir o pedido. Esse fato, como seria de prever, provocou grande inquietação na cidade e no distrito.

Começou a correr o boato de que os moradores deste último iriam assistir à sessão da Câmara e exigir uma solução favorável. Opunha-se à anexação de um político local. Outro, de maior prestígio e muito ponderado, obteve o adiamento da reunião dos edis, receoso de que viessem a ocorrer fatos graves. Esteve no distrito, como representante do Juiz de Direito da comarca, "onde encontrou *um pouco exaltado o povo*".

Muito o auxiliou *R.S.*, que era o fundador desse distrito e desfrutava da estima de todos, o qual reuniu o povo para ouvir o emissário do Juiz e apoiou as suas ponderações, conseguindo ambos dissuadir os mais exaltados de comparecer à reunião dos vereadores. *R.S.* foi à cidade e o acompanharam seus dois filhos, que tiveram receio de vir ele a ser desacatado por elementos adversários. Os dois moços acabaram envolvidos no tiroteio.

Na cidade, chamados por alguns políticos locais, apareceram indivíduos de má fama na região e que a Polícia, depois do conflito, desarmando pelas ruas. À situação se tornara tão tensa e delicada que o ilustrado Juiz de Direito da comarca, em despacho exarado nos autos, escreveu: "A previsão do fato de que trata o presente inquérito, *com todos os horrores da verdadeira mortandade pública, de desvario coletivo, de pânico tremendo para toda a comunidade*, foi trazida ao nosso conhecimento e nos obrigou duramente a desenvolver atividades de conciliação entre os grupos mortalmente antagônicos, lembrando-lhes formas de entendimento, de composição, de transigência, *a fim de que se poupassem vidas, sobressaltos, confusão*": "seria desumano se não nos movêssemos em hora de tamanha gravidade". "Réus e vítimas, representantes das duas alas extremadas sobre a incorporação ou não, sofreram virtualmente a ação do nosso conselho, da nossa admoestação, da nossa sugestão etc.".

O Delegado de Polícia da cidade, também muito preocupado, recebeu reforços e determinou a instalação de postos de fiscalização na entrada das estradas de rodagem.

À última hora, elementos conciliadores tentaram um acordo e este parecia estar concluído. Entretanto, um funcionário da Prefeitura, cabo eleitoral do político que se opunha a anexação, telefonou para outro município, comunicando que o pedido seria rejeitado.

Um dos réus, A.S., filho de R.S., nesse dia, ao passar pela praça principal da cidade, viu o carro de seu irmão em um posto de gasolina, onde o costumava deixar, e pensou em tomá-lo para irem almoçar. Nessa praça, ficava a casa do político já referido, que chefiava o grupo contra a anexação. No jardim de sua residência, estavam homens armados, como afirmou no processo o político por nós já citado, amigo das duas facções e que procurava conciliar os ânimos a pedido do Juiz de Direito. Encontrando-se no momento nesse prédio e vendo A.S., na praça, foi ao seu encontro. Ouviu, então, vários disparos provindos da mencionada casa. A.S. quis sacar de sua arma e ele o impediu de fazer. Assevera, no depoimento que prestou no processo, que tomou seu revólver *e* evitou que fizesse qualquer disparo.

Quando, da residência do chefe adversário, eram desfechados esses tiros, chegou correndo ao local o outro irmão, cujas iniciais igualmente são A.S., que estava no posto de gasolina. Ele foi alvejado e ferido, tendo também atirado contra seus agressores.

Do lado destes, foi atingido e veio depois a falecer o vereador *A.P.* Além do revólver de que se utilizou e com o qual deu seis tiros, o edil carregava na ocasião – como demonstra o auto de levantamento de cadáver: um cinto externo, com capa de revólver e cartucheira com cinco balas duplas e uma simples; entre a camisa e a camiseta, outra arma, com quatro balas, cartucheira com mais cinco intactas e ainda outras cinco no bolsinho em que guardava o relógio. A esse levantamento assistiu o Promotor Público, que esclareceu trazer *A.P.* também uma navalha...!

O próprio despacho de pronúncia dos réus consigna que os três primeiros disparos foram feitos pelo vereador *A.P.* e atraíram a atenção do outro irmão, que estava em seu automóvel, no posto de gasolina. Ao chegar ao local fora ferido e só então descarregara sua arma. A bala extraída de seu corpo, durante a intervenção cirúrgica de caráter urgente a que foi logo depois submetido, tinha relação com a arma usada pela vítima *A.P.* O projétil se localizara na face anterior da cabeça do úmero, junto ao periósteo, ferindo o deltoide.

A defesa não negou que *A.S.*, sendo alvejado pelo vereador e outras pessoas que se encontravam na casa de seu chefe político, também contra eles atirara.

Sustentamos, no plenário do Tribunal do Júri, que um dos irmãos fora desarmado, não chegando, em momento algum, a fazer os disparos. O outro, ouvindo os estampidos, correra em seu auxílio e ficara ferido, recebendo lesões graves. Em legítima defesa, também desfechara tiros.

Não era, porém, o autor do disparo que atingira a vítima. Segundo constava dos autos, a praça em que houve o tiroteio *era absolutamente plana*. Ele e o vereador se encontravam *um em frente ao outro, no mesmo nível*.

A.P. recebeu na ocasião um *único tiro*, que produziu ferimento na parte mais interna na região supra clavicular direita. O exame necroscópico provava que o projétil penetrara na cavidade pleural esquerda, depois de lesar a artéria subclávia do mesmo lado, aí, perfurando o pulmão correspondente, na altura do ápice deste órgão e fraturando a terceira costela esquerda, no seu arco posterior e a asa da omoplata desse lado, na altura da terceira costela e a quatro centímetros da linha axilar posterior do mesmo lado. Afirmaram os médicos-legistas que a bala teve uma trajetória de diante para trás, *de cima para baixo* e da direita para a esquerda.

Fizemos ver ao Júri que, em face da autópsia, era de se excluir completamente a possibilidade de haver o projétil atingido qualquer das primeiras vértebras cervicais (atlas ou áxis), de modo a ricochetear ou mudar sua direção. A bala só encontrara partes moles. Impunha-se, portanto, como certa e indiscutível, a conclusão de que o tiro fora dado, de frente, da direita para a esquerda, *mas de cima para baixo e com uma inclinação bem pronunciada.*

Um disparo, em tais condições, não podia ter sido feito pelo réu. Não só a praça em que se encontravam, mas toda a cidade é rigorosamente plana, sem a menor elevação. *A.S.* e o vereador se acham no mesmo nível.

Fazendo um estudo minucioso do processo, provamos que a vítima, durante o tiroteio, *se virara para subir a escada que dava acesso à casa de seu chefe*, da qual havia um desenho muito bem feito nos autos. Ele mostrava tratar-se de prédio com porão de certa altura e a residência em sua parte superior. Pela escada é que se chegava ao alpendre, em que se encontrava a porta de entrada. Na frente, havia janelas em plano bem superior ao da calçada e da rua.

Correligionários do vereador confirmaram esses pormenores. O sargento do destacamento, ao chegar ao local, soube que a vítima, ao ser atingida, ia galgar os degraus da escada e *A.S.* estava junto ao muro de frente do prédio, encostado no portão. O Promotor da comarca também apurou, ao presenciar o levantamento do cadáver, que *A.P.* fora atirado quando se voltava para a escada.

Esse fato é mencionado no próprio despacho de pronúncia dos réus. Ao se virar para subi-la, o vereador dera as costas ou um dos flancos voltado para *A.S.* e estaria, consequentemente, de frente ou com outro flanco voltado para a casa de seu amigo e chefe. Em tal posição e momento, para ser atingido por um *tiro que tivesse uma direção, bem pronunciada, de "cima para baixo"*, a bala só poderia ter partido do alto da escada e nunca da rua ou do passeio fronteiro à residência!

A defesa ainda provou que várias pessoas, que se achavam na casa, haviam feito disparos do alpendre e das janelas. Testemunhas inquiridas no processo afirmaram ter ouvido cerca de vinte tiros. Um deles – sustentamos – alcançou *A.P.* quando ia subir a escada.

Impressionou muito aos jurados a prova existente no processo a respeito dos réus. O Promotor da comarca, amigo de um deles há dez anos, afirmou que nunca foram dados a valentias. O Presidente da Câmara Municipal declarou que não eram desordeiros, apenas "briosos no cumprimento de seus deveres". O chefe de um dos partidos políticos da cidade – o que procurara conciliar as duas correntes – os conhecia desde meninos e informou serem eles moços bons, "briosos e não provocadores". Atestaram ainda a ótima conduta dos acusados, o Prefeito, tabeliães e até vereadores do grupo contrário.

Os jurados acolheram a nossa argumentação. E absolveram, por maioria de votos, um dos acusados, negando que fosse o autor do crime. Os julgamentos foram separados e o outro irmão foi absolvido por unanimidade, pelo reconhecimento de que não participara do tiroteio. A Promotoria Pública apelou e o Tribunal de Justiça anulou os dois júris por entender que fora feita irregularmente a separação.

Comentou o acórdão respectivo que, com esse resultado, "ficara sem autor conhecido, dentro dos autos, o assassino do vereador *A.P.*, ocorrido no coração da cidade, à plena luz do meio-dia, na presença de inúmeras pessoas..."

Foram os dois irmãos submetidos a novo julgamento e os resultados repetiram-se. Aquele a quem era atribuído o homicídio foi absolvido por cinco votos contra dois e o outro irmão por unanimidade, ambos pela negativa do fato que lhes era imputado.

(Tribunal de Justiça – Apelação Criminal n. 28.216)

OUTRO TIROTEIO ENTRE POLÍTICOS

Próximo a importante cidade servida pela antiga Estrada de Ferro Paulista, existia um distrito que foi levado à categoria de município. Nas primeiras eleições, houve congraçamento político, foi organizada uma só chapa de vereadores e apresentou candidato único a prefeito.

Surgiu uma discussão, todavia, quando este, com o apoio de alguns vereadores, quis que seus subsídios fossem fixados em Cr$ 3.000,00 mensais, reputados excessivos na época para um município novo, cuja arrecadação era pequena e que não pagava seus funcionários há cinco meses.

Os ânimos se exaltaram em virtude dessa pretensão. Atuou-se uma reunião no cinema local contra o aumento e nela partidários do prefeito provocaram tumulto.

Quando a Câmara Municipal reuniu-se para discutir os subsídios, a ela compareceram cerca de cem pessoas. Nada houve de anormal, entretanto, no decorrer da sessão. Os assistentes portaram-se com calma e respeito.

Depois se formou um agrupamento no largo da Igreja, em que se comentava o fato. As testemunhas ouvidas no processo-crime – mais tarde instaurado – esclareceram que a aglomeração se constituíra naturalmente, sem instigação de qualquer pessoa. Os edis, que haviam votado de acordo com a pretensão do prefeito, moravam em outros pontos da cidade e não precisavam por ali passar. Fizeram-no, porém, com alguns companheiros. Ao todo, de dez a quinze pessoas. Surgiu, então, o incidente entre os grupos, havendo início de vaias, troca de insultos e de tiros. Muitas testemunhas ouviram de vinte a vinte e cinco disparos. Outras se referem a uma fuzilaria.

O Promotor da comarca, na denúncia, sustentou que um comerciante, que fora subprefeito até a criação do município, e seu irmão, "adredemente armados de revólveres, haviam concitado os circunstantes a vaiar os vereadores que inermes e pacificamente passavam pelo local".

A versão era inexata e não foi aceita pelo Juiz de Direito da cidade, que, em despacho nos autos, afirmou: "Uma análise meditada e confrontativa da prova testemunhal da acusação e da defesa demonstrará que *houve um choque entre dois grupos: o do presidente da* Câmara *e dos* réus, formados não propositalmente, e havendo entre os seus 'dirigentes' troca de palavras frente a frente. *Não houve, pois, nenhum ataque súbito e sorrateiro, nem tocaia*".

Foi realizado pela Polícia um "auto de exame de local de delito", não tendo sido encontrada nenhuma arma. Apenas um projétil no chão e outro incrustado em uma árvore.

Do tiroteio resultou a morte do presidente da Câmara e ferimentos graves em outro vereador. Os seus companheiros apontaram como autor dos delitos o outro antigo subprefeito da localidade, o qual estava acompanhado do irmão. Eles foram denunciados como autor e coautor dos crimes. Constituídos defensor de ambos, conseguimos provar vários fatos que levaram à absolvição dos dois acusados.

O tiroteio se dera à noite, depois das 21:00h, em ponto escuro e pouco iluminado da praça, onde pouco se poderia ver a certa distância. O Instituto de Polícia Técnica do Estado efetuou vistoria no largo, informando em seu laudo: "Pela disposição e distância dos postes de iluminação, e ainda pelo número de velas de cada lâmpada, *não é satisfatória a visibilidade no local.* Acresce que, pelas informações obtidas e pelas fotografias que se encontram nos autos, na noite em que se dera o homicídio as árvores do Jardim Público *estavam ocupadas, o que naturalmente teria contribuído para menor visibilidade*".

Em razão da distância em que se encontravam os dois grupos, não era fácil distinguir as pessoas que teriam feito uso de armas. Um vereador que estava com as vítimas declarou que "não dava para se aperceber e avistar as pessoas".

Os peritos encontraram vestígios de balas em uma árvore do jardim, na parede do prédio em que se situava o estabelecimento comercial dos acusados e em um bar próximo. A situação da árvore e dos prédios era tal que os tiros, como demonstrou a perícia, só podiam ter sido desfechados por elementos do grupo favorável ao prefeito.

No laudo ainda afirmaram que a praça apresentava ligeiro declive, existindo diferença de nível, *de cerca de meio metro*, entre o ponto em que as vítimas caíram e aquele no qual se encontravam os nossos constituintes, perto do poste em que havia um alto-falante.

Apresentaram croqui, com levantamento completo do local. O desnivelamento permitiu-nos obter a absolvição dos réus, em vista da *trajetória da bala* que atingiu o político que veio a falecer. De acordo com a conclusão dos médicos-legistas que efetuaram a autópsia, o ferimento que ele apresentava teve direção da esquerda para a direita, ligeiramente de diante para trás e de *cima para baixo*. O projétil atingiu a face anterior do hemitórax esquerdo, na altura da terceira costela, penetrou na cavidade torácica, lesando os dois pulmões e a aorta, fraturou a quinta costela direita e saiu na altura da quarta do mesmo lado.

Quanto a esta lesão, o laudo da Polícia Técnica explicou como o ofendido poderia ter sido atingido: "Das diversas situações recíprocas do atirador e da vítima, assim como das diversas posições desta última no momento do disparo, os peritos podem indicar as seguintes: *a)* o atirador postado à direita da vítima; *b)* o tirador postado em frente da vítima no momento de ela ter voltado à sua direita; e *c) o atirador postado atrás da vítima, no momento de ela ter voltado à sua esquerda"*.

Testemunhas ouvidas no processo asseguraram que o presidente da Câmara, em dado momento, ao ter início o tiroteio, virara para trás, levantando os braços para pedir calma a seus amigos. Nesse momento, fora atingido, acidentalmente, por um dos companheiros.

A trajetória da bala, *de cima para baixo*, excluía a possibilidade de o político ter sido atingido por um tiro desfechado pelo antigo subprefeito. O laudo da Polícia Técnica e a prova testemunhal demonstravam que ele estava, quando da troca de tiros, em ponto meio metro mais baixo do que aquele onde se achava o presidente da edilidade e a uma distância de muitos metros do outro grupo. O atirador que atingiu a vítima só podia encontrar-se em posição mais alta.

Quanto ao início do conflito, deve ter impressionado os jurados o depoimento de um ex-prefeito da cidade que é sede da comarca, pessoa de reconhecida idoneidade moral, a qual declarou que, ao ter conhecimento da ocorrência, foi logo depois à localidade em que ela se verificara e ouvira do irmão do presidente da Câmara, junto ao corpo deste, que havia sido um seu companheiro, cujo nome declinou, o responsável pelo tiroteio, pois fora o primeiro a atirar. A declaração foi presenciada pelo subdelegado da cidade e confirmada pelo irmão da vítima.

Quanto à autoria do ferimento grave recebido pelo outro vereador, a prova dos autos era muito precária.

Submetidos a júri na comarca a que pertencia o município, o réu acusado de homicídio e tentativa foi absolvido, pela negativa do fato, por cinco e quatro votos, respectivamente. O seu irmão, que foi julgado depois, em separado, e era apontado como coautor, foi absolvido, por seis votos, com relação aos dois delitos.

Tendo havido apelação da Promotoria Pública, o Egrégio Tribunal de Justiça confirmou a absolvição do primeiro réu, declarando: "Sérias dúvidas teriam surgido no espírito dos jurados, *especialmente sobre a trajetória da bala que feriu a vítima, resultando daí a convicção da maioria dos jurados*, negando a autoria atribuída ao apelado dos crimes pelos quais estava sendo julgado. Assim resolvendo, não contrariou a decisão apelada a prova dos autos".

Interposta apelação do veredicto do júri relativo ao segundo réu, foi a ela também negado provimento por iguais motivos.

(Tribunal de Justiça – Apelações Criminais n. 37.072 e n. 32.808)

TIROS DENTRO DO AUTOMÓVEL

Nos dois processos anteriormente expostos, logramos obter, no Júri, a absolvição dos réus, estudando os lugares em que os crimes ocorreram (em ambos, praças públicas) e a trajetória dos projéteis no corpo das vítimas. Em S. Paulo, funcionarmos como acusadores em outro caso tecnicamente ainda mais interessante: um homicídio e uma tentativa de homicídio, praticados dentro de um automóvel em movimento.

O autor dos delitos e a vítima que conseguiu salvar-se apresentaram sobre o fato versões diferentes. No entanto, foi possível apurar qual delas era a verdadeira, graças aos vestígios deixados pelos tiros no interior do veículo, em confronto com as lesões apresentadas pelos ofendidos.

Um cidadão muito relacionado na cidade conhecera dois industriais, irmãos, que possuíam largos recursos financeiros e os convenceu a fazerem, por seu intermédio, determinadas aplicações de dinheiro. Para isso, deles obteve elevadas quantias, de que se apropriou.

Quando percebeu que iria ser descoberto, resolveu eliminá-los. Certo dia, convidou-os para passarem em sua casa à noite, a pretexto de irem à residência de um diretor de suposta empresa devedora. Quando os irmãos chegaram, sentou-se no banco traseiro do carro e recomendou que seguissem pelo Parque Ibirapuera. Em um ponto deste, à época ermo e pouco iluminado, sacou dois revólveres e atirou contra os irmãos, à traição, pelas costas.

A primeira vítima recebeu o tiro na região occipital e mal conseguiu parar o automóvel, falecendo logo depois. O disparo contra a outra perfurou o colarinho, bem no centro da parte posterior, com chamuscamento. Ao ouvir o primeiro estampido, a segunda vítima olhara instintivamente para o lado do irmão, que dirigia o veículo. Por isso, o projétil, depois de atravessar a camisa, atingiu a face lateral esquerda do pescoço, dirigindo-se da esquerda para a direita, em sentido transversal. Estivesse, em tal momento, olhando para frente e, provavelmente, o seu ferimento seria também mortal. Os disparos foram feitos de muito perto dos pavilhões auditivos, tanto que causaram ruptura dos tímpanos esquerdo e direito.

O industrial sobrevivente desceu do carro, seguido pelo réu. Fora do veículo, travou luta corporal com o agressor e conseguiu arrebatar o revólver que ele ainda empunhava e o arremessar a alguma distância. O seu agressor, desarmado, correu para o automóvel em que se achava o ferido e fugiu do local. Dirigiu-se à casa de um amigo, tomou banho e mandou chamar um conhecido advogado, sem se preocupar com a vítima que ficara no interior do veículo.

O irmão que permanecera no Parque pediu socorro aos ocupantes de carros que trafegavam pelo local, aguardou a chegada de uma viatura policial e a todos, coerentemente, narrou que o assassino, que considerava como amigo, ferira seu irmão e também pretendera matá-lo. Conduzido à Polícia, prestou declarações na mesma madrugada, narrando os fatos da forma acima exposta.

O réu, alegando ter recebido um golpe com a coronha do revólver durante a luta travada fora do automóvel, conseguiu ser interrogado dias depois. E apresentou a sua versão: um dos industriais é que, durante o trajeto, sacara de uma arma, procurando alvejá-lo. Entrou em luta com ele, para desarmá-lo e então foram feitos disparos que atingiram o seu próprio agressor e o irmão, que veio a falecer.

Não existiam testemunhas da cena delituosa. Todavia, os ferimentos recebidos pelas vítimas e o exame que a Polícia Técnica procedeu no veículo permitiram reconstituí-la perfeitamente.

Alegou o réu – e depois seus defensores adotaram a versão – que o industrial que viera a falecer teria sido atingido em virtude do ricocheteamento de uma das balas deflagradas durante a disputa pela posse do revólver que estaria com seu irmão. Verdadeiro absurdo. O ferimento fora a queima-roupa, tendo os médicos-legistas encontrado grãos de pólvora incrustados no osso occipital da vítima. Se fosse tiro de ricochete, a combustão de pólvora e os gases seguiriam a direção original e inicial do projétil e jamais alcançariam aquela região.

Depois, como provava o exame feito no automóvel pela Polícia Técnica, as balas, desfechadas todas do banco de trás, atingiram o veículo na frente e em sua parte mais elevada. Como poderia um projétil ricochetear no alto, voltar para baixo e alcançar a vítima na região occipital, nela causando um ferimento que teve, precisamente, a direção de *baixo para cima?*

A explicação que o réu e seus advogados deram no tocante à outra vítima era ainda mais inverossímil! Teria sido atingida acidentalmente, por outro disparo feito por ela própria na luta pela posse da arma. Na camisa desse ofendido existia uma perfuração – bem no *centro* da parte posterior do colarinho, com chamuscamento – a qual, conjugada com as

TIROS DENTRO DO AUTOMÓVEL

lesões de entrada e saída do projétil, observadas no pescoço, indicava a verdadeira direção da bala: de trás para diante e da esquerda para a direita. Nunca o ferimento poderia ter sido causado por tiro disparado estando a arma nas mãos do industrial!

O número de tiros que os peritos da Polícia Técnica constataram ter o réu desfechado dentro do carro demonstrava haver ele feito uso de dois revólveres, conjuntamente, com o automóvel em movimento. Em seu laudo, ilustrado com fotografias, asseveraram os técnicos que os disparos foram feitos dentro do veículo e de trás para a frente.

Se tivesse havido, no interior do carro, luta pela posse da arma, estando esta na mão da vítima, os tiros seriam de um lado para o outro, mas sempre dados na parte da frente e não de trás.

O industrial sobrevivente, que fora denunciado como responsável pela lesão que o réu recebeu, fora do carro, foi absolvido sumariamente pelo Juiz Auxiliar da Vara do Júri, que admitiu em seu favor a legítima defesa da vida de seu irmão e da sua própria. O Promotor Público que funcionava no processo e a Procuradoria de Justiça opinaram pelo reconhecimento da justificativa, tão convincente era a prova.

O Colendo Tribunal de Justiça de São Paulo, apreciando o recurso obrigatório que a lei mandava o juiz interpor em tais casos (o recurso *ex officio* que não mais existe), confirmou absolvição, declarando, em acórdão unânime: "Limitou-se o réu, no auge da luta, a desferir uma coronhada na cabeça do pseudoamigo, que de forma insólita acabara de ferir mortalmente seu irmão e ainda procurava abatê-lo. Assim procedendo, usou moderadamente dos meios que tinha ao seu alcance, em face da agressão injusta e atual, de que estava sendo vítima, juntamente com seu irmão".

Acerca do que ocorrera dentro do automóvel, afirmou aquela Alta Corte: "Quanto aos delitos de homicídio e tentativa de homicídio, os elementos constantes dos autos são igualmente convincentes. É fato incontestável que na ocasião em que o automóvel atravessava o Parque Ibirapuera, *os irmãos iam no banco da frente e o réu no banco traseiro*. Os exames periciais procedidos no automóvel *revelam que todos os tiros foram desfechados da parte de trás para a frente*, tendo um dos industriais recebido um tiro *na região occipital*, que lhe ocasionou a morte e o outro, os ferimentos descritos a fls., verificando-se *em ambos chamuscamento das regiões atingidas*. Uma das vítimas sofreu ainda ruptura dos tímpanos esquerdo e direito, *o que revela que os disparos foram feitos muito próximos de seus pavilhões auditivos*".

Quanto às declarações do réu, comenta o acórdão: "*É inverossímil a descrição da cena, feita por ele*. Não se pode conceber que tivesse podido segurar com a mão direita o revólver que o industrial lhe apontava (segundo sua afirmativa), enquanto com o braço esquerdo comprimia o corpo do outro de encontro à direção do carro e com a mão esquerda, livre, tentava desligar o motor do automóvel. *É inconcebível, também, que, se os irmãos estivessem armados de revólver, somente eles viessem a receber alguns dos vários disparos feitos*, ao passo que o réu escapou quase ileso, tendo sofrido, apenas, uma coronhada na cabeça quando a arma lhe foi arrebatada por um dos ofendidos, na luta em que ambos se empenharam fora do automóvel".

Acrescenta o Egrégio Tribunal que "'*após a tremenda cena delituosa*', o réu saiu em desabalada carreira, servindo-se o próprio carro em que o industrial quedara inerte. O crime de homicídio iniciado contra o outro não se consumou, portanto, pela necessidade em que se viu de afastar-se do local, para não ser preso".

Assevera que ele "agiu com emprego de traição, recurso revelador de dolo intensíssimo, porejando aleivosia e insídia". Alude às importâncias que recebeu e não aplicou, e afirma, no julgado, que o réu "se lançou ao delito com o visível intuito de acobertar a sua situação, já então, irremediável".

Se o réu conseguisse matar ambos os irmãos, talvez nos encontrássemos, ainda hoje, em face de um crime misterioso, de autoria ignorada.

No primeiro júri, foi ele condenado a treze anos de reclusão. Acusação e defesa apelaram e o Colendo Tribunal de Justiça invalidou o julgamento, por entender que haviam ocorrido nulidades. No segundo júri, a pena imposta foi de vinte e quatro anos. Recorreram novamente o Promotor e os defensores, tendo aquela douta Corte aumentado para trinta anos.

Quando esse réu havia cumprido onze anos e dez meses de prisão, obteve do Exmo. Sr. Presidente da República indulto do restante da pena, sendo posto em liberdade.

(Tribunal de Justiça – Apelação Criminal n. 58.238)

UMA PERÍCIA INCOMPLETA

Em importante cidade de nosso Estado, em que existem escolas superiores, ocorreu um delito de homicídio que teve grande repercussão e agitou intensamente a classe universitária.

Certo estudante, muito boêmio e popular, namorara durante meses uma jovem, muito bonita, filha do gerente de um banco local. Os pais dela se opunham ao namoro, porque o moço bebia muito. Ele residia em pensão a que seus próprios moradores haviam dado o sugestivo nome de "Santa Casa dos Paus d'água". Colegas seus, que depuseram no processo instaurado sobre o fato e eram seus amigos, confirmaram que ele, frequentemente, se excedia no uso de bebidas.

Desfeito o namoro, o rapaz tornou-se imprudente e inconveniente para com a moça e sua mãe.

No baile de "Coroação da Rainha dos Estudantes", quis compelir a ex-namorada, contra sua vontade, a com ele dançar, ameaçando provocar escândalo. Em outra festa, foi até a mesa que ocupava com a genitora e com elas discutiu, segurando um copo de cerveja na mão. Queria, com grande insistência, saber o motivo pelo qual essa senhora interferira no namoro e, como esta depois esclareceu, se tornou "extremamente insolente", "proferindo inconveniências em tom de insulto". Forçada a responder, ela lhe disse que o motivo estava em suas mãos, apontando para o copo de cerveja.

Depois dessa festa, a moça lhe declarou que "não era mais possível sequer a existência de amizade entre eles". Desde então, ela informou que "sempre que a via em companhia de qualquer rapaz, o estudante lhe dirigia pesados gracejos, imorais mesmo, visando assim desmoralizá-la". Sua mãe confirmou que "dessa ocasião em diante, todas as vezes em que o rapaz se encontrava com a declarante e sua filha, tomava atitudes provocantes, atrevidas mesmo"; "passou do assédio à perseguição, em todos os lugares, chegando a proferir impropérios".

Encontrando a moça em outra festa e no café existente junto ao principal cinema da cidade, com outros universitários, ele se aproximou e lhe dirigiu frases ofensivas, que provocaram a reação de seus companheiros.

Fatos graves ocorreram. Em outra reunião, convidou para dançar uma sua conhecida, que estava com a ex-namorada e a mãe e lhe disse:

"eu vim tirá-la de tão más companhias". Ao reconduzi-la à mesa, repetiu: "Sinto deixá-la em tão más companhias". A seguir, ofendeu aquela senhora e a filha, tendo-se elas retirado. O fato foi narrado no processo pela moça que ele tirara para dançar. Um estudante presenciou esse incidente. Por ter sido arrolado como testemunha, contou que depois foi posto no "gelo" e passou a ser boicotado pelos colegas de classe e do provocador, que lhe "moveram forte guerra de nervos".

Outro se aproximou do colega embriagado, segurou-o e afastou-o do local. Ele queria voltar à mesa e não foi fácil dissuadi-lo. Amigos intervieram para evitar que brigasse com aquele que o havia impedido de prosseguir nas injúrias.

Quando assim procedia, ele estava sempre alcoolizado. A moça queria relatar os fatos a seu pai, mas a mãe lhe pediu que não o fizesse, por esse motivo.

Na véspera do dia em que se verificou o crime, a jovem foi ao cinema com uma amiga. Sentou-se, como relatou, na extremidade de uma fila, mas, como à sua frente estivesse um rapaz muito alto, mudou-se para a poltrona vizinha, deixando vaga a primeira. O estudante, apesar de haver centenas de cadeiras vazias, parou perto da moça e perguntou aos colegas que ocupavam as filas próximas: "quem é que senta perto desta cobra?" Depois, já iniciada a projeção, aproximou-se da antiga namorada e lhe disse: "eu só não sento aí porque eu não me sento perto de...", usando expressão altamente ofensiva. Ela se levantou e foi queixar-se ao gerente, que mandou chamar o estudante. Mesmo na presença dessa pessoa, ele de novo a insultou.

Durante a instrução criminal, tais fatos foram confirmados por universitários que eram seus colegas ou cursavam outras escolas superiores. Até o seu companheiro de quarto na pensão já referida comentou que no cinema "ele tinha *bulido* com a moça, como costumava bulir".

A jovem, muito nervosa, ao chegar à casa, narrou tudo à mãe. Ao fazê-lo, chorava convulsivamente. Seu pai chegou logo depois e ouviu-a chorar. Foi ao seu quarto e ela e sua esposa lhe relataram tudo o que se havia dado com ambas.

Saiu de casa, por volta das 22:00h, desarmado, à procura do estudante, para que ele se retratasse das ofensas proferidas. Afastou a ideia de recorrer a medidas policiais, para resguardar sua família de comentários desairosos que pudessem surgir por parte de pessoas maldosas ou mal-informadas. Nunca pensou, igualmente, em soluções violentas, pois o que mais desejava evitar era o escândalo, prejudicial ao bom nome da filha.

Como não encontrasse o estudante nessa noite e não soubesse onde residia, resolveu ir, na manhã seguinte, à escola que cursava, hora da entrada dos alunos. Esse é outro fato que, segundo alegamos, provava não ser sua intenção agredi-lo. Se pensasse fazê-lo, não iria procurá-lo naquele local, justamente na hora em que chegam centenas de rapazes. Não avistou o estudante. Colegas deste, entretanto, o viram e explicaram no processo que o moço que aguardava havia chegado por outro lado.

Nessa ocasião, o acusado já estava armado, pois teve receio de ser agredido por ele e seus companheiros. À tarde, após o expediente do banco, passou por uma rua onde existiam casarões velhos em que estavam localizadas "repúblicas" de estudantes. Lembrou-se de que pela manhã fora visto por muitos deles e admitiu a hipótese de terem avisado o colega e deste se armar. Não pensava em agir com violência, mas resolveu continuar com seu revólver.

De acordo com as declarações que mais tarde prestou na Polícia e em Juízo, ao passar por uma casa antiga, viu o moço que procurava conversando com o companheiro de quarto. Ele lhe dirigiu um sorriso de escárnio. Perdendo a calma, disse uma ofensa ao rapaz, que lhe avançou, perguntando "como?", "o quê?" e fazendo o gesto de sacar de uma arma. "Sentindo-se em perigo", tirou o revólver que trazia no bolso traseiro da calça e contra ele desfechou tiros. Desnorteado, depois correu pela varanda, à procura de saída e foi até o fundo da casa, verificando então que se enganara e voltou rapidamente, ganhando a rua.

A vítima estava de camisa, sem paletó, o que não excluía a possibilidade de que carregasse uma arma no bolso traseiro da calça, como ocorria com o acusado. E o gesto que este o vira fazer fora exatamente o de levar a mão àquela parte do corpo.

O estudante faleceu no local. A Polícia e o médico-legista levaram cerca de trinta minutos para chegar à pensão. Nesta se encontravam muitos estudantes, que poderiam ter retirado qualquer arma que ele antes portasse.

A acusação, baseando-se nos depoimentos das testemunhas inquiridas, procurou provar que a vítima não fizera o gesto que o réu mencionara. A defesa sustentou que se as pessoas que presenciaram a cena delituosa não viram tal gesto, também não afirmaram nem podiam assegurar que ele não fora feito.

O M. Público, para provar que tinha razão, requereu que fosse feita a vistoria do local. E arrolou as testemunhas por ele apontadas, para serem ouvidas em plenário, perante os jurados.

A perícia foi deferida e o MM. Juiz de Direito nomeou para realizá-la dois engenheiros da cidade, que apresentaram um trabalho cuidadoso, mas – como depois mostramos– incompleto, por motivos estranhos à vontade dos técnicos.

Com essa perícia, a acusação cuidou de precisar quais as áreas do terraço da casa que as testemunhas, que se encontravam na rua, no passeio oposto, não poderiam ver, pela existência no local de um pilar largo. Em todos os gráficos feitos e apresentados ao Júri, aparecia, por isso mesmo, uma faixa, representando a "zona" cuja visibilidade o pilar impedia. Quis provas mais: que, reunindo as partes visíveis para cada testemunha, chegar-se-ia à conclusão de que elas, *em conjunto*, teriam a visão por inteiro do referido terraço. Não estava provado, entretanto, que todas essas pessoas, em determinado e preciso momento, estivessem olhando esse local.

No Tribunal do Júri, em sessão memorável que provocou interesse em toda a região, a acusação foi feita pelo Promotor da Comarca, que gozava de largo prestígio, por ilustre professor de direito e por um advogado da cidade. A defesa, como em todo o decorrer do processo, esteve a cargo nosso e do ilustrado colega e amigo Dr. João Ribas Fleury.

Os peritos também foram chamados a depor em plenário. Um deles, reafirmando o que constava do laudo, declarou, inicialmente, que os gráficos foram feitos, "considerando que a testemunha *não se deslocou ao local e se achava voltada para o prédio*". Ao ser interrogado pela defesa, esclareceu o perito que, ao fazer a vistoria, não tivera informação alguma sobre o ponto em que se encontrava a vítima quando recebeu os tiros, nem sobre o local em que se achava o réu ao atirar. Reconheceu ainda que, se o acusado fez os disparos do portão da casa, *o seu corpo também tiraria às testemunhas que estavam na rua parte da visibilidade do terraço*. Admitiu mais, que se houvesse recebido tal informe, *outras, diferentes, seriam as conclusões de seus gráficos*.

Os esclarecimentos suplementares que esse perito acabou prestando em plenário demonstraram que, ao ser feito o exame, a acusação não cogitara, como seria necessário, de fixar os pontos em que se encontravam – no momento exato do crime – o réu e a vítima, mas apenas preocupara com a localização das testemunhas. E a declaração que então fez, de que a visibilidade dessas pessoas ficaria ainda mais reduzida, admitindo-se o fato – provado nos autos – de ter o réu atirado do portão e de degraus próximos, invalidou inteiramente o trabalho pericial. De tal forma que a acusação, a pública e a particular, na parte inicial e na réplica, abandonou a perícia, a ela não fazendo alusão alguma! Essa circunstância, como era natural, foi pela defesa aproveitada em plenário.

A existência no terraço de um pilar largo estava comprovada por fotografias juntadas ao processo e pelos depoimentos de testemunhas. O companheiro de quarto da vítima, que com ela estava no local, afirmou em Juízo que "ela ficara na parte cimentada que *é encoberta na fotografia de fls. pelo pilar onde tem a placa*". Se o pilar encobria, não podia ser vista pelas testemunhas que estavam na rua.

A pedido da acusação, estas também foram inquiridas em plenário. Uma declarou: "a quem, em seu ângulo visual, a vítima passou pelo pilar do portão; que esclarecendo melhor o seu depoimento, tem a dizer que *não viu a vítima quando esta atravessou o pilar*". Outra informou: "o pilar do portão atrapalhou a visão do depoente com relação à vítima; depois que ela se movimentou e chegou ao pilar, *o depoente não mais viu*". A terceira confessou que o pilar "tirou a visão do depoente de pequena parte do corpo da vítima e isso quando ela se aproximou do pilar em questão; que *essa parte era do lado direito do ofendido*".

Assim, com esses depoimentos perante os jurados, a defesa provou, mais uma vez, que se elas não viram a vítima fazer o gesto de sacar de uma arma *do bolso traseiro direito da calça*, também não afirmam que não o houvesse feito.

As testemunhas não tinham visto o estudante sorrir em tom de menosprezo ou de mofa, nem o réu, a seguir, lhe dirigir a ofensa, como ele próprio declarou ter feito. Não poderiam supor que no local haveria um crime. Só quando viram o acusado sacar da arma é que tiveram as suas atenções atraídas para o local e passaram a observá-los.

O colega do estudante que com ele se encontrava também não pôde esclarecer bem a cena delituosa: contou que a vítima lhe deu um binóculo que tinha nas mãos; no momento essa testemunha estava de costas para a rua; ao se voltar para o lado direito, já viu o réu no portão; ao escutar o primeiro tiro, olhou para o lado aonde vinha mas não viu o acusado com o revólver, porque o pilar lhe atrapalhou a visão. Só depois olhou para o amigo e ouviu mais três disparos.

De acordo com os depoimentos de todas as testemunhas, a cena foi rapidíssima, não havendo intervalo entre o primeiro e os demais estampidos. Dificilmente uma testemunha, nesse momento, poderia ter observado os movimentos de um e outro protagonista.

A atitude da vítima, na ocasião, não fora amistosa. Um engenheiro residente na cidade e cuja idoneidade é conhecida depôs no processo e relatou que o estudante que se achava no terraço, referindo-se a ter seu colega se dirigido em direção do réu, usou da expressão: *"ele foi no..."*.

Perante o Júri, a defesa sustentou que o réu, consoante suas reiteradas declarações, só usara o revólver porque *"se sentira em perigo"* ao ver o estudante fazer o gesto de sacar uma arma do bolso traseiro da calça.

Em face da prova colhida, em se tratando de um cidadão de passado ilibado, com qualidades de coração e de caráter bem conhecidas, devia a sua versão ser aceita.

Ainda que a vítima estivesse desarmada – o que não ficara aprovado – ele teria agido por errônea percepção da realidade, que é, exatamente, o que caracteriza a legítima defesa putativa. Não tinha a consciência de praticar um homicídio, mas só a de se defender. Embora pudesse ter interpretado erroneamente o gesto da vítima, seu erro estava plenamente justificado pelas circunstâncias, pois supôs uma situação de fato que, se existisse, tornaria a sua ação legítima.

Apresentamos aos jurados decisões do Tribunal de Justiça do Estado de São Paulo em que essa Alta Corte ensina: "Dir-se-á que a vítima achava-se desarmada. Mas não é apenas contra o indivíduo armado que o agredido pode empregar instrumentos de defesa. Pode fazê-lo desde que se sinta em perigo" (*Rev. Tr.*, v. 166, p. 513). "Muitas vezes a melhor defesa está em antecipar-se à agressão" (*Rev. Tr.*, v. 132, p. 91).

O número de tiros que o acusado desfechara tinha explicação nas condições psíquicas em que se encontrava e que devem ser apreciadas na legítima defesa putativa.

Quanto à *situação de perigo*, invocamos a lição de VERGARA, que, em seu livro *Delito de homicídio*, recomenda que se leve em conta "o estado de perturbação de ânimo e de mente, ocasionado pelo temor da violência e do perigo". De HUNGRIA, que, em seus *Comentário ao Código Penal*, alude "a excitação ou perturbação momentânea do estado de ânimo que tais circunstâncias provocam" e de NOGUEIRA ITAGIBA, que escreve, em sua obra *Do homicídio*, que a base psicológica da legítima defesa putativa é o receio do perigo, que é problema dos mais complexos, produzindo reações biológicas de tal ordem que podem ocasionar até a síncope e a morte. Cita os estudos de Cannon, de Short e de Wright e põe em relevo o ciclo emocional a que a situação de perigo dá origem e que provoca verdadeiras tempestades motrizes.

O Conselho de Sentença era formado por figuras de destaque na cidade: um advogado, dois médicos, um engenheiro agrônomo e três professores da Escola Normal. Por quatro votos contra três absolveu o nosso constituinte, acolhendo a defesa invocada.

Houve recurso para Instância Superior, apresentando o Promotor e o Assistente razões em que, com muito esforço, pleiteavam a anulação do julgamento.

A Procuradoria de Justiça, apreciando a prova reunida, assim se manifestou em brilhante parecer: "Considerada a atuação do apelado em fase das cenas anteriores ao crime, em que sua filha era desrespeitada, humilhada e ofendida publicamente, quando só e até mesmo em companhia de sua mãe; examinada e compreendida humanamente a cena da noite anterior em que um pai surpreende a filha a relatar, entre lágrimas, à sua mãe, os impropérios e as injúrias gravíssimas que lhe foram assacadas pelo rapaz que a perseguia; considerada a atitude da vítima, quando interpelada pelo réu com uma expressão ofensiva, passando o binóculo para o companheiro e dirigindo-se, logo em seguida, para o réu, não se poderá dizer, sem paixão, que a decisão absolutória não encontra qualquer apoio na prova dos autos.

O estado de ânimo em que o réu se encontrava, conturbado pelos acontecimentos dolorosos de que tivera conhecimento, e a atitude da vítima perguntando-lhe 'como?', 'o quê?', passando o binóculo ao amigo como que para ficar com as mãos livres e encaminhando-se em direção ao réu, são circunstâncias que justificam plenamente a errônea interpretação da realidade e que fizeram com que o réu, julgando-se na iminência de ser injustamente agredido, disparasse arma e matasse. Em tais condições opino pela confirmação da decisão do Júri".

O Egrégio Tribunal de Justiça, por maioria de votos, confirmou o veredicto absolutório do Júri, acolhendo, como expressamente menciona, as contrarrazões da defesa e o parecer da Procuradoria de Justiça.

(Tribunal de Justiça – Apelação Criminal n. 28.423)

A PROVA INDICIÁRIA

Muitas pessoas, além dos dois proprietários, encontravam-se, certa noite, em um armazém da avenida Santa Marina, em São Paulo. Perceberam que, na calçada, três indivíduos discutiam. De repente, ouviram o barulho da queda de um corpo. Algumas saíram e encontraram um homem caído ao solo, junto da escada de dois degraus, existente em uma das portas do estabelecimento. Ajudaram-no a se levantar e nele não observaram nenhum ferimento ou mancha de sangue.

Seu companheiro, que se achava muito embriagado, declarou que ele havia recebido, durante a discussão, um soco de *B.G.*, empregado de grande vidraria das proximidades, que o derrubara. A pessoa apontada como agressora não se achava no local. Havia sido vista no armazém antes do ruído já referido, do choque de um corpo humano com a calçada.

Apareceram soldados do posto policial próximo, que conduziram até este os dois indivíduos. Um dos militares depôs, mais tarde, no inquérito e em Juízo, afirmando que o homem que vira, no chão, se levantara e fizera o trajeto sem qualquer auxílio. Nele não observou lesão alguma. Notou, apenas, que estava alcoolizado.

Como seu amigo acusasse *B.G.* de tê-lo derrubado com um forte murro no nariz, este foi detido em sua residência, que era perto, e os três removidos para o plantão da Polícia. Nesta repartição, os dois, que estavam bêbados, se portaram mal e foram recolhidos à prisão. *B.G.* negou a agressão que lhe era atribuída e a autoridade de serviço o dispensou.

Na manhã seguinte, os guardas, com espanto, ao procurarem acordar o que havia caído na rua em frente ao armazém, viram que ele estava agonizando. Uma testemunha afirmou no processo que o acharam morto.

Feita a autópsia, os médicos-legistas verificaram que a morte se dera em consequência de hemorragia intracraniana, por traumatismo e fratura da parede respectiva. Observaram, "como particularidade curiosa, *porém não explicável*, a ausência de lesão do couro cabeludo na região occipito parrental, sede evidente do traumatismo que ocasionou a fratura dos ossos subjacentes". Constataram o nariz ligeiramente equimosado, estando a mucosa nasal revestida de coágulos. Notaram, também, no lábio superior e na região geniana direita, ligeiras placas de sangue coagulado, aderente à epiderme e proveniente das narinas, visto como a pele, nessa altura, não apresentava nenhuma solução de continuidade.

Encerram o laudo declarando: "Conquanto os peritos não disponham de elementos precisos para julgar da natureza da agressão da vítima, pela sede das lesões *parece permitido concluir que a vítima recebeu pancada inicial (digamos, um murro) no nariz*, indo bater com a cabeça de encontro a superfície dura, *o solo, provavelmente*".

O irmão do morto, em declarações que prestou na Polícia, disse ter recebido essa mesma informação de um dos peritos, no necrotério, no dia seguinte à autópsia. Esclareceu mais que a vítima, dias antes desse fato, sofrera um acidente na indústria em que trabalhava e estava em tratamento no ambulatório de uma companhia de seguros. À circunstância se referiram no processo várias testemunhas, mas ninguém elucidou o que então ocorrera.

O seu companheiro, que acusara B.G. no local e aos policiais, ao depor no inquérito, declarou se achar bastante alcoolizado quando discutiram e "não poder fornecer detalhes precisos do que aconteceu em seguida", "restando ao declarante a *impressão* de ter visto a vítima cair junto à porta de entrada da referida venda, a um gesto de B.G., que *lhe pareceu um empurrão*, porta essa que possui uma escada de dois degraus, que lhe dá acesso".

Ele foi, depois, acareado na Polícia com B.G. e acabou confessando que, durante a discussão, "o vira fazer um gesto com os braços, não tendo o declarante compreendido bem a natureza desse gesto, isto é, não pode afirmar se B.G. *tinha a intenção de empurrar seu amigo ou se somente queria ampará-lo*, visto como ele se encontrava também muito embriagado. O certo é que, em seguida, seu companheiro caiu junto à porta do mencionado armazém, ao pé de uma pequena escada".

B.G. sempre negou a agressão. Só essa pessoa o havia acusado. Os dois proprietários do estabelecimento comercial e as demais testemunhas inquiridas não viram a vítima cair e afirmaram não saber se fora agredida ou sofrera queda acidental.

Em face dessa prova, a morte do operário poderia ter resultado da queda em frente ao armazém, do acidente anterior na indústria em que trabalhava ou de um possível atrito com outros presos na noite que passara no xadrez. De outro lado, não ficara demonstrado que tivesse realmente levado um murro de B.G. As declarações de seu companheiro tinham pouco valor por estar bêbado na ocasião e serem inseguras e falhas.

A PROVA INDICIÁRIA

O art. 409, em sua anterior redação, dispunha: "Se não se convencer da existência do crime ou de *indício suficiente* de que seja o réu o seu autor, o juiz julgará improcedente a denúncia ou queixa".

Mestres como ESPÍNOLA FILHO advertem: "Comentadores do preceito mantiveram, no explicá-lo, a tradicional compreensão de que esses indícios devam ser *veementes*". O autor cita, entre outros, *Magarinos Torres, Lemos Britto e Borges da Rosa*, que apoiam a tese e, por sua vez, acentua que deve tratar-se de "uma autoria apontada por *indícios sérios, que excluam a probabilidade de erro*" (*Cód. Proc. Penal Brasileiro Anotado*, v. IV, p. 248 e 249).

ESPÍNOLA FILHO ainda observa que nossa lei processual penal, em seu art. 312, tratando da prisão preventiva, alude a *indícios suficientes* e entende que a identidade da exigência se justifica porque a decretação da prisão preventiva equivale ao mais grave e mais imediato dos efeitos da pronúncia, consistente (à época) na prisão do réu (obr. cit., p. 249).

MAGALHÃES NORONHA também exige "*prova plena* da existência do crime e *indícios sérios* da autoria" (*Curso de Direito Processual Penal*, ed. Saraiva, p. 334).

Fizemos, em defesa escrita, cuidadoso exame da prova e sustentamos que nesse processo os indícios deviam ser julgados insuficientes. Lembramos a lição de MITTERMAYER, que explica, em sua consagrada obra *Tratado da prova em matéria criminal*: "O indício revela, à primeira vista, uma relação possível entre dois fatos, ou designa uma pessoa como agente; mas o juiz deve também informar-se de todas as hipóteses que, em sentido contrário, venham justificar completamente esta relação; e só comparando entre si estas hipóteses é que chega a decidir qual delas têm maiores probabilidades" (3ª ed., ed. Jacintho Ribeiro dos Santos, p. 512 – Capítulo LVII, "Investigações dos indícios").

A de LOPES MORENO, que, em seu conhecido livro *La Prueba de indicios*, escreve: "La combinación de los indicios no debe dar lugar a duda racional sobre la culpabilidad del procesado. Desde el punto que esas dudas aparescan, deben considerarse como *insuficientes*" (p. 265).

MALATESTA, em *A lógica das provas em matéria criminal*, escreve: "O indício é aquele argumento probatório indireto que deduz o desconhecido do conhecido por meio da relação de causalidade" (ed. Saraiva, v. I, p 220). "Na avaliação do indício, tem o juiz um duplo dever. Deve, antes de tudo, levar em conta os *motivos para crer*, inerentes ao indício por si mesmo; estes motivos para não crer constituem motivos infirmantes, que derivam por vezes da consideração da subjetividade do indício, e sempre da consideração do seu conteúdo, quando não se trata de indício necessário. O juiz deve, além disso, atender às provas infirmantes do indício; e a prova infirmante do indício, consista ou não noutro indício, constitui o *contraindício, em geral* (p. 234). E adverte: "*não deve o convencimento que provém das provas ter contra si dúvida alguma razoável*" (p. 232).

O exame dos indícios compete ao Juiz que deve pronunciar ou impronunciar o réu. JOSÉ FREDERICO MARQUES comenta a respeito: "O valor probante dos indícios e presunções, no sistema de livre convencimento que o Código adota, é em tudo igual ao das provas diretas. Como a livre convicção não se confunde com o arbítrio, *a força probante dos indícios deriva da prudente apreciação do juiz, que constrói a prova indiciária*" (*Elementos de Direito Processual Penal*, ed. Forense, v. II, p. 378).

O próprio Promotor Público que funcionou no processo considerou a prova deficiente e o magistrado que presidira a instrução impronunciou o réu.

(1ª Vara Auxiliar do Júri – Processo n. 1.096)

O DOLO NO HOMICÍDIO

T.S., que possuía uma chácara perto da Vila Carrão, em São Paulo, com plantação de verduras, certa noite, saindo à procura de um animal, caiu no poço nela existente, quase morrendo afogado. Salvo por vizinhos, ficou muito nervoso e assustado.

No dia seguinte, em casa, sua filha, de 15 anos de idade, ao ser por ele repreendida, respondeu-lhe de forma desrespeitosa. Zangado, contra ela atirou um pedaço de tábua. Em sua ponta, entretanto, estava cravado um prego, que atingiu a menor na cabeça.

Como saísse um pouco de sangue, ela foi conduzida à farmácia próxima, à noite, e a seu proprietário contaram que teria levado um tombo. Ele notou um pequeno ferimento na região parietal direita, lavou o local com água oxigenada e fez aplicação de iodo. Apesar do curativo, aconselhou a família a procurar um médico, na manhã seguinte.

A menor dormiu normalmente, acordou sem dor alguma e foi ao mercado, como de costume, vender verduras. Ao voltar, não se sentiu bem, tinha tonturas e gritava devido a dores na cabeça. Foi então chamado um facultativo, que receitou injeção antitetânica, aplicada pelo farmacêutico já referido. À noite, seu estado se agravou e foram à sua casa outros dois médicos, que constataram uma infecção tetânica, assistindo a convulsões da enferma. Aconselharam a aplicação de mil unidades de soro estreptocócico. Enquanto a receita era aviada, a pobre moça falecia.

Seu pai ficou alucinado, parecia ter endoidecido e desapareceu, não assistindo ao funeral. Os vizinhos depois ouvidos no inquérito instaurado pela Polícia ficaram impressionados com o seu desespero.

A autópsia feita pelo instituto Médico-Legal constatou a existência de ferimento punctório, circular, medindo cerca de dois milímetros de diâmetro, na região parietal direita, interessando o couro cabeludo, o perióteo e a abóbada craniana. Esse ferimento atingira a meninge e a menor falecera de meningoencefalite traumática, produzida por instrumento punctiforme.

A Polícia inquiriu vizinhos do réu, que a Promotoria Pública depois arrolou na denúncia e depuseram em juízo. Conheciam-no há quinze, quatorze e dez anos. A prova resultou muito favorável à defesa. Todos atestaram ser ele bom chefe de família, homem muito trabalhador e que sempre tratou os filhos com carinho. Esclareceram mais que a vítima era a sua filha predileta e quem o acompanhava ao mercado para a venda de verduras.

Afirmaram, de forma unânime, que ele ignoraria, sem qualquer dúvida, a existência de um prego na tábua e nunca seria capaz de feri-la. Não a atirara de forma violenta, tanto que ela não produzira qualquer outra lesão na cabeça da menor. Só o prego é que a ferira.

O réu, ante uma resposta indelicada da filha, nervoso como se encontrava em virtude do acidente da véspera, jogara o pedaço de madeira em sua direção, sem desejar atingi-la. A denúncia reconhecia que ele não dera uma pancada na menor, mas apenas *"atirou-lhe uma tábua"*.

Apesar da prova, o Promotor Público que funcionou no processo-crime afirmou ter ele agido com intenção criminosa e uma brutalidade inqualificável, vibrando um golpe em região delicada, como aquela em que a vítima fora ferida.

O advogado do réu alegou ter ele agido sem intenção criminosa. O Juiz que presidia o processo entendeu que *T.S.*, para castigar a filha, contra ela arremessara aquele objeto e o pronunciou como autor de homicídio qualificado. O defensor recorreu para o Colendo Tribunal de Justiça, que confirmou o despacho.

Fomos então procurados para defender *T.S.* perante o Tribunal do Júri. Com apoio na prova reunida nos autos, sustentamos que ele não tivera a intenção de ferir ou matar a filha. Estudamos o problema do dolo no homicídio, ressaltando ser esta a vontade consciente e livre de eliminar uma vida humana. É a intenção de matar, que os juristas chamam de *animus necandi ou occidendi*. Esclarecemos que o delito consta de dois elementos: o moral e o material. A intenção é precisamente o que caracteriza o primeiro.

Toda a prova evidenciava que o réu não teve e nunca teria o propósito, sequer, de ferir a filha. Não se poderia, pois, cogitar de dolo eventual ou indeterminado. Nem teria agido com culpa, pois nunca poderia prever a existência de um prego na tábua. Para obter a sua absolvição, recorremos aos ensinamentos de FIRMINO WHITAKER, que, em sua clássica obra *O Júri*, explica: "O fato criminoso deve ser incluído de modo que abranja os dois elementos essenciais a toda infração: o material ou corpo de delito e o moral ou responsabilidade do agente. Outrora estes dois elementos eram propostos em quesitos distintos. A lei refor-

O DOLO NO HOMICÍDIO

madora do Código de Processo, porém, atendendo a facilidade que se devia proporcionar ao júri e a consideração de que o fato e a intenção não são divisíveis para o efeito da penalidade, reuniu-os em um só quesito. À vista disso, respondido afirmativamente o quesito principal e sendo negada a defesa proposta, o réu é condenado, porque o júri assim reconhece *a imputabilidade da infração, conjuntamente com esta; mas, se o júri reconhece que o réu agiu sem intenção delituosa, basta para absolvê-lo que negue o fato principal, porque este versa sobre o crime a punir, e não há crime desde que, da infração, somente se tenha apurado o lado material"* (5ª ed., 1926, Secção de obras de *O Estado de São Paulo*, p. 180).

O Conselho de Jurados, que era dos mais esclarecidos, acolheu a nossa defesa e, ao ser-lhe proposto, na sala secreta do Tribunal do Júri, o primeiro quesito, que indagava se o réu havia agredido sua filha, atirando-lhe uma tábua, em cuja ponta se encontrava cravado um prego, negou-o por cinco votos contra dois, absolvendo o acusado. O M. Público não apelou do veredicto e *T.S.* foi solto, depois de decorrido o prazo legal para recurso.

(1º Ofício do Júri – Processo n. 252)

EM VARAS CRIMINAIS COMUNS

ASSALTO À PERUA DAS INDÚSTRIAS MATARAZZO

Todos os meses, uma perua das I.R.F Matarazzo S.A. se dirigia a São Caetano do Sul, no Estado de São Paulo, conduzindo elevada soma em dinheiro para o pagamento dos operários de sua fábrica de raiom.

Em uma das viagens, no período das 8:00h às 8:40h, em rua transversal à avenida do Estado, entre os bairros da Mooca e Vila Prudente, na Capital paulista, duas pessoas, trajando uniforme semelhante aos guardas em serviço no policiamento de trânsito, fizeram com que o veículo parasse, sob o pretexto de terem de examinar os documentos do motorista. Estacionada a perua, sacaram de suas armas e forçaram o condutor e os três pagadores que nela viajavam a descer. Ato contínuo, apossaram-se da perua e fugiram.

O veículo foi abandonado depois, no largo São Rafael, na Mooca, onde no mesmo dia a polícia o encontrou e apreendeu. O dinheiro, porém, não foi recuperado. Um operário e um guarda-civil descobriram, mais tarde, à beira do rio Tietê, as roupas, luvas e os óculos usados pelos assaltantes. Esse fato auxiliou muito as investigações policiais. Nós demos – como advogado contratado pela empresa lesada – toda a colaboração possível à autoridade que as orientou.

As pistas foram cuidadosamente seguidas. Descobriu-se que os uniformes haviam sido confeccionados em uma alfaiataria especializada em fardas. Os seus proprietários, inquiridos, afirmaram ter sido a encomenda feita por dois homens, um dos quais falava italiano, dera o nome de *Del Rio* e tinha uma cicatriz na face.

Os empregados das Indústrias Matarazzo que estavam na perua lembravam-se de que um dos assaltantes trazia no rosto um esparadrapo, ocultando, talvez, um sinal que o pudesse mais facilmente identificar. Foi feita pesquisa na Delegacia de Estrangeiros e no Serviço de Identificação. Nada se encontrou com o nome *Del Rio*. No último serviço, entretanto, existia o prontuário de um italiano, *S.R.*, que tinha na face uma cicatriz, precisamente no lado direito, que um dos criminosos procurara encobrir. Chegara ao Brasil três anos antes. Sua foto foi logo reconhecida pelos alfaiates. Depois se fez uma composição fotográfica, em que *S.R.* aparecia uniformizado e com esparadrapo no rosto. Realizou-se o reconhecimento oficial por fotografia, colocando-se a de S.R. entre as de outras pessoas que com ele tinham alguma semelhança. Os passageiros da perua afirmaram, sem qualquer dúvida, ser ele um dos delinquentes.

Decretada a sua prisão preventiva, descobriu-se, com o auxílio da polícia italiana, que estava na Colômbia, em Bogotá, onde se estabelecera com oficina mecânica. Investigadores paulistas para lá viajaram e o trouxeram preso. Durante as diligências, apurou-se que seu companheiro no assalto fora E.C., que após o crime também desaparecera. Foi ele igualmente reconhecido pelos ocupantes da perua, por meio de fotografias.

Chegando a São Paulo, S.R. foi apresentado, na polícia e em juízo, aos alfaiates e aos funcionários das Indústrias Matarazzo, que tornaram a reconhecê-lo. Interrogado, confessou haver mandado fazer os fardamentos depois utilizados no assalto. Era realmente o Del Rio que estivera na alfaiataria. Alegou, entretanto, que fizera a encomenda a pedido de E.C. e que não interviera no crime. Pelo seu trabalho recebera quarenta mil cruzeiros.

Outras provas, colhidas pela nossa polícia, muito os comprometiam. Logo após o delito, desapareceram. No mesmo mês, surgiram na cidade de Jacobina, onde se encontraram com um conhecido de São Paulo. S.R. trazia consigo uma quantia grande, que disse haver ganho no jogo. Levava vida de dissipação, gastando muito. Ele e E.C. quiseram adquirir a dinheiro, por seiscentos mil cruzeiros, uma mina, com terreno, maquinaria, trabalhos de pesquisa etc. S.R., nessa cidade, usara o nome de um amigo, inclusive para a compra de um jipe. Antes, eram ambos modestos, sem maiores posses.

No processo contra eles instaurado na 5ª Vara Criminal, funcionamos como assistentes do M. Público. Os defensores dos réus impugnaram o valor do reconhecimento por fotografias e sustentaram que a publicação pelos jornais das fotos de S.R. teria impressionado os reconhecedores. A defesa de S.R. procurou também se valer do fato de um dos pagadores da empresa, ao descrever os assaltantes, ter declarado que um era louro e outro moreno, apontando seu constituinte como o primeiro.

O magistrado que os julgou declarou na sentença: "A trama criminosa estava toda desvendada, graças ao eficiente trabalho desenvolvido por nossa polícia. Realmente, após minucioso estudo que fiz de todas as provas constantes deste processo, formado por quatro alentados volu-

ASSALTO À PERUA DAS INDÚSTRIAS MATARAZZO 203

mes, não tenho dúvida em afirmar a responsabilidade dos denunciados *S.R.* e *E.C.* na prática do crime que lhes foi atribuído".

Ainda comentou: "Raramente se terá oportunidade de ver um processo, cuja fase policial haja sido tão bem conduzida. A colheita de provas – indiciárias, simplesmente, a princípio, e positivas a final – *foi procedida com raro zelo e inexcedível perícia*. No início tudo era ainda trevas. O assalto, em plena luz do dia, a uma perua que conduzia cerca de três milhões de cruzeiros em dinheiro, por dois bandidos disfarçados em policiais e com a sua identidade assim escondida, cercava o episódio de um aspecto novelesco, dando ao crime uma feição raramente registrada nos anais criminais de nossa terra. Do cenário do crime desapareceram logo a seguir os criminosos e com eles toda a vultosa importância em dinheiro. Principia, então, a laboriosa pesquisa policial".

Quanto ao reconhecimento por fotografias, observou que as investigações foram feitas com cuidado, a fim de não se derivar para uma pista errada. Era trabalho que demandava paciência e cujo êxito asseguraria a identificação dos criminosos.

O reconhecimento fotográfico – acrescentou – não tem merecido a aprovação de muitos tratadistas, mas, nesse caso, estando *S.R.* foragido, era o único meio ao alcance da autoridade processante do inquérito para lograr a identificação do perigoso assaltante da perua. Ainda que se admitisse a sua falibilidade, ele era valioso elemento de convicção como prova indiciária, cotejada com os demais elementos do processo. O zelo e a eficiência com que foi feita a pesquisa dos retratos na polícia estão demonstrados na precisão com que foi *S.R.* reconhecido pelos alfaiates naquela oportunidade e cuja confirmação se encontra em sua própria confissão posterior.

O fato de um dos pagadores ter dito que *S.R.* era louro tinha explicação. Não quis, por certo, referir-se à cor de seus cabelos, que não poderia distinguir, pois se achavam cobertos pelo capacete branco de policial de trânsito. Pretendeu estabelecer, por expressão talvez não muito precisa, o contraste físico entre um e outro assaltante: um, de cor parda; o outro bem louro, por antinomia.

Citou ainda o magistrado o depoimento de uma testemunha idônea, inquirida na Itália, que ouvira de o próprio *S.R.* ter efetuado o assalto com *E.C.* Aquele réu confessou no inquérito policial e em juízo ter mandado confeccionar os uniformes policiais. Alegou que atendera o pedido, ignorando a finalidade e destino das vestimentas. Não é crível, asseverou o juiz, que um dos assaltantes da perua – cujo roubo fora tão inteligentemente planejado e executado – cometesse a infantilidade de incumbir um estranho ao conluio criminoso de mandar fazer os uniformes, habilitando-o a, posteriormente, fornecer a sua verdadeira identificação. Nem é aceitável que, por um favor assim inocente, *E.C.* lhe fosse pagar quarenta mil cruzeiros em dinheiro, como *S.R.* alegava! Concluiu o magistrado: "sua negativa, isolada, é sufocada pelo vigor da prova acusatória que contra ele se levanta inteira".

Foram os dois réus condenados a cumprir a pena de oito anos de reclusão pela prática de roubo qualificado pelo emprego de arma, concurso de agentes e pela circunstância de estarem as vítimas em serviço de transporte de valores. *S.R.* apelou dessa decisão, mas o Tribunal de Justiça a confirmou.

(5ª Vara Criminal – Processo n. 13.288)

ASSALTO À PERUA DO BANCO MOREIRA SALLES

Em 1964, chegava da Grécia *E.D.F.*, com elevada quantia em dólares. Encontrou em São Paulo um patrício, *G.T.*, a quem conhecera em seu país e foi apresentado a dois outros compatriotas, *G.A.T.* e *G.N.K.* Aqui, no Brasil, fizeram negócios com cigarros e pensaram em adquirir partidas de pedras semipreciosas para revenda na Europa.

Certo dia, *G.A.T.*, passando pela Praça do Patriarca, viu, por acaso, à porta do Banco Moreira Salles, serem colocados muitos sacos de dinheiro em uma perua modelo Kombi, destinada a seu transporte. Pensou em organizar um assalto ao veículo e conversou a respeito com *E.D.F.* e *G.N.K.*, que se interessaram pela ideia, a qual foi cautelosamente estudada.

Assistiram, em muitas ocasiões, às saídas e retornos das viaturas que transportavam valores; certificaram-se do número de pessoas que nelas embarcavam; examinaram o trajeto percorrido pelos carros, fazendo-o no carro DKW que *E.D.F.* então comprara ou a pé; ficaram sabendo que eles, saindo do Banco Moreira Salles, iam ao Banco do Brasil; apuraram que, além dos funcionários que seguiam nos veículos, outros, a pé, iam ao segundo desses estabelecimentos, para ali aguardar a chegada do dinheiro. Estudaram, nos seus detalhes, o percurso feito e observaram as oportunidades em que se faziam os maiores embarques de dinheiro e que eram entre às 12:50h e 13:05h.

Planejaram, com minúcias, o assalto e *E.D.F.* assumiu o comando. Escolheram, como o ponto mais propício, a rua Líbero Badaró, nas proximidades do Largo de São Francisco, por entenderem que o lugar não era bem policiado, não havia movimento intenso de pedestres, permitia a fuga por dois locais e o trânsito costumava congestionar-se, o que seria necessário para a abordagem do veículo.

E.D.F. e *G.A.T.* já possuíam armas de fogo. O primeiro adquiriu para *G.N.K.* outro revólver. Escolheram as ruas em que DKW deveria ficar para o transbordo do dinheiro. No estudo do plano, verificaram que o assalto não poderia ser executado só por três pessoas e foi então convidado *G.T.* para integrar o grupo. A ele caberia, na direção do DKW, "fechar" a perua, no Largo de São Francisco, de modo a fazê-la parar.

Estando tudo preparado para o assalto, foram feitas duas ou mais tentativas, sem êxito, devido a falhas de *G.T.*, provocadas por seu nervosismo. Ele se atrasava ou se adiantava muito para "fechar" a perua. O plano foi revisto e indicado um quinto patrício, *M.B.N.*, para auxiliá-los. Este morava no Rio. Veio para São Paulo *em um carro alugado naquela cidade* e cuja locação *E.D.F.* pagara adiantadamente. A ele caberia a missão de, na rua Líbero Badaró, colocar-se à frente da perua, para que a marcha desta fosse vagarosa.

Foi levado a um apartamento, alugado no Sumarezinho em nome de *G.N.K.*, onde passou a noite, sozinho. Teve a oportunidade de notar, sob a cama, uma mala que continha roupas, óculos escuros, bigodes postiços, um tubo de cola, três revólveres, um saco plástico contendo balas e uma barra roliça de ferro.

Dois dias depois executaram o assalto. O plano original sofreu alterações: *M.B.N.* deveria aguardar no Viaduto do Chá, proximidades da rua Líbero Badaró e Praça do Patriarca, a perua do banco e, ao avistá-la, movimentar o seu carro, um Volkswagen, de forma a se colocar à sua frente, dificultando-lhe a passagem. A chapa traseira do veículo estaria coberta de barro para impedir a leitura de seu número.

Por seu turno, *G.T.* estacionaria o DKW na ladeira de São Francisco, nas imediações do largo do mesmo nome e da rua Líbero, movimentando-o quando visse a perua e o carro de *M.B.N.*, para impedir o trânsito.

E.D.F., perto da ilha de segurança para pedestres existente em frente ao prédio da Companhia Paulista de Estradas de Ferro, nela subiria e daria sinal a *G.T.*, para a movimentação do DKW. Com a manobra, a perua e o Volkswagen seriam obrigados a parar. Então, *E.D.F.* se incumbiria do motorista da perua, atacando-o pela porta dianteira esquerda. Pela dianteira direita, *G.N.K.* renderia os bancários localizados no assento da frente e nele se colocaria, enquanto que da porta traseira direita ficaria encarregado *G.A.T.*, que por ela entraria e dominaria os funcionários, que estavam sentados no banco de trás.

Consumado o assalto, *G.T.* rumaria para o primeiro dos locais fixados para o transbordo do dinheiro, ou para o segundo deles, de acordo com as circunstâncias, e ali deixaria o DKW, para onde os sacos seriam baldeados. *M.B.N.*, por sua vez, seguiria a perua, já sob a direção de *E.D.F.*, para evitar ou atrapalhar eventual perseguição, assim como para ajudar, com o seu carro, o transporte do numerário roubado.

E.D.F., *G.N.K.* e *G.A.T.* usariam disfarces, tais como bonés, chapéus, bigodes postiços, óculos escuros e lentes claras. Além disso, estariam armados. Todos passariam "cola-tudo" nos dedos, para cobrir as impressões digitais, evitando uma identificação.

Dois fatos imponderáveis ocorreram, porém, dificultando a execução do assalto. O primeiro com *M.B.N.* O policial que estava de serviço no semáforo da Praça do Patriarca notou que o carro por ele dirigido estava estacionado, no início do Viaduto do Chá, sobre a "faixa de segurança", com o motor em funcionamento e que o seu condutor, de vez em quando, o acelerava. Notou, mais, que o veículo atrapalhava um pouco os outros que, seguindo pelo Viaduto, pretendiam alcançar a rua Líbero, em demanda da avenida São João. Conseguiu ser substituído por outro guarda e para ele se dirigiu. Verificou que o carro, com a chapa do Rio de Janeiro, tinha a placa traseira coberta de barro e pertencia a uma agência que alugava veículos, com sede naquele Estado.

Pediu a *M.B.N.* os documentos. Este apresentou a carteira de habilitação, mas não o certificado de propriedade e a prova de licenciamento do veículo. Por isso, conduziu o automóvel e o seu condutor até o Serviço de Trânsito, plantão da Praça Roosevelt, multando-o. No momento em que o fazia, faltando alguns minutos para as 13:00h, a perua do banco saía da Praça, adentrando a rua Líbero, à esquerda. O Volkswagen entrara à direita, para ganhar a avenida São João e ser levado ao plantão da Praça Roosevelt.

Na perua havia sido retirado o banco intermediário e, no espaço por ele deixado, tinham sido colocados seis sacos de dinheiro, com a quantia de Cr$ 500.000,00, que deveria ser depositada no Banco do Brasil.

E.D.F. estava na ilha já referida. Viu a perua seguindo um Volkswagen azul, que pensou ser aquele que *M.B.N.* dirigia. Fez o sinal. *G.T.* movimentou o DKW, entrando no largo "meio de atravessado", fazendo parar um ônibus que ia à direita e outros dois carros que iam à frente da perua. Só então *E.D.F.* constatou que o Volks não era dirigido por *M.B.N.* e – segundo imponderável – que o outro era o motorista do veículo a ser assaltado. Vacilou um momento, dirigindo-se à parte traseira, mas acabou vendo os sacos de dinheiro e fez o sinal convencionado para o assalto.

Entrou na perua com um revólver grande, dizendo ao motorista "fuja, fuja". *G.N.K.* o fez pela porta direita, avisando os bancários que era um assalto e mandando que descessem. E *G.A.T.* ingressou, por sua vez, pela porta direita traseira, dominando dois funcionários e desfechando uma coronhada na cabeça de um deles. Ordenou que se ajoelhasse. Outro, na frente, teve de ficar com a cabeça abaixada sob o painel. Depois, tiveram suas mãos amarradas por detrás do corpo.

Dois dos ocupantes da perua desceram. Um fugiu e outro foi de encontro a *G.N.K.*, que contra ele desfechou tiros, matando-o. O que fugira depois voltou ao local e, vendo o colega morto, se pôs a chorar convulsivamente.

G.N.K. entrou no veículo, em cuja direção já estava *E.D.F.* Um automóvel tentou impedir a sua saída e outro por acaso a ele se antepôs. Algumas testemunhas presenciaram o assalto: um motorista, o cobrador do ônibus, um industrial e um oficial de Justiça que viajavam no coletivo.

Tudo foi executado com muita rapidez e precisão. O policial, que saíra do semáforo da Praça do Patriarca para multar o condutor do Volkswagen, tornou a seu posto, aonde chegou cerca das 13:40h. Nada de anormal notou nas imediações. Só teve notícia do assalto, pelo rádio, quando já se encontrava em casa, após o término do seu serviço.

A perua conseguiu ganhar o Largo de São Francisco e prosseguiu no sentido da avenida Brigadeiro Luís Antônio, indo ter à rua Jandaia, onde deveria estar o DKW. Não o encontrando, os assaltantes seguiram para o outro local anotado no plano, à rua Jardim Francisco Marcos. *G.T.* chegara atrasado à rua Jandaia e, como não visse a perua, foi para a outra via pública acima referida. Aí colocaram os sacos de dinheiro no porta-malas do DKW e dele retiraram dois garrafões de gasolina – que deixaram junto a um poste e com o incêndio dos quais pretendiam impedir qualquer perseguição policial e assegurar a fuga, se fosse necessário.

Uma senhora residente naquela rua os viu fazer o transporte dos sacos. Largaram no local a perua onde ainda estavam três bancários, dois dos quais manietados. Um deles, livrou os companheiros e conduziu o veículo até a Polícia. Eles estavam todos desarmados. Esclareceram no processo que "achavam que no centro da cidade não correriam perigo algum". Dois receberam ferimentos decorrentes da violência de que foram vítimas.

Não foi possível aos assaltantes levar o dinheiro para o apartamento do Sumarezinho, porque o zelador estava à porta do edifício. Guardaram-no, então, por três dias, naquele prédio em que morava *G.T.* e depois em uma estamparia de propriedade de dois cunhados desse réu, onde o dinheiro foi acondicionado em tambores, juntamente com as três armas (uma delas utilizada por *G.N.K.*) e um saco de plástico, com 47 balas calibre "38" e 13 do calibre "32".

No dia seguinte, um domingo, *E.D.F.* foi sozinho à estamparia, incinerou os sacos em que estavam guardados o dinheiro e os disfarces e escondeu o produto do crime em barricas.

Foi um dos mais audaciosos assaltos executados em São Paulo. Praticado em ponto central da cidade, em hora de grande movimento, revoltara a opinião pública, principalmente por ter custado a vida de um dos bancários. Teve intensa repercussão em todo o País.

Pareceu, em certo momento, que iria ficar impune. A Polícia, entretanto, em suas investigações, procurou pesquisar todas as ocorrências verificadas, naquele dia, no local do assalto. A apreensão do Volkswagen do Rio e a multa aplicada a seu condutor permitiram à autoridade que dirigia os trabalhos – delegado dos mais inteligentes e argutos – desvendar o crime.

M.B.N. pensara que a multa, se necessário, iria servir-lhe de "álibi". Ao contrário, permitiu à polícia paulista prendê-lo. Detido no Rio, confessou tudo. Graças à sua confissão, a polícia, agindo com rapidez, apreendeu na estamparia já aludida Cr$ 460.000,00. Quando aí chegou, encontrou *E.D.F.*, *G.A.T.* e os donos do estabelecimento, que foram presos. Em outros lugares apreendeu mais Cr$ 25.000,00 – devolvendo ao Banco Moreira Salles Cr$ 485.000,00. Acompanhamos, com todo interesse, as diligências policiais. A apreensão dessa elevada quantia e a prisão de dois assaltantes no local em que o numerário estava escondido, convenceu-nos de que o assalto fora desvendado e seus autores não escapariam a severas punições. *G.T.* fugiu e foi capturado em Curitiba. *G.N.K.* foi encontrado em Franca, Estado de São Paulo.

No processo-crime instaurado perante a 20ª Vara Criminal da Capital, funcionamos como advogado do Banco Moreira Salles e assistente do Ministério Público. O fato de ter *E.D.F.* chegado ao Brasil recentemente, com importância grande em dólares, levou-nos a requerer ao MM. Juiz dessa Vara que solicitasse da "*INTERPOL*" de São Paulo o envio de um telex a sua congênere da Grécia, pedindo informações sobre os antecedentes dos réus.

Esta, em resposta, comunicou, em primeiro lugar, que um assalto, idêntico ao que ocorrera em São Paulo, fora praticado em Atenas, em 31 de dezembro de 1962. Lá, como aqui, um carro bloqueou e impediu a passagem, em rua daquela capital, de um jipe pertencente à "Public Electricity Enterprise". Dele saltaram dois desconhecidos que, sob ameaça de revólver, roubaram do caixa da empresa 500.000 dracmas. Deu a descrição dos assaltantes e elucidou que *E.D.F.* estava *sendo procu-*

rado como indiciado no roubo acima, tendo contra ele sido expedido mandado de prisão. Informou, ainda, que *G.N.* fora condenado por crime de facilitação de lenocínio e *G.T.* por falsificação de documentos.

Em virtude da apreensão de Cr$ 460.000,00 na estamparia dos cunhados de *G.T.*, indicada por *M.B.N.*, não era possível aos réus negar a prática do crime. Confessaram na polícia a participação no assalto, com todos os detalhes. Foi logo decretada a prisão preventiva dos cinco principais acusados.

Em Juízo, *G.N.K.* alegou que os tiros haviam sido disparados acidentalmente, quando o bancário com ele lutou, tentando tirar-lhe a arma e segurando-a pelo tambor. *E.D.F.* e *G.A.T.* sustentaram que não pretendiam ferir nenhum dos ocupantes da perua; não desejavam o resultado a que *G.N.K.* dera causa, nem assumiram o risco de produzi-lo. *G.T.* declarou que levara o DKW da Praça da República à do Patriarca e à rua Jardim Francisco Marcos, mas nada sabia a respeito do assalto. Pediram a desclassificação do delito para roubo simples, por terem sido os disparos posteriores à consumação da apropriação do dinheiro que se encontrava na perua.

M.B.N. defendeu-se dizendo que teria despertado a atenção do policial de trânsito propositadamente, estacionando em lugar proibido e acelerando o motor do carro. Teria, agindo dessa forma, procurado dissociar-se da quadrilha, sem lhe despertar rancor. Invocou em seu favor ter desistido voluntariamente da execução do assalto e entendia dever responder apenas pelos atos que já havia praticado, de acordo com o que dispõe o art. 13 do Código Penal, atual art. 15.

O magistrado então em exercício na 20ª Vara Criminal, em sentença bem fundamentada e das mais brilhantes, demonstrou que o homicídio do bancário fora doloso, proposital. *G.N.K.* estava de revólver em punho quando se acercou de dois bancários. Ao ver que um destes pretendia com ele se atracar, disparou pela primeira vez, para, em seguida, desfechar novo tiro. O exame necroscópico comprovou que um tiro foi dado com "justaposição do cano da arma no tegumento cutâneo" e o outro a alguma distância.

Entendeu o Juiz que os principais réus contribuíram decisivamente para o resultado, agindo com ajuste prévio, todos acordados em alcançar o resultado obtido a final: a subtração do dinheiro transportado na perua assaltada. Por isso, em razão da norma extensiva do art. 25 do Código Penal, atualmente art. 29, que trata da coautoria, a conduta dos acusados subsumia-se, indiretamente, no tipo descrito pelo art. 157, com a forma agravada no § 3º (roubo com violência de que resulta morte), à vista da sua relevância causal e da vinculação subjetiva de suas condutas. Mesmo os que roubaram, mas não mataram, estão enquadrados no referido § 3º. Todos concorreram, de forma perfeitamente individualizável, para a prática do assalto.

Decidiu o MM. Juiz com inteiro acerto. O antigo art. 25 do Código Penal estabelecia: "Quem, de qualquer modo, concorre para o crime, incide nas penas a este cominadas". E o Ministro FRANCISCO CAMPOS, na "Exposição de Motivos", a ele se referindo, esclarece: "quem emprega qualquer atividade para a realização do evento criminoso é considerado responsável pela totalidade, no pressuposto de que também as outras forças concorrentes entraram no âmbito de sua consciência e vontade".

Os réus foram condenados: *E.D.F.* e *G.N.K.* a 25 anos; *G.A.T.* a 23 e *G.T.* a 20 anos de reclusão, pelo crime de roubo de que resultou morte. *M.B.N.* foi condenado a 2 anos e 6 meses de reclusão, como autor de receptação. E os dois irmãos, proprietários da estamparia em que o dinheiro ficara ocultado, foram apenados por favorecimento real, a 1 ano e 1 mês de detenção.

Os réus, com exceção de *M.B.N.*, apelaram da decisão. O M. Público e o assistente também recorreram, não concordando com as penas impostas a esse acusado e aos que auxiliaram a esconder o produto do roubo.

O Colendo Tribunal de Justiça de São Paulo, no acórdão que proferiu, salientou que "o ilustre prolator da sentença, em exame minucioso, seguro, da prova dos autos, demonstrou de modo a não permitir dúvidas, a procedência da acusação" e adotou os seus fundamentos, "muito bem expostos e irrefutáveis".

Reformou-a, entretanto, com relação a *M.B.N.* Entendeu que este não se limitara à fase preparatória e que pouco importaria não ter cometido atos típicos do roubo, pois, mesmo assim, como participante real, sua conduta não o deixava isento da coautoria.

Ele vira os disfarces e armas; conhecera os comparsas; ficara ciente do plano em todos os detalhes; sujara com barro a chapa traseira do carro; transportara o chefe da quadrilha, de bigodes postiços, óculos escuros e chapéu, deixando-o na Praça do Patriarca, imediações do local do assalto e estacionou no lugar combinado, de onde poderia ver a porta do banco e a perua carregada. Não chegou ao fim, devido ao "imponderável" a que se refere a sentença. Inaceitável era o arrependimento por ele aventado. Depois do assalto, viajou várias vezes do Rio para São Paulo, recebendo importâncias consideráveis.

Conjugados os seus atos com os dos outros criminosos, executores do plano em que todos colaboraram, evidenciar-se-ia que os propósitos de uns e outros convergiam para o fim comum. Indiscutível a contribuição para a ação delituosa planejada, pretendia por todos, que visavam às vantagens, ao quinhão cabível na partilha do produto do crime. O papel de cada um fora, paciente e cuidadosamente, distribuído e preparado, e só pelo imponderável não chegara até o fim. De qualquer forma, assumira o risco do resultado, e quem o assumir há de responder como coautor.

Acrescentado o acórdão: *"Cindir os atos de cada acusado, quando o delito é um só, separando-se os participantes, tornar-se-ia incabível"*. Segundo a correta observação da ilustre Professora *Ester de F. Ferraz* (*A codelinquência no moderno Dir. Brasileiro*, p. 29), "na codelinquência, cada ato individual adquire significado, adquire valor jurídico-penal, pelas relações que mantém com as outras condutas convergentes". E, invocando a lição do acatado *Aníbal Bruno*, poder-se-ia afirmar que, sendo o crime um só, todos os atos, de todos os participantes, eram "frações de um conjunto unitário", respondendo cada um deles pelo resultado, de tal modo que, o agente que realizasse "o que seria, em outras circunstâncias, simples ato preparatório, em si mesmo não punível", se responsabilizaria pelo crime consequente à ação conjunta de todos (v. autor cit., *Dir. Penal*, v. II, p. 639). Diversa não é a opinião do ilustre *J. Frederico Marques*: "quem presta ajuda efetiva na preparação ou execução do delito é participante a título de auxílio, consistindo este, como definiu Bento de Faria, nos fatos tendentes a preparar ou a facilitar a execução do crime" (*Tratado de Dir. Penal*, v. II, p. 320).

"O delito, exigindo um plano meticuloso, executado com incrível audácia, teria de resultar da atividade de todos os elementos ajustados para a sua execução". Aplicou aquela alta corte, a *M.B.N.*, a pena de 15 anos e 6 meses de reclusão.

Confirmou, entretanto, a que fora imposta aos donos da estamparia, de 1 ano e 1 mês de detenção. Não há dúvidas que ficaram cientes de se tratar de dinheiro roubado e concordaram na remoção para as dependências da firma. Poderiam, porém, ter procedido sob o receio de complicações maiores, pois se envolvera um cunhado deles e patrício, no caso, muito grave, de enorme repercussão. Sem força para resisti-

ASSALTO À PERUA DO BANCO MOREIRA SALLES

rem, sem coragem para uma oposição a assaltantes perigosos, concordaram, talvez. De qualquer modo, representaria patente excesso de penalidade sujeitá-los a dois anos de reclusão, no mínimo, quando os autos traziam dúvidas a respeito da receptação.

Os autores do assalto, em conjunto, foram, assim, condenados a 108 anos e 6 meses de prisão.

(20ª Vara Criminal – Processo n. 191)

ASSALTO FRUSTRADO AO CARRO PAGADOR DA VOLKSWAGEN

T.P., chefe de equipe de conhecida empresa proprietária de carros blindados para transporte de dinheiro e valores, dirigiu-se, certo dia, a seus diretores e relatou o seguinte: havia antes trabalhado em uma indústria de São Paulo, onde conhecera N.G., que fora um de seus funcionários mais graduados; este o havia procurado e proposto assaltar, com sua conivência, um carro pagador que conduzisse importância em dinheiro bem elevada.

T.P. disse ter pedido prazo para estudar a proposta e a levou ao conhecimento dos dirigentes já referidos. Estes, sigilosamente, comunicaram às autoridades policiais. Seguindo instruções de ambos, deveria T.P. procurar N.G. e dizer que estava de acordo com o plano. Pelas informações que continuou a dar, N.G. então lhe contara que sabia estar a empresa fazendo transporte de dinheiro para a "Volkswagen". Acompanhara carros da organização e verificara que saíam de uma agência bancária de São Bernardo do Campo e seguiam pela Via Anchieta, fazendo o retorno na altura do quilômetro 23.

N.G. teria preparado o esquema do assalto, que lhe exibira. Pretendia usar três homens disfarçados com uniformes. Ele, na direção de um veículo, quando o carro blindado apontasse no desvio, provocaria um abalroamento, como se fosse casual. T.P. e o motorista, que deveria participar do plano, desceriam sob o pretexto de verificar o que havia ocorrido. N.G. e os três companheiros a que se referira, amordaçá-los-iam, para dar a aparência de que houvera um assalto e tinham sido subjugados. A seguir, o dinheiro seria transportado para uma perua que seus cúmplices levariam ao local.

O concurso do condutor do carro seria indispensável, pois o possante veículo só podia ser aberto pelo lado de dentro. N.G. ainda teria acrescentado que, se fosse necessário, injetaria um gás especial no interior do carro blindado, para fazer com que os outros ocupantes o abandonassem. Ele e os seus comparsas usariam, então, máscaras apropriadas contra gás.

T.P. depois declarou que contara a N.G. haver obtido a colaboração do motorista e com ele teria ido até o local em que se deveria dar o assalto simulado. Perto, existia uma cantina e *N.G.* ficaria parado em suas proximidades, dentro de um automóvel. Os seus companheiros, que apareceriam depois, estariam armados com metralhadoras.

N.G. teria adiantado um pormenor que assustaria *T.P.*: iria levar uma pasta com quatro quilos de dinamite; estopim ficaria pendente do lado de fora e ele estaria fumando charuto; se fosse traído e a polícia aparecesse, acenderia o estopim e lançaria a pasta sob o carro blindado. A informação teria deixado o chefe de equipe muito temeroso.

Depois de acertados todos os detalhes – seguindo as instruções do delegado de polícia designado para o caso – *T.P.* deveria comunicar a *N.G.* que um carro extra passaria pelo local, com grande remessa de dinheiro, na manhã do dia seguinte, por volta das 6:40h, em direção à fábrica "Volkswagen".

A informação sobre a dinamite alarmara a própria polícia, que organizou uma caravana com vários delegados e muitos investigadores. Foram mais cedo à Via Anchieta, para preparar o cerco. Ao chegarem perto da cantina, viram um "Volkswagen" parado. Os policiais estavam vestidos como operários. Armados de revólveres e agindo com rapidez, aproximaram-se do carro e dominaram o seu condutor. Foi este apontado por *T.P.* como sendo *N.G.* Ele não opôs resistência. Vestia capa e, em um dos bolsos, tinha uma pistola "Beretta" 7,65, carregada com oito balas.

Apreenderam, com todo o cuidado, a pasta preta: no entanto, em seu interior, só havia um cobertor branco e um elástico tipo cadarço, cuja extremidade estava do lado de fora. Como a sua prisão se efetuou antes da hora indicada para o assalto, os seus companheiros não o teriam visto no local e não apareceram.

Contra *N.G.* foi lavrado na Delegacia de Polícia de São Bernardo do Campo "auto de prisão em flagrante". Dele constam declarações atribuídas a esse moço, em que teria admitido acusações feitas pelo chefe de equipe do carro blindado. A Polícia apurou que o veículo em que ele se encontrava fora retirado, na véspera, à noite, mediante artifícios, da garagem de um cinema de São Paulo. Esse crime ele também teria confessado.

O "auto de prisão em flagrante" se referia a dois delitos: à tentativa de assalto ao carro pagador e à subtração do "Volkswagen". Incumbidos, juntamente com nosso filho Roberto, da defesa de *N.G.*, pleiteamos o relaxamento de sua prisão. Alegamos, com relação à tentativa de assalto ao carro blindado, tratar-se de *crime impossível*, pelo qual nunca poderia ser processado. Esse veículo – de acordo com o plano organizado pela própria Polícia – iria passar pelo local. No seu interior, em lugar dinheiro, entretanto, só levaria guardas armados.

NÉLSON HUNGRIA ensina, ao tratar do delito putativo, que o *crime impossível*, por inexistência ou impropriedade jurídica do objeto, não é senão uma das modalidades do crime putativo, que *escapa a qualquer punição* (*Coms. ao Cód. Penal*, ed. Forense, v. I, p. 276).

BASILEU GARCIA também esclarece: "Quanto ao fim ou objeto, a impropriedade é absoluta *se o objeto da infração não existe* ou lhe falta alguma qualidade indispensável para constituir-se o delito" (*Instituições de Direito Penal*, ed. Max Limonad, 4ª ed., v. I, t. I, p. 241).

FREDERICO MARQUES igualmente comenta: "O segundo caso de delito impossível diz respeito à 'absoluta impropriedade do objeto', o que se dá *quando inexistente o objeto da atividade executiva*, isto é, a pessoa ou *coisa* sobre a qual a ação vai incidir" (*Curso de Direito Penal*, ed. Saraiva, 1956, v. II, p. 304).

BENTO DE FARIA sustenta, a seu turno, que não é punível a tentativa quando, por absoluta impropriedade do objeto, era impraticável a consumação do crime. Assim ocorre no roubo *quando não existe o objeto material do delito, isto é, da ação, a coisa que se quer roubar* (*Cód. Penal Brasileiro*, ed. Jacintho, 1942, v. II, primeira parte, p. 192).

N.G. era ainda acusado de ter retirado o "Volkswagen", em que se achava, da garagem de um cinema paulistano, alegando haver perdido a ficha e pagando a multa até então estabelecida para esses casos. No inquérito, dois empregados da garagem declararam ter sido ele quem assim procedera. Teria agido dessa forma porque, se usasse seu próprio carro, o número poderia ser anotado, facilitando a sua identificação posterior. Ele negou o fato, alegando que um amigo lhe havia emprestado o veículo e que costumava ir à cantina já mencionada.

Nem por essa acusação – sustentamos – poderia ser mantido o "auto de prisão em flagrante". Entre a retirada do "Volkswagen" da garagem do cinema e sua prisão haviam decorrido *sete ou oito horas*.

Tratar-se-ia, na hipótese, de "*flagrante presumido*", que teria amparo no art. 302 de nossa lei processual penal, que estabelece: "Considera-se em *flagrante delito* quem: IV – é encontrado, logo depois, com instrumentos, armas, objetos ou papéis que façam presumir ser ele autor da infração".

ESPÍNOLA FILHO, com a autoridade que ninguém lhe contesta, afirma: "O ponto principal é, justamente, fixar essa proximidade entre a ação violadora da lei penal e o encontro do indigitado autor, tendo consigo instrumentos, produtos, efeitos do crime, em tal situação que autorize a presunção de lhe ser a autoria, realmente, atribuída, porque, como muito exatamente acentua MANASSERO (*La libertà personale dell'imputato*, 1925, p. 37), 'a flagrância presumida é própria de quem é surpreendido com coisas, ou traços que façam presumir tenha ele cometido o crime ou lhe tenha prestado concurso'.

A expressão '*logo depois*', empregada pelo inciso IV do art. 302 do Código Brasileiro, reclama o mesmo esclarecimento dos termos, que se leem no francês: *temps voisin* – art. 41 e no italiano: art. 46, do de 1855; 168, do de 1914; 237, do de 1930: *Tempo prossimo; immediatamente dopo; poco prima*" (*Código de Processo Penal Brasileiro Anotado*, ed. Borsoi, 1955, v. III, p. 337).

Acentuou, muito bem, o Ministro da Justiça, na Exposição de Motivos do projeto do Código Brasileiro: "Considera-se, igualmente, em estado de flagrância o indivíduo que, *logo em seguida à perpetração do crime*, é encontrado com o instrumento, armas, objetos ou papéis que façam presumir ser autor da infração" (p. 341).

BASILEU GARCIA, a seu turno, assevera: "Como comenta MANZINI, a quase flagrância é uma ficção jurídica, consoante resulta, na lei, da expressão 'considera-se'. Graças a essa ficção, já não se exige que, para ser preso, seja o delinquente surpreendido no ato de perpetrar o delito. Admite-se que seja efetuada a captura depois de verificar-se o delito, em tempo, contudo – acrescenta – *imediatamente sucessivo* e dadas certas condições de modo. Essa dupla restrição tem em nosso direito o mesmo cabimento.

Quanto à condição de tempo, as expressões '*logo após*' (inciso III) e '*logo depois*' (inciso IV) deixam à autoridade, como se exprime MANZINI a propósito das equivalentes palavras *immediatamente dopo* e *poco prima*, certa margem de discricionariedade, que, entretanto, *não pode ultrapassar o máximo permitido por uma leal interpretação*.

Não se requer, certamente, que o presumível delinquente não haja passado a outros atos. Deve-se exigir, porém, que não tenha decorrido tanto tempo que exceda ao que comumente se entende através das citadas expressões" (*Coms. ao Cód. de Processo Penal*, ed. Forense, 1945, v. III, p. 104).

Demonstramos, ainda, em nosso trabalho, que idêntico era o entendimento do Supremo Tribunal Federal, do Tribunal de Justiça e do

ASSALTO FRUSTRADO AO CARRO PAGADOR DA VOLKSWAGEN

então Tribunal de Alçada Criminal de São Paulo, citando várias decisões por eles proferidas.

Nosso pedido foi acolhido e o réu posto em liberdade. O inquérito policial acabou sendo remetido à 22ª Vara Criminal de São Paulo, perante a qual *N.G.* foi processado apenas pelo furto do "Volkswagen". Ao ser citado para a ação penal, não foi encontrado. Viajara para o interior e não mais voltara a S. Paulo. Deixou o processo correr à revelia, sendo, a final, condenado somente como autor de furto cometido mediante fraude.

(22ª Vara Criminal – Processo n. 964)

A POLUIÇÃO DAS ÁGUAS DO RIO PIRACICABA

Na cidade paulista de Piracicaba, um dos maiores centros produtores de açúcar e de álcool do país, em determinado período, a imprensa promoveu forte campanha contra os usineiros da região que lançavam resíduos às águas do rio que traz seu nome, poluindo o líquido de que se abasteciam as populações ribeirinhas e produzindo grande mortandade de peixes, que faziam exalar odor fétido.

A campanha jornalística, por sua vez, provocou intensa agitação popular, levando o 1º Promotor da comarca a requerer a instauração de inquérito policial e, depois, a oferecer denúncia contra vinte e um usineiros. Alguns, como incursos no art. 271 do Código Penal, que, em sua redação original, punia com pena de dois a cinco anos de reclusão quem "corromper ou poluir água potável, de uso comum ou particular, tornando-a nociva à saúde" e outros, no parágrafo único desse inciso, que trata de sua modalidade culposa e para ela estabelece pena de detenção.

A denúncia se fundamentou no inquérito, do qual constava o laudo pericial, elaborado por um médico, um professor de química e dois engenheiros agrônomos. Eles procederam a exames físicos, químicos, toxicológicos, microscópicos e bacteriológicos, além de investigações químicas em alimentos, bebidas, roupas etc. Examinaram a água antes e depois do tratamento a que a submetia a prefeitura local para o abastecimento da cidade e a consideraram intensamente poluída, em virtude das alterações que sofrera, principalmente pelo despejo de *restilo* das usinas de açúcar, o qual produziu mudanças maléficas de suas qualidades físicas e químicas, com repercussão no seu conteúdo bacteriológico. Afirmaram que a corrupção era em elevado grau, em vista de existência de substâncias estranhas dissolvidas emulsionadas, como fúsel residual, clorofenóis, B.H.C. etc.

Era alta a taxa de matéria orgânica e de detritos e a existência de colibacilos; de um teor de oxigênio dissolvido baixíssimo e de substâncias nocivas à saúde, como a trimetilamina e ptomaínas, oriundas da putrefação de peixes, a tornava perigosa.

As matérias mortas, de origem orgânica, constituíam o ponto de partida da putrefação, resultando daí combinações amoniacais, compostas hidrogenados, fosforados e sulfurados, além de outros, que fizeram a água do rio imprópria para o consumo e muito nociva à saúde.

No processo criminal movido aos usineiros, a defesa de todos eles foi confiada a nós e ao ilustrado colega de Piracicaba Dr. *João Ribas Fleury*. Sustentamos não existir infração penal alguma a ser punida, por se tratar de *delito impossível*, uma vez que as águas do rio Piracicaba já se encontravam poluídas e corrompidas ao atingirem as divisas do município.

Lembramos que a questão era antiga e que o ilustre prof. LUCAS NOGUEIRA GARCEZ, quando governador do Estado, em carta dirigida ao Dr. Aldrovando Fleury, advogado de renome e pai de nosso companheiro de defesa, afirmava, com a sua autoridade de cientista e administrador: "A questão da poluição do Piracicaba, como bem assinalou V.S.ª., tem servido até mesmo para fins demagógicos e eleitoreiros, por parte de indivíduos, nem sempre bem intencionados, cuja preocupação maior é responsabilizar o poder público, taxando-o de negligente ou inoperante".

"O caso particular da poluição do rio Piracicaba apresenta alguns tópicos que desejaria focalizar. Inicialmente, não se trata de poluição do próprio rio Piracicaba e sim de toda a sua bacia, *a poluição já se dando de maneira bastante grave a montante da cidade de Piracicaba*, onde os principais tributários do Piracicaba, os rios Atibaia, Anhumas, Capivari, Jaguari, Camanducaia, Quilombo, Tatu e o Ribeirão de Toledos recebem grandes volumes *in natura* de despejos domésticos e industriais de Atibaia, Itatiba, Campinas, Bragança, Pedreira, Nova Odessa, Americana, Limeira e Santa Bárbara D'Oeste. Só isso já demonstra que o problema não pode ser resolvido com açodamento, como alguns pretendem. É necessário o mais amplo e acurado estudo de toda a região poluidora, indicando-se, para cada caso, a solução mais conveniente."

Apresentamos, também, fotocópia da ata relativa aos debates travados sobre esse importante assunto em sessão especial do Instituto de Engenharia de São Paulo e publicada em seu órgão oficial "Engenharia". Dela consta que, na reunião, o engenheiro *Armando Fongari Pera*, "técnico de reconhecida competência, a quem fora confiada a incumbência de fazer uma preleção inicial", apresentou explanação fundamentada a respeito e... "expôs uma planta geral da bacia hidrográfica do rio Piracicaba, mostrando os seus principais tributários à montante da cidade de Piracicaba: os rios Atibaia, Anhumas, Capivari, Jaguari, Camanducaia, Quilombo, Tatu e o Ribeirão dos Toledos. Descreveu, pormenorizada-

A POLUIÇÃO DAS ÁGUAS DO RIO PIRACICABA   223

mente, o grande volume de esgotos urbanos e despejos líquidos industriais que *vêm sendo lançados, sem tratamento adequado, nos referidos cursos d'*água. Assim, os esgotos de Atibaia, Itatiba, Campinas, Bragança, Pedreira, Curtume Três Pontes, Cortume Coqueiros, Nova Odessa, Americana, Limeira, Santa Bárbara D'Oeste e outros".

Ofereceu ainda a defesa valiosos documentos fornecidos pelas prefeituras de Americana e Santa Bárbara D'Oeste, que são os municípios mais próximos que o rio atravessa, antes de chegar a Piracicaba. A Prefeitura Municipal de *Americana* esclarecia: "... que os resíduos domiciliares desta cidade de Americana são lançados *in natura* no ribeirão do Quilombo e os do bairro Carioba, também neste município, são lançados em parte no ribeirão do Quilombo e parte no rio Piracicaba, do qual é aquele ribeirão afluente". A de *Santa Bárbara D'Oeste*, por sua vez, declarava: "Os resíduos domiciliares – esgoto – e os industriais desta cidade de Santa Bárbara D'Oeste são lançados *in natura* no ribeirão dos Toledos, afluente do *Piracicaba*". O mesmo despejo fazia a Prefeitura de Piracicaba, a qual, em outro documento, confirmava que: "o afluente da rede geral de esgotos da Vila Rezende é lançado *in natura* no rio Piracicaba, junto da ponte que liga esta vila à cidade".

Os fatos eram notórios. Apesar disso, ao pedir a abertura de inquérito policial, o Promotor, então em exercício na Comarca, requereu que fosse feito exame físico, químico e bacteriológico de água colhida em diferentes locais, mas *sempre dentro do município* e no trecho em que são lançados resíduos de suas indústrias. Como então objetamos, não se fizera exame algum em líquido colhido antes de chegar o rio às divisas de Piracicaba, para se verificar as condições em que as águas se apresentavam, ao atingirem esse ponto.

A defesa promoveu a realização desse exame, recorrendo ao *INSTITUTO ADOLFO LUTZ*, tido em alto conceito científico e o mais aparelhado para a perícia. Solicitou que procedesse a análises químicas de potabilidade e a exames bacteriológicos, com inspeções locais das águas do rio Piracicaba, em dois pontos, a saber: 1º) – na confluência dos municípios de Santa Bárbara D'Oeste com o de Piracicaba ; e 2º) – a 150 metros da "Usina Monte Alegre", que era, seguindo o curso desse rio, a primeira indústria, dentre aquelas a que a denúncia se referia, que nele lançava restilo.

As análises foram por nós requeridas em nome do proprietário de uma usina de açúcar em Rio das Pedras, naquela comarca, que nos autorizou a promovê-las e a utilizá-las em Juízo. De acordo com os dados fornecidos pelo Instituto Adolfo Lutz, "a água potável não deve acusar cóli. Nas águas de abastecimento e tratadas, admite-se 1 cóli por 100 mililitros. Nas análises a que procedeu, verificou que as águas examinadas do rio Piracicaba têm 100 vezes mais do que o mínimo tolerado. Com relação ao oxigênio consumido, o máximo tolerado, em meio ácido, é de 2 miligramas por litro. No exame feito a 150 metros acima da Usina Monte Alegre verifica-se que há um aumento de 2,15 vezes mais, ou seja, 4,3. Em Caiubi, com 4,4, o que quer dizer que a água do rio Piracicaba neste local (confluência dos dois municípios) *tem 2,2 vezes mais do que o máximo tolerado*. A água potável deve ser de aspecto límpido; e cor – incolor. Nas duas análises procedidas, verificou-se que o aspecto é turvo com depósito e a cor amarela. Nas análises feitas, a contagem de microrganismos em 48 horas a 37ºC é de 37.200 e 30.600 respectivamente. *Numa água potável esta contagem nunca deveria exceder de 100*".

As análises, feitas oficialmente por aquele Instituto, evidenciavam, com referência aos caracteres organolépticos, que efetivamente as águas apresentavam aspecto turvo com depósito e cor amarela. O oxigênio consumido era de 4,3 e 5,1 e 4,4 e 7,3 nos dois exames. A conclusão foi "água com mau índice de potabilidade, aspecto turvo, de cor amarelada e apresentando excesso de oxigênio consumido". No exame bacteriológico da água colhida nas divisas do município, "foram isolados e identificados microrganismos do grupo coliforme: *Escherichia freundii*, em 0,1 ml da amostra analisada".

Exame idêntico, feito com a água colhida a 150 metros da primeira usina existente depois das divisas com o vizinho município de Santa Bárbara D'Oeste, também permitiu o isolamento e identificação de "microrganismos do grupo coliforme: *Escherichia coli*, em 0,1 ml da amostra analisada". A conclusão, em ambos os casos, foi de estarem as amostras em desacordo com o art. 404 do regulamento aprovado pelo Decreto-lei n. 15.642, de 9-2-1946, que trata das águas potáveis. Consta das análises que o técnico do Instituto, encarregado da colheita das amostras, fora o seu químico-chefe, Dr. *Mário Penteado*, e que a água foi retirada do meio do rio.

Por se tratar de assunto eminentemente científico, procuramos ainda ouvir duas das nossas maiores autoridades em tais questões.

A primeira foi o prof. CARLOS DA SILVA LACAZ, catedrático de Microbiologia e Imunologia da Faculdade de Medicina da Universidade de São Paulo, o qual, em parecer que nos forneceu, afirmou: "O exame químico e bacteriológico da água constitui recurso de grande valor na

A POLUIÇÃO DAS ÁGUAS DO RIO PIRACICABA   225

sua caracterização ou tipagem, principalmente quando se pretende verificar a potabilidade da mesma ou, então, a sua poluição. A qualidade
da água e sua pureza do ponto de vista sanitário ou higiênico dependem
dos resultados de uma série de provas, que compreendem os caracteres
organolépticos até o cultivo, isolamento e identificação de micro-orga-
nismos (*in* FERRAMOLA, R. *Examen bacteriológico de águas*, Buenos Aires, El Ateneu, 1947). O Instituto Adolfo Lutz possui equipamento técnico e material humano especializado para a execução de tais exames,
que são realizados por métodos-padrões estabelecidos principalmente
nos Estados Unidos (*Standard Methods for the examination of water and
sawage*, New York, 1925)".

"Na avaliação de tais exames, verifica-se, entre os especialistas no
assunto, que certas provas possuem valor significativo para a condenação de determinadas amostras de água, analisadas sob o ponto de vista
de sua pureza sanitária. Uma água potável deve ser de aspecto límpido,
sendo a turvação ocasionada pela presença de argila, areia, lodo, matéria orgânica em excesso e poluição por micróbios (BARROS BARRETO,
J. *Compêndio de Higiene*, Rio de Janeiro, ed. Guanabara, 1951). Com o
resultado das análises, o que podemos concluir é pela *não potabilidade
das amostras examinadas*, pois, de acordo com o Regulamento do Policiamento da Alimentação Pública, Imprensa Oficial, São Paulo, 1952 (Decreto-lei n. 15.642, de 9-2-1946), ambas fogem às determinações do
art. 402, § 2º, itens c-h. Assim, *verifica-se excesso de oxigênio consumido e
presença de germes coliformes em 0,1 ml das amostras*". "Não existem dife-
renças fundamentais entre os dois exames (análises 2.267 e 2.269),
pois ambas as amostras revelam água com aspecto turvo, de cor amarelada, com excesso de oxigênio consumido e germes coliformes. Trata-
-se, portanto, de *amostras poluídas*, *contaminadas*, como era de se esperar, em água não tratada, que recebe despejos de toda natureza. Os rios
do Estado de São Paulo são geralmente efluentes de esgotos e a utiliza-
ção da água, em tais condições, exige tratamento prévio, cujo estudo
foge às atribuições da consulta."

O segundo cientista a quem ouvimos foi o preclaro prof. AUGUS-
TO LEOPOLDO AYROSA GALVÃO, catedrático de Epidemiologia e Pro-
filaxia Gerais e Especiais da Faculdade de Higiene e Saúde Pública da
Universidade de São Paulo. Examinando as análises, S.S.ª também nos
forneceu valioso parecer, de que destacamos os tópicos principais. O
primeiro quesito que formulamos foi o seguinte: "As análises efetuadas
no Instituto Adolfo Lutz das amostras de água do rio Piracicaba, uma,

colhida na localidade de Caiubi, próxima à divisa do município de Piracicaba com o de Santa Bárbara D'Oeste, e a outra, a alguns quilômetros mais à jusante, a 150 metros da 'Usina Monte Alegre', revelam condições de potabilidade?". Em resposta, elucidou o ilustre mestre: "Quanto ao primeiro quesito, respondo negativamente. A turbidez com depósito, e sua cor amarela e o oxigênio consumido acima dos valores permitidos, evidenciados nas duas amostras, *revelam condições de poluição que tornam estas águas impróprias para o consumo*. Confirmando estas condições de não potabilidade estão os resultados do exame bacteriológico, revelando uma alta contaminação, pois que de ambas as amostras foram isoladas bactérias do grupo coliforme de origem fecal de todas as diluições adotadas pelo Instituto Adolfo Lutz, na rotina de exames desta natureza, isto é, das correspondentes a 10-5, 1-0,5, 0,2 e 0,1 mililitros de água submetida a exame".

"Estas análises revelam *uma alta contaminação* das águas destas amostras, aliás, fato de se esperar na água de qualquer rio, máxime nas condições do Piracicaba, que atravessa zonas densamente povoadas e recebe também o esgoto *in natura* de cidades como Santa Bárbara. Não admira que haja tal contaminação. Esta situação poderia ser prevista sem análise alguma, somente considerando as condições do rio Piracicaba. Todas as águas de superfície, como as dos rios, e mais especialmente dos que passam por tantas fazendas, sítios e moradias e recebem tão grande número de córregos, riachos e ribeirões, não são potáveis. Mesmo que os caracteres físicos nos iludissem por uma limpidez grande e outros caracteres organolépticos bons, tais águas sempre representariam uma ameaça para quem as bebesse sem tratamento prévio, pois que *vão sendo contaminadas continuadamente ao longo do seu percurso*. Assim, à medida que elas vão se depurando da contaminação sofrida anteriormente, mas são novamente poluídas e contaminadas."

O esclarecimento final que o ilustre cientista deu é da mais alta importância: em seu percurso, as águas de um rio vão se depurando da contaminação sofrida anteriormente, mas são *de novo poluídas e contaminadas*.

Como se verifica da leitura do art. 271 da lei penal, o que ele pune é a corrupção da *água potável*. Só esta pode ser objeto do crime. Assim, no processo ora exposto, os usineiros estavam sendo acusados da prática de *delito impossível: a poluição de águas já corrompidas*. As águas dos nossos rios, que atravessam cidades e vilas, são poluídas, pois recebem, *in natura*, os efluentes dos seus esgotos.

A POLUIÇÃO DAS ÁGUAS DO RIO PIRACICABA   227

Quanto às do rio Piracicaba, concluiu o prof. SILVA LACAZ pela "não potabilidade" das amostras colhidas e examinadas pelo Instituto Adolfo Lutz e afirmou que são "águas poluídas e contaminadas". O prof. AYROSA GALVÃO assevera que elas, ao entrarem no município de Piracicaba, já apresentam *"alta contaminação"* e são *"perigosas para consumo"*.

De acordo com a lição do mestre FLAMÍNIO FÁVERO, em sua obra *Dos crimes contra a saúde pública*, "chamam-se águas potáveis de abastecimento as águas tratadas ou não que se destinam ao consumo público, *devendo ser isentas de germes patogênicos e dos do grupo cóli"* (p. 68). O ilustre prof. HILÁRIO VEIGA DE CARVALHO, a seu turno, comenta em estudo publicado nos *Anais do Primeiro Congresso Nacional do Ministério Público*: "A água deverá ser potável, lembremo-lo, isto é, que *é boa para se beber"* (4º v., p. 381). Só pelo fato de conter germes do grupo "cóli", a do rio Piracicaba, ao chegar a esse município, nunca poderia ser considerada potável ou "boa para se beber".

Este processo por crime de poluição – segundo é do nosso conhecimento – foi o primeiro que se instaurou no Brasil a respeito de corrupção de água. Trata-se de problema que é objeto de estudos e ainda não encontrou solução em todas as nações modernas: o lançamento de resíduos industriais nas águas fluviais. O ilustre prof. *Lucas Nogueira Garcez*, na carta já mencionada, advertia com razão: "Estamos pagando o tributo ao nosso progresso. Fatos semelhantes têm ocorrido e ocorrem ainda em vários países. O governo não se descuida do problema, muito pelo contrário, a ele empresta grande atenção. Tudo, porém, deve ser feito de forma a não precipitar soluções que, sobre correrem o risco de serem erradas, poderiam refletir consideravelmente sobre a própria economia do Estado".

A revista *Ingenieria Internacional – Construcción*, conhecida em todo o mundo, publicara pouco antes, em sua edição espanhola, longo estudo sobre: "El tratamiento de residuos industriales", cuja importância destaca, anunciando-o na capa. Pela leitura do trabalho, verifica-se que o assunto preocupa toda a América, havendo divergência entre as autoridades públicas e as indústrias acerca da responsabilidade de cada uma na eliminação dos resíduos.

Em excelente trabalho, apresentado pela "Divisão Técnica de Engenharia Sanitária", do Instituto de Engenharia Sanitária de São Paulo, ao IIIº Congresso Interamericano de Engenharia Sanitária, realizado em Buenos Aires, e do qual foi relator o engenheiro Eduardo Riomey Yassuda, professor de Abastecimento de Água e Sistemas de Esgotos da Faculdade de Higiene e Saúde Pública de nossa Universidade, sustentou a delegação brasileira: "O crescimento das cidades e a expansão industrial têm acarretado, no Estado de São Paulo, um alimento progressivo da poluição das águas naturais". "O controle da poluição das águas apresenta-se ao Estado de São Paulo, analogamente ao que vem acontecendo em estados norte-americanos, *como um dos problemas sanitários de mais difícil solução*, em consequência da complexidade dos fatores intervenientes e da multiplicidade de entidades implicadas, entidades essas muitas vezes com interesses imediatos antagônicos".

Comentou, depois, que alguns de nossos cursos d'água apresentam estado de poluição maciça. O rio Tietê foi apontado como exemplo principal, pois, numa extensão de 92 quilômetros abaixo das descargas de esgotos, não possui as qualidades bacteriológicas exigidas para as águas aproveitáveis. Mencionou, a seguir, como outro caso típico, o do rio Paraíba, no qual quinze cidades lançam todos os esgotos sanitários e despejos líquidos industriais, praticamente sem tratamento algum.

O conceituado jornal *O Estado de S. Paulo* também publicou, na época, uma série de longos artigos sob o título "Águas poluídas de nossos rios". O articulista entrevistou o Dr. *Francisco Bergamin*, chefe da seção de Hidrobiologia do Departamento da Indústria Animal e grande técnico no assunto, que afirmou ser o Tietê um dos rios mais poluídos do mundo e elucidou que ele recebe "uma carga de material poluidor que não seria suportada por um curso d'água dez vezes mais volumoso". Sustentou o autor, em seus artigos, que "nas presentes condições, o rio nada mais é que um imenso efluente de esgotos e que as taxas de oxigênio se encontram abaixo do mínimo tolerável pela lei, de Baquirivu a Itu, numa extensão de cerca de 150 quilômetros". Exibimos e foram juntadas ao processo as publicações acima mencionadas.

O problema do lançamento do restilo, em Piracicaba, foi solucionado, durante o processo, com a Lei n. 393, aprovada por sua Câmara Municipal, que mandava *cassar a licença ou alvará de funcionamento* das indústrias do município que lançassem resíduos *in natura* no rio Piracicaba ou seus afluentes. A nosso pedido, a Prefeitura da cidade forneceu certidão atestando que, desde a publicação da lei, as indústrias açucareiras possuíam "as instalações necessárias a fim de atenderem, como efetivamente atendem, às exigências por ela estabelecidas, de modo a ser evitado o lançamento do restilo". Esclareceu, ainda, que o Prefeito visitou essas instalações e as achou perfeitas. Assim, para o caso, fora encontrada solução apenas com o emprego de normas administrativas.

A POLUIÇÃO DAS ÁGUAS DO RIO PIRACICABA 229

O magistrado que presidiu o processo acolheu inteiramente a nossa defesa e absolveu os usineiros, reconhecendo que não havia crime a punir. O M. Público apelou da decisão, mas o Egrégio Tribunal de Justiça a manteve, "por seus bem deduzidos fundamentos".

Consigna o acórdão da Segunda Câmara Criminal: "Realmente as águas do rio Piracicaba recebem *in natura* os resíduos dos esgotos das cidades de Campinas, Americana e Santa Bárbara, pelo que não podem ser consideradas, como potáveis, já na acepção técnica de água bioquimicamente potável, já no sentido de potabilidade consistente em servir para beber e cozinhar. É esse o resultado a que chegaram os peritos que examinaram ditas águas, *em algumas amostras colhidas na entrada da comarca*, e é o que informam inúmeras testemunhas. Ora, *a lei pune quem corrompe ou polui água potável*, tornando-a imprópria para o consumo ou nociva à saúde, e se as águas do rio Piracicaba, pelos motivos constantes dos autos, já não eram potáveis, certa é a conclusão de que não houve crime algum".

"Deve-se notar que as únicas providências que se impunham para impedir que os industriais da zona lançassem no rio os detritos e resíduos de seus estabelecimentos *eram as de ordem administrativa*, e estas foram objeto da Lei municipal n. 393, que conseguiu pleno êxito, pois, vigente ela, segundo se vê dos autos, nada mais foi lançado ao rio."

(Tribunal de Justiça – Apelação Criminal n. 49.283)

DEFORMIDADE NO ROSTO, QUE DESAPARECE

M.M. e *A.P.* conheceram-se em um baile. Ela tinha 21 anos e ele, 25. Tornaram-se amantes e passaram a viver juntos. Depois de três anos, em viagem ao Rio de Janeiro, onde ficaram um mês, por estar ele em férias, *M.M.* conheceu certo moço, por quem se interessou e que lhe propôs fazer testes para trabalhar no cinema nacional.

Entusiasmada com a ideia, não quis voltar a São Paulo. *A.P.*, devido às suas funções, teve de fazê-lo. No mês seguinte, retornou àquela cidade e enganou-a, dizendo estar sua mãe muito enferma. Quando aqui chegaram, ela verificou ter sido iludida e zangou-se. *A.P.*, procurando mantê-la em sua companhia, propôs se casarem, mas não logrou convencê-la.

Discutiram em plena rua e ele, ao ouvir sua recusa, bateu-lhe com a mão no rosto. Uma única testemunha presenciou o gesto e pensou que tivesse dado uma bofetada ou soco. Na verdade, tinha nessa mão um aparelho com lâmina gilete. A seguir, fugiu. Ela, de início, procurou estancar o sangue com o lenço. Levaram-na, depois, a uma residência próxima. A seguir, foi transportada para um pronto-socorro das vizinhanças.

Foi instaurado inquérito policial e o exame que a submeteram no Instituto Médico-Legal constatou que apresentava "ferimento inciso recente, linear, curvilíneo, com seis centímetros de extensão, côncavo para cima, situado nas regiões infraorbitária, malar e geniana esquerda", do qual *poderia* resultar deformidade.

Trinta dias depois, como estabelece o art. 168 do Código de Processo Penal, a autoridade policial determinou a realização de *exame complementar*, naquele Instituto, por ser o primeiro incompleto. Os peritos declaram que a vítima apresentava: "cicatriz curvilínea, de colorido róseo, com seis centímetros de extensão de concavidade voltava para cima, ligeiramente aderente no seu terço inferior, situada nas regiões infraorbitária, malar e geniana esquerdas; outra cicatriz de colorido idêntico à precedente, situada na região mentoniana, à direita da linha mediana, linear, com três centímetros de extensão e, finalmente, outra cicatriz no dorso do nariz, medindo um centímetro de extensão. *A pri-*

meira cicatriz descrita, por ser visível à distância, permanente e irreparável, produz deformidade".

Distribuído o inquérito à 2ª Vara Criminal da Comarca de São Paulo, seu titular nomeou os eminentes Profs. FLAMÍNIO FÁVERO E HILÁRIO VEIGA DE CARVALHO, do Instituto Oscar Freire, para procederem a *exame de sanidade física na moça.*

Em seu laudo, eles relataram ter verificado "na região infraorbitária e na zigomática esquerdas, a partir de um ponto situado a quinze milímetros para baixo da comissura palpebral interna esquerda, uma cicatriz que, desse ponto, se dirige para baixo e para fora, descrevendo um arco de concavidade voltada para cima e para fora, *cicatriz essa deprimida, aderente aos planos profundos, de colorido róseo-avermelhado e medindo, de máximas dimensões, sessenta milímetros por dois milímetros*; na região mentoneira, a vinte e cinco milímetros para a direita da linha mediana anterior e ao nível do rebordo mandibular, uma cicatriz levemente encurvada e de concavidade superior, de orientação levemente oblíqua para cima e para dentro, plana em relação aos tecidos convizinhos, móvel sobre os planos profundos, de colorido róseo-claro e medindo, de máximas dimensões, trinta e cinco milímetros por um milímetro".

Em suas conclusões, afirmaram: "Quanto à deformidade, cremo-la presente no caso em apreço: *uma cicatriz é de dimensões avantajadas, situada em lugar de grande evidência, observável ao primeiro olhar e tendo, pois, todos os requisitos necessários a incluí-la como deformante* (vide o fotograma anexado)".

Fomos incumbidos da defesa do réu, denunciado como autor de lesão corporal gravíssima, de que resultara *deformidade permanente*, punida pelo art. 129, § 2º, item IV, do Código Penal, com dois a oito anos de reclusão.

Por intermédio de parentes do nosso constituinte, conseguimos que a vítima procurasse um cirurgião plástico tido em alto conceito, o Dr. J. REBELLO NETO e o consultasse acerca da possibilidade de ser efetuada cirurgia que fizesse desaparecer a deformidade que apresentava no rosto. Em caso de resposta afirmativa, os familiares do réu se propunham a pagar todas as despesas necessárias.

A opinião do ilustre especialista foi favorável. Submeteu-a a duas intervenções cirúrgicas: uma, constante de "ressecção da cicatriz, regularização das margens e sutura" e outra, quatro meses depois, na qual

DEFORMIDADE NO ROSTO, QUE DESAPARECE

fez "pequena incisão caudal, descolamento subcutâneo das margens e fundo da cicatriz e nivelamento com tecido adiposo autógeno".

Os resultados foram excelentes, tanto que a moça foi de novo apresentada ao douto prof. FLAMÍNIO FÁVERO e solicitamos ao consagrado mestre um *parecer* a respeito do estado em que ela se encontrava depois das intervenções.

S.S.ª nos atendeu e em seu parecer esclareceu: "As fotografias anexas, mais do que longo arrazoado, demonstram à evidência *a completa mudança que a examinanda apresenta na estética do seu rosto, depois de operada.* A principal cicatriz da hemiface esquerda era perfeitamente visível nas condições habituais da vida da vítima, constituindo um dano estético de vulto, permanente e, pois, irreparável, dentro da terapêutica usual. Por mais que evolvesse a cicatriz, sua visibilidade seria grande, preenchendo todos os requisitos para ser tida como deformante".

"A intervenção plástica a que a paciente se submeteu, feita por hábil especialista, *mudou inteiramente o aspecto da cicatriz. Regular, plana, móvel, de visibilidade pequena, não é idônea para constituir deformidade.* E note-se que a última intervenção data de pouco tempo, *havendo possibilidade de mais ainda atenuar-se o dano estético. Conclusão:* Nestas condições, sou de parecer que *M.M.*, em consequência dos ferimentos recebidos no rosto, não apresenta dano estético idôneo para constituir deformidade."

Acompanhavam o parecer, como ele expressamente menciona, duas fotografias: uma, tirada por ocasião do exame de sanidade anterior e outra, quando ela se apresentou ao prof. Fávero, após as intervenções plásticas que sofrera. Quem, não conhecendo o processo, visse a última, não saberia em que lado do rosto fora a vítima ferida.

Pedimos a juntada do parecer ao processo-crime movido a *A.P.* Com fundamento nele – e em virtude das operações a que a vítima se submetera – pleiteamos a desclassificação do delito para *lesões corporais leves.* O Juiz da 2ª vara Criminal nos atendeu, condenando o réu a sete meses e quinze dias de detenção e concedendo-lhe os benefícios do "sursis", por ser primário e ter bons antecedentes.

(2ª Vara Criminal – Processo n. 213)

ACIDENTE CIRÚRGICO

Certo cirurgião de muito valor, considerado um dos melhores do Estado, realizou cesariana em uma cliente. Tempos depois, como ela sentisse fortes dores, foi operada por outro médico, em hospital diferente, e este encontrou na cavidade abdominal uma pinça, envolvida por epíploo. De acordo com o relatório da operação, "a alça jejunal estava insinuada e estrangulada através da argola digital do cabo desse objeto". Teria ocorrido "obstrução intestinal por corpo estranho", que provocaria, dias depois, a morte da paciente.

Ao fornecer o atestado de óbito para os fins legais, segundo cirurgião consignou, como causa da morte, "obstrução intestinal-choque". Não se deu ciência do caso à Polícia, a pinça não foi apreendida e não se providenciou a autópsia, que esclareceria a verdadeira causa do falecimento da vítima.

Um Promotor Público soube do fato e solicitou a abertura de inquérito policial. Neste se apurou que o primeiro médico já havia feito outra cesariana nessa sua cliente e que ela, *dez anos antes*, fora submetida a laparotomia, por um terceiro cirurgião.

Remetido o inquérito a Juízo, foi denunciado o médico que efetuara a cesárea. Então, ele nos procurou para patrocinar sua defesa. Mantivemos longo contato e viemos a conhecê-lo bem. Era cirurgião abnegado, de espírito humanitário, inteiramente dedicado à profissão. Trabalhando em vários hospitais durante dez anos, tinha uma vida profissional exemplar e brilhante. Havia procedido a mais de trinta mil intervenções cirúrgicas, dois terços das quais em pessoas pobres, inteiramente gratuitas.

Em sua defesa, diversos foram os fundamentos em que nos baseamos. A pinça encontrada – segundo o relatório dos médicos – era do tipo *Kocher* e da marca *Master*, americana. Provamos que o hospital em que nosso constituinte operara aquela paciente não possuía e nunca possuiu pinças ou qualquer material cirúrgico dessa fabricação.

Demonstramos ainda, com os depoimentos de médicos e das funcionárias responsáveis pela guarda e esterilização das peças utilizadas em cesarianas, que, nesse tipo de intervenção só era utilizado um estojo, *com 63 elementos*, devidamente relacionados, e que esse número permanecia inalterado, pois jamais faltara um só objeto.

Nosso constituinte e seu assistente, outro médico muito conceituado, efetuavam pessoalmente, antes e após todo ato operatório, rigoroso controle dos instrumentos cirúrgicos usados. A conferência também era feita por uma enfermeira especializada, a auxiliar técnica de esterilização. Podiam, por isso, assegurar não ser possível a ocorrência de um fato como mencionado no processo.

As *duas cesarianas* por ele feitas foram *"baixas"*. Todo o trabalho cirúrgico se realizara, portanto, na pequena bacia, *abaixo do umbigo*. Segundo se alegava, a *alça jejunal* é que se teria insinuado através das argolas da pinça. Essa alça fica no abdômen superior, *acima do umbigo*.

Apresentamos pareceres de mestres dos mais consagrados da nossa cirurgia e medicina legal – que serão reproduzidos adiante – os quais esclareceram que, em cesáreas, o operador *não manuseia a cavidade abdominal* e só se atém a manobras sobre o útero e o feto.

O marido e o pai da senhora, em declarações que prestaram, afirmaram que, *dez anos antes*, logo após o casamento, ela dera à luz um filho, que falecera dias depois. Sobreveio infecção, em virtude da qual fora operada, na Capital, em hospital que indicaram. Ficara três horas na mesa de operação e internada durante quinze dias. Informou o seu esposo que ela, *depois*, começou *"a sentir dores internas e sempre esteve em tratamento continuado"*. Esclareceu que as dores eram no abdômen e se prolongaram até as últimas intervenções.

O cirurgião que a operou e encontrou a pinça, dela também ouviu que se submetera, há anos, a *laparotomia* e que desde essa data vinha sofrendo dores e era uma pessoa enferma. O fato, aliás, constava da ficha referente à paciente. Nós fomos pessoalmente ao hospital indicado e obtivemos um documento comprovando a sua internação, o dia em que se verificara e a *laparotomia* que sofrera.

Sustentamos, no processo, que a *pinça* estaria no abdômen da senhora desde a data da primeira operação, realizada dez anos antes, e que o cirurgião que fizera as cesáreas e seu assistente não a poderiam ver durante essas intervenções.

Exibimos xerocópias de duas obras clássicas da medicina. Em uma delas, *Röentgendiagnóstico*, de lb. R. Schinz, W. Baensch e E. Friedl (ed. de 1947 de Salvat Editores S.A., Barcelona – Buenos Aires), foi publicado um trabalho sobre "Cuerpos extraños y su localizacion", ilustrado com a fotografia de *UMA PINÇA* encontrada *ONZE ANOS APÓS UMA LAPAROTOMIA*. Na outra, *Cirugía*, escrita por vários

ACIDENTE CIRÚRGICO 237

cientistas sob a direção do Dr. William Williams Keen, professor emérito do "Jefferson Medical College", de Filadélfia (ed. 1927, de Salvat), também se encontra, a fls. 769, a fotografia de outra *PINÇA que permaneceu na cavidade abdominal de um indivíduo pelo espaço de DEZ ANOS*. As xerocópias por nós oferecidas reproduziam as páginas dos livros que continham essas fotografias.

Dado o caráter eminentemente científico da nossa tese, consultamos, a respeito, expressões das mais altas da medicina brasileira: o prof. BENEDITO MONTENEGRO, o prof. ALÍPIO CORRÊA NETO, o prof. FLAMÍNIO FÁVERO e o prof. ALMEIDA JÚNIOR.

O primeiro, uma das glórias da cirurgia brasileira, assim respondeu, em seu parecer, aos quesitos da defesa: "1º – A pinça em questão podia se encontrar na cavidade abdominal desde a laparotomia realizada em São Paulo na data mencionada nos autos?". Resposta: "Sim, corpos estranhos de várias naturezas *podem permanecer por longos períodos na cavidade abdominal*, mas raramente sem se manifestarem por sintomas dentre os quais destaca-se a dor sob uma ou mais das suas múltiplas modalidades. De acordo com o depoimento do marido da paciente e de médicos que a atenderam posteriormente a essa data, *ela sofria dores abdominais que motivaram várias consultas, com resultados precários*. Deve-se considerar o estado em que se encontrava a pinça de Kocher no momento da intervenção em que ela foi retirada. O organismo humano procura defender-se de tais corpos estranhos formando ao redor deles uma ganga de tecido fibroso que, pelo menos parcialmente, os isola dos órgãos com os quais eles entram em contato, de forma tal que, quando permanecem por muito tempo no organismo, ficam enquistados, sendo, por vezes, difícil a sua retirada". "2º – Podia o nosso constituinte efetuar as intervenções cirúrgicas (cesarianas) sem *notar a presença desse objeto*?" Resposta: "Sim, embora não seja obstetra nem ginecologista, por conseguinte não estando afeito à prática frequente da operação cesariana, tenho realizado número suficiente dessas intervenções cirúrgicas para poder afirmar que o cirurgião, ao praticar uma cesariana, preocupa-se com o salvamento do feto e da parturiente, *não podendo se dar ao luxo de uma revisão da cavidade abdominal, salvo em raríssimos casos*. Ao abrir-se a cavidade abdominal, nesse tipo de operação, *o útero é imediatamente exteriorizado, ocupando, pelo seu volume, todo o campo operatório*. É verdade que uma vez esvaziado de seu conteúdo, ele se contrai, reduzindo consideravelmente seu volume, mas o cirurgião, preocupado que está em coibir a hemorragia que é sempre abundante, em suturar o útero e em fechar a cavidade abdominal, via de regra, não revista a cavidade para verificar possíveis alterações patológicas aí existentes, salvo quando, *a priori*, uma indicação formal assim o exija".

O segundo, prof. ALÍPIO CORRÊA NETO, eminente catedrático de Clínica Cirúrgica da Faculdade de Medicina da Universidade de São Paulo e da Escola Paulista de Medicina, com relação aos nossos quesitos, declarou: "1º – A pinça em questão podia se encontrar na cavidade abdominal desde a laparotomia realizada em São Paulo?". Resposta: "Sim, teoricamente. Um corpo estranho tal como uma pinça *PODE PERMANECER NO INTERIOR DA CAVIDADE ABDOMINAL SEM MANIFESTAÇÃO CLÍNICA*. Numerosos são os casos em que este fato se tem verificado. Não raro o instrumento, deixado por acidente, é revelado inesperadamente por radiografia feita com outro objetivo". "2º – Podia o nosso constituinte efetuar as intervenções citadas (cesarianas), sem notar a presença desse objeto?". Resposta: "Sim, perfeitamente. A operação cesárea se faz em gravidez a termo, em que o *útero enche toda a cavidade abdominal*, por isso o cirurgião *NÃO MANUSEIA ESTA MESMA CAVIDADE*. É, mesmo, de boa tática só se ater às manobras sobre o útero e o feto. Só havendo suspeita de qualquer outra anormalidade, está o parteiro autorizado a fazer a inspeção da cavidade abdominal. Justifica-se, portanto, que é perfeitamente possível fazer-se uma ou mais operações cesáreas e *NÃO NOTAR O CORPO ESTRANHO*".

O prof. FLAMÍNIO FÁVERO, notável mestre de Medicina Legal, consagrado até no estrangeiro, apreciando os quesitos, elucidou: "No caso em apreço, houve várias laparotomias. Seria perfeitamente admissível que, *na primeira*, tivesse sido esquecida a pinça na cavidade, tanto mais que, no depoimento do marido da paciente, depois dessa intervenção, sua esposa começou a sentir dores abdominais, tendo consultado a respeito vários médicos, sem resultado. Não ocorreu a esses profissionais, por certo porque não viam indicação para tanto, a realização de uma radiografia ou de uma radiografia, que revelaria a causa do fenômeno, na hipótese de estar desde então a pinça na cavidade.

Dadas as condições em que se realizam as cesarianas, sem maior exploração da cavidade abdominal, interessando apenas a exposição, abertura e recomposição do útero, a presença de uma pinça entre as alças intestinais ou em qualquer outro recanto da cavidade *poderia passar despercebida, sem que isso implicasse qualquer descuido do operador*. E até nem seria mesmo conveniente que, ao realizar a intervenção sobre o feto, se pusesse o cirurgião a fazer explorações na cavidade, traumati-

ACIDENTE CIRÚRGICO

zando ainda mais a paciente, sem necessidade e sem indicação médica. Não nos esqueçamos de que toda intervenção médica ou cirúrgica, por mais simples que seja, deve obedecer a rigorosa indicação, segundo os preceitos da ética. Só assim pode ficar o profissional a coberto de qualquer censura ou acusação, moral ou legal.

Não me parece razoável excluir a primeira intervenção cirúrgica *como responsável pela presença da pinça na cavidade abdominal* e atribuí-la a uma das intervenções posteriores. É mais difícil a ocorrência numa cesariana do que em intervenções que visem a outros motivos.

Como quer que seja, porém, uma ocorrência dessas é perfeitamente possível na técnica operatória, não sendo absurdo o esquecimento de gases ou instrumentos na cavidade abdominal. É simples acidente, explicável e justificável, que tem ocorrido aos maiores cirurgiões e não pode ser levado à conta de uma falta profissional grave, culposa". É interessante salientar que o douto prof. Fávero considera o fato *mero acidente e não delito culposo.*

O insigne prof. ALMEIDA JÚNIOR, que era catedrático de Medicina Legal da Faculdade de Direito da Universidade de São Paulo, apoiou, com sua grande autoridade, essas opiniões. Explicou o mestre: "A permanência prolongada do corpo estranho. 1 – A literatura médico-legal é farta em casos de permanência mais ou menos prolongada de corpo metálicos no organismo humano, com ou sem perturbações funcionais: 'É interessante assinalar como os tecidos, mesmo os mais nobres, são tolerantes em relação a esses elementos estranhos, os quais, encapsulados por uma ganga conectiva, *podem permanecer* in situ *durante anos*, sem que produzam a menor perturbação' (LEONCINI, *in Med. Legale* de L. BORRI, 2º v., Milão, 1924, p. 235).

2 – São projéteis de arma de fogo (balas) os corpos estranhos mais comumente retidos no organismo, por tempo longo, em condições de relativa inocuidade. Tal é o exemplo comunicado em 1913 por BRIGNOLLES de uma bala que ficou *vinte anos* na parede torácica de um indivíduo, e que precisou ser extraída somente quando a vítima começou a sofrer cólicas saturninas, decorrentes da intoxicação pelo chumbo (LEONCINI – loc. cit.). Tal é, igualmente, o caso de nossa observação pessoal, em que a vítima – um acadêmico de Direito ferido pela Polícia Especial em 9 de novembro de 1943 – conserva a bala até hoje na parede torácica, *sem perturbação apreciável.*

3 – Não somente os músculos, mas também o encéfalo (LEONCINI – loc. cit.) e até mesmo o coração têm conservado em seu seio, por prazo

indefinido, corpos estranhos metálicos: 'Um estudante crava uma agulha em seu próprio coração. Para extraí-la , abre-se o pericárdio, vê-se a cabeça da agulha na parede ventricular direita. Não a conseguem extrair, apesar de uma incisão na parede. Cura – sem nenhuma consequência má' (L. THOINOT, *Med. Légale*, 1º v., Paris, 1913, p. 369).

4 – A permanência longa na cavidade abdominal, conquanto mais rara, também tem ocorrido. No caso do Prof. KOSINSKI, *foram duas as pinças* ali esquecidas pelo cirurgião, e que só seis meses depois uma nova intervenção retirou. No caso mencionado por NEUGEBAUER, esse prazo deve ter sido bem mais demorado, visto que, segundo diz o referido autor, a paciente *foi operada três vezes* – uma nos Estados Unidos, outra na Alemanha e a terceira em Paris. Foi o operador parisiense que descobriu na cavidade abdominal da mulher um corpo estranho – *um par de óculos* – não tendo sido possível apurar se o responsável pelo esquecimento havia sido o cirurgião americano ou o alemão (ambos os casos acima vêm na *Operative Gynecology*, de HARRY STURGEON CROSSEN, 4ª ed., Londres, 1933, p. 1044 e 1046).

5 – À vista do exposto, não se pode recusar *in limine* a hipótese da *permanência prolongada, de dez anos, de uma pinça metálica no corpo, e até mesmo, mais precisamente, no abdômen de uma paciente*. Para reforçar essa hipótese, no caso da presente consulta, ocorrem duas circunstâncias marginais, não desprezíveis. A primeira são as '*dores abdominais*' que, segundo o depoimento do marido da paciente, vinha esta sofrendo desde a primeira intervenção. A segunda, que vale como um argumento de exclusão, *é a competência técnica do cirurgião que a operou nas duas vezes subsequentes à primeira*. Essa competência há de ser reconhecida à vista dos depoimentos dos médicos, cujas cópias nos foram fornecidas: falam eles em trinta anos de exercício profissional do referido cirurgião, sem que se lhe atribua nenhuma falha técnica".

Apurou-se, ainda, no processo, que a vítima, no dia em que foi operada e veio a falecer, havia procurado, *pela manhã*, nosso constituinte. Já sentia fortes dores e esse cirurgião fizera logo o diagnóstico de "obstrução intestinal", julgando absolutamente necessária uma intervenção urgente.

Ela não quis ser operada e se retirou, com o marido, sem conhecimento do médico, andando normalmente. Suas condições eram boas no momento. Declarou à enfermeira que voltaria se as dores aumentassem. À tarde, seu estado se agravou. Procuraram outro cirurgião, o qual a internou no hospital a que pertencia. Estava já em estado de choque e foi conduzida para a sala de operações às 21:00h.

ACIDENTE CIRÚRGICO

A demora, sem dúvida alguma, foi fatal. Ela, certamente, não teria falecido se houvesse sido operada no período da manhã. O médico que auxiliou essa intervenção declarou em juízo "que não tem elementos para esclarecer há quanto tempo o corpo estranho encontrado permanecera no abdômen da paciente; que foi um ato acidental a insinuação do intestino na alça da pinça e tal insinuação deveria ter ocorrido *há algumas horas antes*, provavelmente umas doze horas, por aí assim". A crise que a acometeu teria surgido, pois, umas doze horas antes.

Em nossas razões escritas, lembramos que o grande LUIZ PEREIRA BARRETO, em *Regras áureas da cirurgia rural*, trabalho apresentado ao 6º Congresso Brasileiro de Medicina e Cirurgia (ed. 1907, de Rothschild & Cia.), no *capítulo relativo ao abdômen*, ensinava: "Em todos os casos de hérnia estrangulada, *oclusão intestinal*, ferimentos penetrantes, rupturas por úlceras do estômago e duodeno ou de trompas por gravidez ectópica, rupturas da bexiga, rins ou baço por contusão, *não percais um minuto, intervindo imediatamente*" (p. 18).

O insigne cientista patrício citava, ainda, a opinião de vários mestres que igualmente recomendavam: "Mais vale ser operado cedo por um médico inexperiente, do que ser operado tarde pelo primeiro cirurgião do mundo" (Victor Vean, *Precis de Technique Opératoire*). "Não é a operação que mata, mas, sim, a demora da operação" (Fenwick). "Operai, operai sem demora, não esperai os vômitos, nem o resto. Vós ides fazer uma operação grave, muito grave, é verdade; mas, daqui a duas horas, *mais grave ainda será ela*, porque o vosso doente se achará ou mais anemiado ou mais infeccionado; amanhã, esta tarde mesmo, talvez já será por demais tarde" (Lejars, *Chirurgie d'Urgence*). "Quanto mais cedo tiver lugar a intervenção, tanto mais probabilidades terá o vosso doente de salvar-se" (Mayo Robson).

As alegações da defesa foram inteiramente acolhidas pelo Juiz que presidiu o processo, o qual absolveu o médico. A Promotoria Pública recorreu da decisão, mas a própria Procuradoria-Geral da Justiça opinou pela confirmação da sentença.

A Colenda Segunda Câmara do antigo Tribunal de Alçada Criminal de São Paulo, por votação unânime, negou provimento à apelação e declarou, em seu acórdão: "Há ainda a considerar que o apelado é operador de grande nomeada, tendo já praticado, no decurso de vinte e tantos anos, perto de trinta mil operações, das quais cerca de vinte mil laparotomias, sem que jamais se levantasse qualquer dúvida sobre sua proficiência ou se fizesse qualquer reclamação que lhe atribuísse negligência ou displicência. Sempre, segundo afirmam seus auxiliares que depuseram neste processo, se houve ele com o máximo escrúpulo, fazendo e ordenando que se fizesse conferência de material cirúrgico antes e depois das operações, tornando, assim, impossível qualquer esquecimento que não fosse logo verificado".

(Tribunal de Alçada Criminal – Apelação Criminal n. 4.806)

ÍNDICE DOS PARECERES CITADOS

Prof. Alípio Corrêa Neto (Ferimento no coração)
(Acidente cirúrgico)
Prof. Almeida Júnior (Acidente cirúrgico)
Prof. Augusto Leopoldo Ayrosa Galvão (A poluição das águas)
Prof. Benedito Montenegro (Acidente cirúrgico)
Prof. Carlos da Silva Lacaz (A poluição das águas)
Prof. Edmundo de Vasconcelos (Ferimento no coração)
Prof. Fernando de Oliveira Bastos (A psiconeurose emotiva de Dupré)
Prof. Flamínio Fávero (A esterilização da mulher)
(A trajetória dos projéteis)
(A lesão medular)
(A morte por envenenamento)
(A deformidade no rosto)
(Acidente cirúrgico)
Prof. Hilário Veiga de Carvalho (A esterilização da mulher)
(O crime de aborto)
(A deformidade no rosto)
Prof. José Medina (O crime de aborto)

BIBLIOGRAFIA

Anatole France (*Le lys rouge*)

Aníbal Bruno (*Direito Penal*)

Basileu Garcia (*Instituições de Direito Penal* e *Comentários ao Código de Processo Penal*)

Bento de Faria (*Código Penal Brasileiro* e *Código de Processo Penal*)

Bonano (*Il delinquente per passione*)

Borges da Rosa (*Processo Penal Brasileiro*)

Bulhões Pedreira (*O crime passional*)

Charles Fére (*Pathologie des émotions*)

Costa Manso (*Processo na Segunda Instância*)

Darcy Arruda Miranda (*O crime de aborto*)

Edgard de Magalhães Noronha (*Direito Penal* e *Curso de Direito Processual Penal*)

Espínola Filho (*Código de Processo Penal brasileiro anotado*)

Ester de Figueiredo Ferraz (*A codelinquência no moderno Direito Brasileiro*)

Evaristo de Moraes (*Problemas de Direito Penal*)

Fabret (*Des maladies mentales*)

Firmino Whitaker (*O júri*)

Flamínio Fávero (*Medicina Legal* e *Dos crimes contra a saúde pública*)

Flessinger (*Maladies des caracteres*)

Francisco Campos (*Exposição de Motivos do Código Penal*)

Henrique Roxo (*Manual de Psiquiatria*)

Henry Claude (*Psychiatrie Médico-Légale*)

Hilário Veiga de Carvalho (Dos crimes contra a saúde pública, em *Anais do 1º Congr. Nac. do M. Público*)

Ivair Nogueira Itagiba (*Do homicídio*)

João Mendes (*Processo Criminal Brasileiro*)

Jorge Severiano Ribeiro (*Criminosos passionais e criminosos emocionais*)

José Alves Garcia (*Psicopatologia Forense*)

José Frederico Marques (*A instituição do Júri, Curso de Direito Penal, Elementos de Direito Processual Penal* e *Tratado de Direito Penal*)

Lemos Britto (*Psicologia do adultério*)

Lemos Sobrinho (*Legítima defesa*)

Locard (*L'enquête criminelle*)

Lopes Moreno (*Pruebas de indicios*)

Luiz Pereira Barreto (*Regras áureas da cirurgia rural*)

Malatesta (*A lógica das provas em matéria criminal*)

Maurice de Fleury (*L'âme du criminel*)

Mittermayer (*Tratado da prova em matéria criminal*)

Nélson Hungria (*Comentários ao Código Penal*)

Ottolenghi (*Psicopatologia Forense*)

Ottorino Vannini (em *Revista de Direito Penal Italiano*)

Pacheco e Silva (*Psiquiatria Clínica e Forense*)

Palmieri (*L'alcoolismo come problema medico-legale*)

Pedro Vergara (*Dos motivos determinantes no Direito Penal, Delito de homicídio* e *Das circunstâncias agravantes*)

Roberto Lyra (*Direito Penal, O suicídio frustro e a responsabilidade dos criminosos passionais* e *Comentários ao Código Penal*)

Rogelio E. Carratalá (*El delito y su relación con la determinación química del alcohol*)

Vincenzo Melussi (*Dall'amore al delitto*)

NOMES REFERIDOS NO TEXTO

Alimena, Álvaro de Toledo Barros, Angione, Antão de Moraes, Asúa, Austregé-silo, Barros Barreto, Berner, Bertauld, Binding, Borri, Bourget, Byron, Calon, Campolini, Canon, Carmignani, Carrara, Chaslin, Cícero, D'Annunzio, Daudet, De Brignolles, De Marsico, Dostoiévski, Edgard Costa, Eduardo Riomey Yassuda, Emílio Mira, Evaristo de Moraes, Fenwick, Ferramola, Ferri, Fioretti, Florian, Francisco Bergamin, Freud, Garçon, Gardeil, Garraud, Geib, Gény, Georges Sand, Georges Vidal, Glasser, Harry Sturgeon Crossen, Hegel, Hering, Heitor Carrilho, Henry Claude, Kosinski, Kraft-Ebing, Laveille, Legrain, Lejars, Leoncini, Letourneau, Levita, Locard, Lombroso, Lucas Nogueira Garcez, Magarinos Torres, Manassero, Manci, Mario Penteado, Mayo Robson, Manzini, Maupassant, Maurice Boiger, Max Scheler, Melo César, Mira y Lopes, Musset, Nério Rojas, Neugebauer, Noé Azevedo, Nicolau de Moraes Barros, Nicolini, Ortolan, Otto Rank, Paoli, Paula Santos Filho, Pelegrini, Pufendorf, Rebello Neto, Renan, Rignano, Shakespeare, Shart, Spencer, Vicente Piragibe, Victor Vean, Vidal, Voltaire, Thoinot, Tolstói, William James, Wright e Zerboglio.

ÍNDICE ALFABÉTICO

Aborto 137
Absolvição sumária... 94
Acidente cirúrgico 235
Agressão, número de golpes.............19, 22, 68, 103
Agressão pelas costas 43
Antecedentes 80

Cicatriz.. 231
Coautoria 210
Confissão... 49
Confissão judicial, retratação de 123
Confissão policial..123, 126
Confissão policial testemunhada...................... 127
Corpo de delito 139
Crime impossível..127, 216
Crime passional.............................3, 13, 19, 35

Disparo acidental... 112
Dolo 196

Embriaguez fortuita... 155
Envenenamento 131
Esterilização... 24
Excesso culposo 50

Flagrante... 217
Ferimento no coração.. 63

Homicídio culposo..60, 114
Homicídio privilegiado..................................... 35
Honra 47

Impronúncia 192
Indícios... 193
Infanticídio 29
Inquirição...165, 187
Insídia 65
Irresponsabilidade penal...................................... 152

Legítima defesa 51, 65, 67, 71, 85, 102
Legítima defesa contra irmão 59
Legítima defesa da honra...................................... 45
Legítima defesa da propriedade 91
Legítima defesa putativa........................81, 102, 188
Lesão grave com deformidade permanente 231

Medo 88

Negativa de autoria 118, 159, 168, 176

Paixão 9
Perícia.. 186
Perturbação dos sentidos....................8, 17, 21, 27, 33, 35
Pistas... 201
Poluição de águas.. 221
Pronúncia, requisitos 145
Prova testemunhal 73
Psiconeurose emotiva de Dupré 149
Psicose gravídica.. 32
Psicose tóxica.. 31

Reaforamento 73
Reconhecimento..161, 201
Roubo 205

Tiro, distância e direção 102, 106
Tiro, trajetória 167, 176, 180

Violenta emoção 41

DADOS BIOGRÁFICOS
DE DANTE DELMANTO

– 22/2/1907: nasce em Botucatu/SP, filho de Pedro Delmanto e Maria Varoli Delmanto

– 1925: entra para a Faculdade de Direito da USP

– 1925/1927: trabalha como jornalista no *Diário da Noite* e, depois, como datilógrafo no Escritório do Prof. Vicente Rao

– 1927: como representante dos alunos, integra a Caravana de Assis Brasil que viaja pelo Norte e Nordeste, pregando os ideais da Revolução de 30

– 1928: ganha Bolsa de Estudos de Direito Internacional, em Haia/Holanda, e começa, depois, a trabalhar com o advogado criminalista José Adriano Marrey Júnior, que viria a ser seu grande mestre

– 1929: forma-se advogado

– 1932: é eleito presidente do Palestra Itália, atual Sociedade Esportiva Palmeiras, para o triênio 32/34, quando a equipe de futebol obtém o tricampeonato paulista e o torneio Rio-São Paulo

– 1932: serve como Tenente das tropas paulistas na Revolução de 1932

– 1935: abre escritório próprio, atualmente "Delmanto Advocacia", que completa, em 2024, 89 anos de existência. No mesmo ano, é eleito o Deputado Estadual Constituinte mais moço e o mais votado do Estado de São Paulo, pelo Partido Constitucionalista

– 1937: com o fechamento dos Legislativos estaduais e federal pelo Golpe do Estado Novo, volta a dedicar-se com exclusividade à advocacia criminal

– 5/5/1986: falece em São Paulo/SP, aos 79 anos de idade

– 2007: comemora-se o centenário de seu nascimento

Homenagens recebidas em vida:

– da Ordem dos Advogados do Brasil, Seccional de São Paulo

– Medalha Anchieta e Diploma de Gratidão da Câmara Municipal de São Paulo

Homenagens póstumas:

– colocação de seu busto no Plenário do antigo Tribunal do Júri de São Paulo

– Viaduto Dante Delmanto, sobre a avenida Afonso D'Escragnolle Taunay, na Zona Sul de São Paulo/SP

– Avenida Deputado Dante Delmanto, em Botucatu/SP